向毛泽东学习写文章

胡松涛 著

中国青年出版社

图书在版编目（CIP）数据

向毛泽东学习写文章 / 胡松涛著 . —— 北京 : 中国青年出版社 , 2023.12（2024.8重印）
ISBN 978-7-5153-7144-3

Ⅰ.①向… Ⅱ.①胡… Ⅲ.①毛泽东著作研究 – 写作学 Ⅳ.① A841.68

中国国家版本馆CIP数据核字 (2023) 第 234917 号

本书图片选自中央档案馆编《毛泽东手书选集》1—10 卷（北京出版社 1995 年 12 月版），《毛泽东为新华社撰写修改新闻稿珍藏版》,《书家毛泽东》（湖南文艺出版社 1994 年 12 月版）。专此致谢！

向毛泽东学习写文章
胡松涛　著

策　　　划：李师东　侯群雄
责任编辑：曾玉立
书装设计：今亮後聲 HOPESOUND 2580590616@qq.com · 张今亮　赵晓冉　闫　磊

出版发行：中国青年出版社
社　　址：北京市东四十二条21号
网　　址：www.cyp.com.cn
编辑中心：010—57350402
营销中心：010—57350370
印　　装：北京科信印刷有限公司
经　　销：新华书店
规　　格：700mm×1000mm　1/16
印　　张：21.5
字　　数：220千字
版　　次：2023年12月北京第1版
印　　次：2024年8月北京第2次印刷
印　　数：10001—15000
定　　价：88.00元

如有印装质量问题，请凭购书发票与质检部联系调换
联系电话：010—57350337

目 录

文章华国，著作华党——毛泽东写作简史
一生爱好是写作……………………………………… 002
各种体裁皆有经典…………………………………… 015
提倡自己动手写文章………………………………… 028
横扫千军如卷席……………………………………… 033
"白话文写得最好的还是毛泽东"…………………… 038

准确性、鲜明性、生动性——毛泽东对文章的总要求
中国作风、中国气派………………………………… 044
准确性、鲜明性、生动性…………………………… 053

得有很醒目的标题——毛泽东如何锤炼文章题目
标题必须有内容……………………………………… 068
给自己的文章起名字………………………………… 070
为别人的文章改题目………………………………… 075
毛泽东的文章题目为人所模仿……………………… 078

开头与结尾要有一种关系——毛泽东如何写好文章的开头与结尾
毛泽东的文章如何"破题"…………………………… 082
毛泽东的文章如何结尾……………………………… 089

要把这些肉写上——毛泽东对文章内容的要求
什么是内容好，什么是不好………………………… 096

用事实说话……………………………………… 099
提出问题，分析问题，解决问题……………… 102
做到材料与观点的统一………………………… 106
写什么内容，要看"写出来给谁看"………… 109
文章要"留有余地"…………………………… 116

把意思表达得比较准确——毛泽东谈诗文的修改

为什么修改……………………………………… 122
毛泽东如何修改自己的文章…………………… 128
毛泽东如何改诗………………………………… 134
修改文章的"法门"…………………………… 140
"雾中取宝"的教训…………………………… 147

赤橙黄绿青蓝紫——毛泽东文章中的"气"

虎气……………………………………………… 152
英雄气…………………………………………… 160
务实气…………………………………………… 166
哲学气…………………………………………… 172
骨气……………………………………………… 179
辛辣幽默气……………………………………… 184
书卷气…………………………………………… 191
平民气…………………………………………… 200

"非学习语言不可"——毛泽东对语言的要求与实践

如何学习语言…………………………………… 210
毛泽东善于使用群众语言……………………… 215
毛泽东的句子…………………………………… 218
评说"半文半白"之文………………………… 226

毛泽东批评"学生腔"……………………………… 230
善说"闲话",不避俗话……………………………… 235

"注意修辞"——毛泽东是文法高手

一段美文中的修辞…………………………………… 242
没有良好的技巧,就不能表现丰富的内容………… 245
精妙的比喻…………………………………………… 248
充满张力的设问与反问……………………………… 252
恰到好处的引用与用典……………………………… 258
其他修辞手法举例…………………………………… 262
毛泽东的"四字决"…………………………………… 266
毛泽东的节缩句……………………………………… 270
毛泽东为什么说"不学修辞"………………………… 275

"要造新词"——毛泽东创造创新的汉语词汇

毛泽东创造的词语…………………………………… 281
毛泽东颠覆的词语…………………………………… 286
毛泽东救活的词语…………………………………… 290
毛泽东挪动的词语…………………………………… 293
毛泽东妙解老词语…………………………………… 299
毛泽东用新词语构建新的意识形态………………… 303

如之何,如之何——著作家的苦恼与遗憾

毛泽东的"未竟之作"………………………………… 316
毛泽东晚年有写不出东西的苦恼…………………… 327

主要参阅书目………………………………………… 335
后记　惟愿朱衣暗点头……………………………… 335

文章华国，著作华党

毛泽东写作简史

20世纪的历史舞台上,毛泽东横空出世。

他是革命家,又是文章大家。革命召他以实践,斗争假他以文章,他在漫漫征程中,持短笔,照孤灯,蘸遍山河大地的苍茫云烟和革命者洒下的热血,书写着历史的华章。他常常把政治、经济、军事与哲学一炉而治之,神籁自韵,每每发表经天纬地、胜义纷陈的经典,把五四以来开创的白话文提高到一个新境界,建立起属于"毛氏"的文本坐标,以"雄文"自致于立言不朽之域。他的文章如长江大河,奔腾汹涌,革命者看了坚定信心,迷惑者看了找到方向,敌人看了胆颤心惊,责难诘问者看了很难回答,中间派看了同情且倾向于我,真的是大长自己的志气,大灭敌人的威风。

一生爱好是写作

"一张白纸,没有负担,好写最新最美的文字,好画最新最美的图画。"[1] 毛泽东爱好文章,遣词造句,驾虚游刃,行云流水,满篇流芳。

毛泽东存世的第一篇文章是文言文《商鞅徙木立信论》。这是他 1912 年 19 岁时写的政论文,全文 465 字,小楷书写。中央档案馆中保存着这篇作文的原稿。初试啼声,迥异凡响。这篇作文获得国文教员柳潜的高度评价:"有法律知识,具哲理思想,借题发挥,纯以唱叹之笔出之,是为压题法。至推论商君之法从来未有之大政策,言之凿凿,绝无浮烟涨墨绕其笔端,是有功于社会文字。"柳潜 140 余字的批语,除了赞扬、推崇与激励,还大胆预测:"历观生作,练成一色文字,自是伟大之器,再加功候,吾不知其所至。""力能扛鼎"。果然!新中国成立后,毛泽东曾打听柳潜老师的下落,得知"此人早已谢世,子孙后代情况不明"时,毛

---

[1]《建国以来毛泽东年谱文稿》第 7 册第 178 页,中央文献出版社 1992 年 1 月版。

泽东说："可惜了。……那篇《商鞅徙木立信论》，他给了我100分。"❶

毛泽东求学时，阅读《伦理学原理》，在这本十万字的书上，写下一万多字的批注。同时还有感而发，写了一篇题为《心之力》的文章，讲"人之心力与体力合行一事，事未有难成者"。❷《心之力》被老师杨昌济大加称赞，打了一百分。❸可惜的是，这篇文章至今也没有找到。有好事者"托古传道"，写了一篇《心之力》发布在网上，流传甚广，终究是"伪托之作"。

1917年4月，毛泽东以"二十八画生"为笔名，在陈独秀主办的《新青年》第三卷第二期上发表《体育之研究》。这是毛泽东平生第一次在报刊上发表文章。

"时机到了！世界的大潮卷得更急了！洞庭湖的闸门动了，且开了！浩浩荡荡的新思潮业已奔腾澎拜于湘江两岸了！顺他的生，逆他的死。如何承受他？如何传播他？如何研究他？如何施行他？"❹这是毛泽东《湘江评论》创刊宣言中的话。这个宣言同时宣示着一位文章家上路了。

毛泽东26岁时主编《湘江评论》，既当编辑，又是作者。预约的稿子常常不能收齐，他就冒着酷暑和蚊叮虫咬自己写稿，一个

---

❶ 《毛泽东早期文稿》第1—2页，湖南出版社1990年7月版。
❷ 《毛泽东年谱（1893—1949）》上卷第30页，中央文献出版社2013年12月版。
❸ 埃德加·斯诺：《西行漫记》第107页，解放军文艺出版社2002年6月版。
❹ 《毛泽东早期文稿》第294页，湖南出版社1990年7月版。

《商鞅徙木立信论》（1912年6月）

商鞅徙木立信論

普通一班 毛澤東

吾讀史至商鞅徙木立信一事，而嘆吾國國民之愚也，而嘆執政者之煞費苦心也，而嘆數千年來民智之不開、國幾蹈於淪亡之慘也。謂予不信，請罄其說。

法令者，代謀幸福之具也。法令而善，其幸福吾民也必多，吾民方恐其不布此法令，或布而恐其不生效力，必竭全力以保障之、維持之，務使達到完善之目的而止。政府國民互相倚賴，安有不信之理？法令而不善，則不惟無幸福之可言，且有危害之足懼，吾民又必竭全力以阻止此法令。雖欲吾信，又安可得也？乃若商鞅之與秦民，適成此比例之反對，抑又何哉？

商鞅之法良法也。今試一披吾國四千餘年之紀載，而求其利國福民偉大之政治家，商鞅不首屈一指哉？鞅當孝公之世，中原最熾、戰事正殷、舉

國疲於奔命，
精疲力竭。
法令不言，
似報筆弱義，
苦思焦慮以方矜，
游目光為姊，
實切註釋之。
迫切要筆，
力推挑。

多月内写了四十多篇文章，多是杂文。其中《民众的大联合》在思想界有相当影响，北京《每周评论》说，此文"眼光很远大，议论也很痛快，确是现今的重要文字"❶；连倡导新思潮的胡适也刮目相看，视之为精神兄弟❷。《湘江评论》出到第5期时，被湖南军阀张敬尧查封了，好在前面数期的文章保存了下来。此后，毛泽东还在《大公报》《女界报》等报刊上发表许多文章，特别是他针对长沙发生的赵女贞女士为了抗议包办婚姻自杀于花轿之事，连续发表10篇文章，提倡恋爱自由、婚姻自主，引起社会强烈反响。这是毛泽东创作的第一个高潮。

《毛泽东早期文稿》（由湖南出版社出版）收录1920年11月之前能够找到的毛泽东的全部著作，计150多篇（首）。通观之下，一个指点江山的写作者形象树立在我们面前。

第一次国共合作时期，毛泽东作为中国共产党的代表，成为中国国民党候补中央执行委员，一度兼国民党中央宣传部代理部长。1925年12月，由毛泽东主编的国民党中央机关刊物《政治周报》创刊，毛泽东一个月里在上面发表了近20篇文章。1925年和1927年，他走村串户调查数月，写下《中国社会各阶级的分析》《湖南农民运动考察报告》等，为确立中国革命"农村包围城市"的道路奠定了理论基础。《湖南农民运动考察报告》还刊登在共产国际机关刊物《共产国际》的俄、英、中三种文字版上。这是

---

❶ 《毛泽东年谱（1893—1949）》上卷第43页，中央文献出版社2013年12月版。
❷ 陈晋：《读毛泽东札记二集》第162页，三联书店2020年6月版。

毛泽东第一篇被介绍到国外的文章。英文版的编者按说："在迄今为止的介绍中国农村状况的英文版刊物中，这篇报道最为清晰。"时任共产国际执委会主席团委员的布哈林在执委会第八次扩大会议上说："我想有些同志大概已经读过我们的一位鼓动员记述在湖南省内旅行的报告了"，这篇《报告》"文字精炼，耐人寻味"。❶

关河万里，云山飘渺。毛泽东走上革命道路特别是成为中国共产党的领袖之后，乾坤更加浩荡，笔头更加澎湃。他指挥打仗再忙再累，工作条件再苦再差，都坚持自己起草文章、电报等。写作贯穿他磅礴一生。他把写作当愉快的事业了。

井冈山时期，毛泽东的代表作《中国红色政权为什么能够存在？》《古田会议决议》《星星之火，可以燎原》《反对本本主义》等，都是一手拿枪、一手拿笔写下的。这些经典以鲜明的中国特色、原创性的思想和鲜活的事实，把中国革命引向一个新的局面。

苏区时期，毛泽东一度被边缘化，也没有停止手中的笔。这时期，他的《关心群众生活，注意工作方法》《游击战争》等产生广泛影响。

中国共产党从成立开始，党的领导人中懂理论的比较多，在苏联留过学的比较多，重视"理论"成为中国共产党的风格与特色。同时，中共建立和开展活动之初，又是理论不足的，表现在空洞地引用"本本"，而不懂得结合中国革命的实际。毛泽东没有出过国，不懂外文，大多数时间是在基层、在山沟里闹革命，被那些在

---

❶ 《毛泽东传》第1卷第130页，中央文献出版社2013年11月版。

莫斯科喝过洋墨水的人看作"土包子",认为他是理论不足的人。有人在《革命与战争》等刊物上讽刺毛泽东,"把古代的《三国演义》无条件地当作现代的战术;古时的《孙子兵法》无条件地当作现代战略……"遵义会议上,还挖苦毛泽东:"你懂什么马列主义,顶多是看《孙子兵法》《三国演义》打仗!"

1960年12月25日,毛泽东在同身边工作人员谈话时说:"说实在的,我在山上搞了几年,比他们多了点山上的经验。他们说我一贯右倾机会主义、狭隘经验主义、枪杆子主义等。那时我没有事情做,走路坐在担架上,做什么?我看书!他抬他的担架,我看我的书。他们又批评我,说我凭着《三国演义》和《孙子兵法》指挥打仗。其实《孙子兵法》当时我并没有看过;《三国演义》我看过几遍,但指挥打仗时,谁还记得什么《三国演义》,统统忘了。我就反问他们:既然你们说我是按照《孙子兵法》指挥作战的,想必你们一定是熟读的了,那么请问:《孙子兵法》一共有几章?第一章开头讲的是什么?他们哑口无言。原来他们也根本没有看过!后来到陕北,我看了八本书,看了《孙子兵法》,克劳塞维茨的书看了,日本人写的军事操典也看了,还看了苏联人写的论战略、几种兵种配合作战的书等。那时看这些,是为了写革命战争的战略问题,是为了总结革命战争的经验。"[1]

丰富的革命实践,长时间的理论准备,加上落脚陕北后可以从容地思考问题,毛泽东开始从事理论著作的写作。《矛盾论》《实践

---

[1] 陈晋:《毛泽东之魂》第38—39页,东方出版社2014年7月版。

论》《中国革命战争的战略问题》《论持久战》《〈共产党人〉发刊词》《新民主主义论》……"老三篇"等一批经典问世。这是对中国革命最具影响力的一批理论著作。这些著作无论从理论上还是从文字上，多为精心而严密的建构。文字破茧而出，思想化蛹为蝶，毛泽东著作家的形象巍然屹立，没有人再嘲笑毛泽东不懂理论了。共产党的叛徒叶青曾经认为中共内部没有称得上有"理论"的人。他看了毛泽东的《论新阶段》《新民主主义论》等，不得不佩服地说："我对于毛泽东，从此遂把他作共产党理论家看待了。"[1] 叶青从来就是自居为"理论家"的，他酸溜溜地称毛泽东为"理论家"，确是看出了毛泽东《新民主主义论》等著作的巨大理论价值。

延安是毛泽东写作的高地。《毛泽东选集》四卷共159篇文章，有112篇诞生于延安时期；《毛泽东文集》八卷的802篇文章，有385篇写于延安；《毛泽东军事文集》六卷中1628篇文章，也有938篇是在陕北写出的。当然，还有一些延安时期的代表作没有收入以上文集。比如"九篇文章"——

1941年下半年，毛泽东在选编"党书"《六大以来》时，一篇篇地阅读中共历史文献，当看到那些不符合中国实际情况而给革命造成巨大牺牲的决议、指示等党内文件时，内心不能容忍了。他拿起笔，摊开马兰纸，激愤地写了"九篇文章"——读党的历史文献的笔记。毛泽东选取"左"倾统治时期的九篇有代表性的文献，一篇一文，逐篇批判，集中揭露和批判"左"倾路线的错误内容、

---

[1] 《毛泽东传》第2卷第574页，中央文献出版社2013年11月版。

性质及危害，阐明中国革命的正确原则、策略和方法。他伏案写作，淋漓痛快。他笔挟风霜，口无遮拦，点了王明的名，还点了几位政治局委员的名，用词辛辣尖刻，出语严苛。这组长达五万多字的文章，锋芒毕露，虽几次打磨，咄咄逼人的语气和文风，终究难以消除。毛泽东原本准备将"九篇文章"给在延安的中央委员看看，讨论一下，后来只给刘少奇和任弼时两人看过。他说：文章写得太尖锐了，不利于团结犯错误的同志们，容易破坏"惩前毖后，治病救人"的政策，先收起来吧。然后，毛泽东指导整风，指挥打仗，从延安到西柏坡，再入主北京，把这组文章忘得干干净净。毛泽东再见到这组文章时，已是 1964 年春天。他看到中央档案馆提供的"九篇文章"的原稿照片，想不起来自己曾经写过这些文章。从档案馆找到原稿后，毛泽东才确认这是他的文章。1965 年，毛泽东产生发表"九篇文章"的念头。他说：由于年深月久，那个不利于团结的因素——写得太尖锐——不存在了，人们不会因为看了这篇文章怒发冲冠，不许犯错误的同志改正错误，从而破坏党的"惩前毖后，治病救人"的政策了。毛泽东对"九篇文章"进行修改，还将标题改为《驳第三次"左"倾路线——关于一九三一年九月至一九三五年一月期间中央路线的批判》，然后把改好的稿子送给中央几位领导传阅。这组文章最终仍没有公开发表，也没有作为内部文件下发。到了 1976 年 8 月，他去世前十几天，又想起了"九篇文章"，这时他已经虚弱得无力阅读这么长的文章了,就让人把"九篇文章"读了一遍给他听。❶ 可见,对当年的激愤之作他是多么喜欢……

1948—1949年,是毛泽东创作的又一高潮。一支健笔,既指挥打胜仗,又书写大文章,《将革命进行到底》《论人民民主专政》、"五评"美国白皮书……元气淋漓。美国的白皮书是1949年8月5日发表的,不到十天,8月14日毛泽东就发表了他评白皮书的《丢掉幻想,准备战斗》。在一个来月里,毛泽东连续发表"五评",抓住白皮书中的要点和要害,揭露了美国对华政策的欺骗性,批评了国内一部分人对美国的幻想,并对中国革命的发生和胜利的原因作了理论上的阐明,文章气势如虹,意气风发,有许多燃烧的句子,展现的是不可阻挡的开国气象、开国精神。陈晋评论说:"仿佛是积蓄了几十年的力量和心劲,呈沛然而下之势,一古脑儿地要往外闯;仿佛像黄河的弯弯在山里头转,终于转出一个明朗的天,不可阻挡地跑向了大海;仿佛是一部曲折起伏、大气磅礴的史诗,顺理成章地走向了他的动人高潮。那酣畅淋漓的行文,更仿佛是天意所授,给了毛泽东一支神来之笔,那文章就唰唰地携带着他的感情、才气、思想,往纸上蹦,给人一种一气呵成、一泻千里、势如破竹的感觉……"❷

新中国成立后的十余年,毛泽东的《论十大关系》《关于正确处理人民内部矛盾》《在扩大的中央工作会议上的讲话》陆续问

---

❶ 参见胡乔木:《胡乔木回忆毛泽东》第43—52页,人民出版社1994年9月版。
❷ 陈晋:《文人毛泽东》第274页,上海人民出版社1997年12月版。

《将革命进行到底》

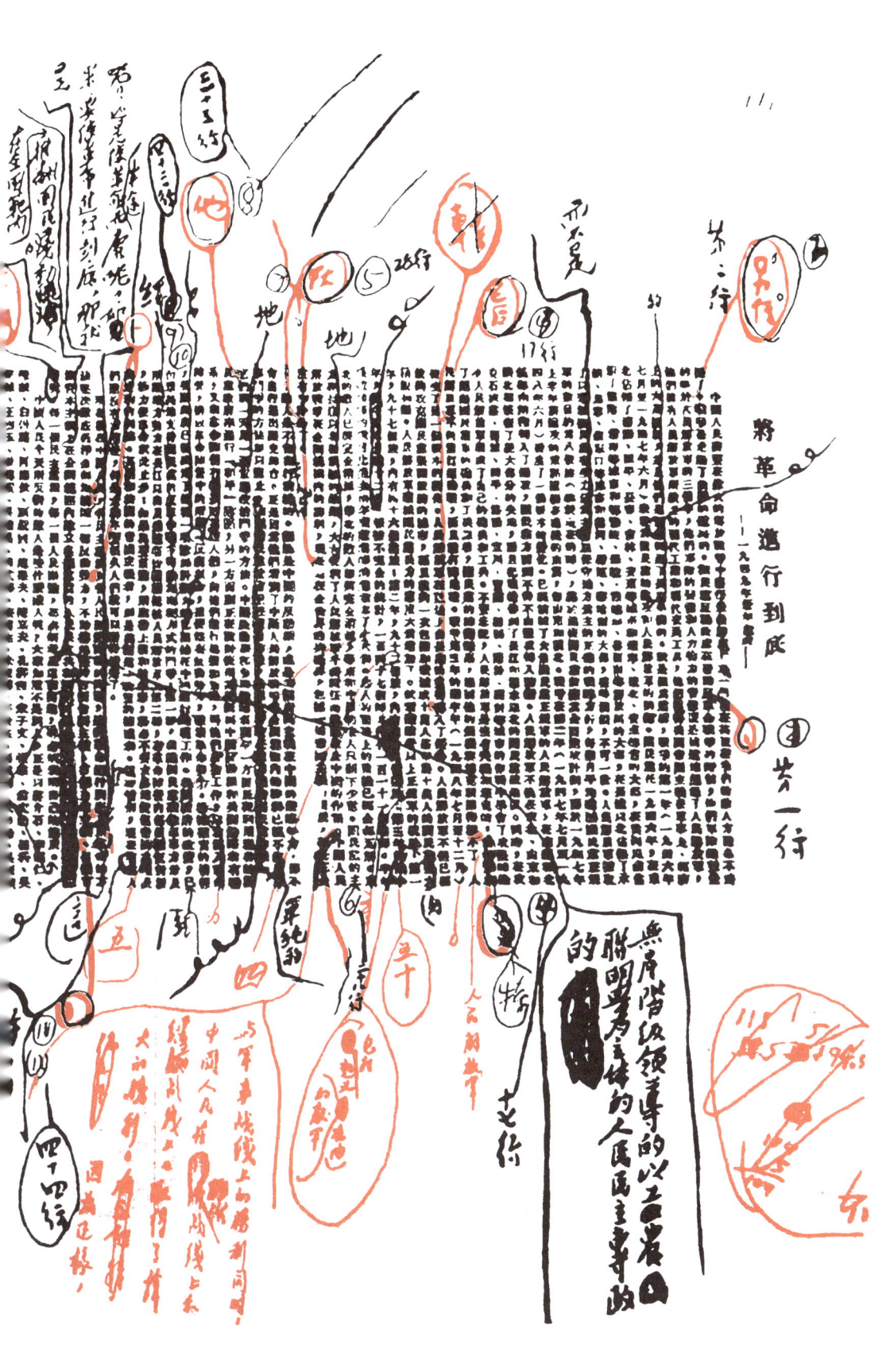

将革命进行到底
——一九四九年新年献词

世……目光远大，思想颇具开放性。1956年他亲自选编《中国农村的社会主义高潮》（由人民出版社出版），一口气写了一百多条按语，长者千言，短者几十个字。王蒙评价说："毛主席在'高潮'中撰写的条条按语，就像钢锤打铁溅起了金星，就像焰火升天布满了礼花，就像大潮冲向巨岩形成着雪浪，就像乐队指挥含泪铿锵起各式乐器。啊，这是什么样的才华、什么样的激昂、什么样的决绝、什么样的威严与自信！它比诗还多情，比戏剧还想象，比军令还雷厉风行，比烈士断腕还一切在所不惜！这是多么好的政论文学、激情文学与动员檄文……"❶

毛泽东20世纪50年代以及20世纪60年代初的写作，天马行空，嬉笑怒骂皆成文章。

豪华落尽见真淳。进入20世纪60年代中期之后，毛泽东"述而不作"，他的"文章"化繁为简，大道至简。总的看，多是只言片语，点到为止，或者以"批示"的形式出现，或者以"语录"的形式下发，"形式感"强，语言愈加精炼，内容也越发深刻，随意性也越来越大，进入一种凌空蹈虚、出神入化的境界，颇有些《论语》那种言简意繁之妙。但不能不说，批语、谈话等已不是严格意义上的写作了。

---

❶ 王蒙：《中国天机》第71页，安徽文艺出版社2012年6月版。

各种体裁皆有经典

毛泽东文倾江海，一生留下的文稿有 4 万多件，字数达三四千万字，遗失的无法计算。这些文稿文章，涉及各种体裁。

"才华信美多娇，看千古词人共折腰。"❶ 诗词是毛泽东一生的最爱，结集为《毛泽东诗词集》（由中央文献出版社出版）。他还写有集句诗、打油诗、联句诗，还有诗话、诗评等。诗人臧克家说："毛主席诗词常读常新，毛主席诗词越挖越深。"高亨教授在一首词中评价毛泽东诗词说："细检诗坛李杜，词苑苏辛佳什，未有此奇雄。"毛泽东以"诗雄"的形象进入中华诗词巨人的行列。

大处落墨，政论文章他写得最多。《毛泽东选集》四卷为其代表，郭沫若称之为"有雄文四卷，为民立极"。❷ 还有《毛泽东文集》八卷，精彩纷呈。毛泽东对记叙文、说明文、议论文、应用文都有尝试，命令、议案、决定、意见、公告、通告、通知、通

---

❶ 这是诗人柳亚子对毛泽东诗词的评价，见张贻玖《广读天下书》第 161 页，江苏文艺出版社 1993 年 12 月版。

❷ 见郭沫若词《满江红》，转引自《毛泽东诗词集》第 138 页，中央文献出版社 1996 年 9 月版。

报、报告、请示、批复、函、简报、规章制度、讲话稿、调查报告、计划、总结、征稿启事、征稿办法、序言等，他都写过。考据之学，他也涉猎。还写过祭文、挽联这些古老的文类，他写得不落俗套，《祭母文》《祭黄帝文》是其代表。《文心雕龙》中说："唯文章之用，实经典枝条：五礼资之以成，六典因之致用，君臣所以炳焕，军国所以昭明。"毛泽东的文章，以"文"弘扬政治、经济、军事、制度、仪节中的革命理念，做到了文质并茂。

虎帐拟电文，倚马草军书。毛泽东在战争年代，主要是靠电报指挥战争，他握管便写，操笔立成，起草了几千份电报。参与编辑《毛泽东文集》的逄先知评价说："这些军事电报虽然有许多生疏的地名和敌我双方的部队番号，但都是可以单篇阅读的。这些电报不仅可以读懂，而且很有趣，其中包含着丰富的方法论和思想性的东西，给人们以启迪和智慧。这些电报气势恢宏，文笔非凡，堪称范文。"❶

毛泽东一生写过许多书信，信手握管，给老派人物写用文言文，给革命同志用白话文，给不新不旧的人用半文半白文。"小李娃：你病了，我很念你。你好好养病，早日好了，大家喜欢。下大雪了，你看见了吗？"❷这是给女儿李讷的信，末尾飞来"大雪"一句，冰清玉洁，是写实的神来之笔，率真而深情。香港作家董桥有篇文章叫《毛泽东会写信》，其中说道："毛泽东白话文写得

---

❶ 逄先知：《伟大旗帜》第 229 页，三联书店 2019 年 6 月版。
❷ 《建国以来毛泽东文稿》第 2 册第 12 页，中央文献出版社 1988 年 11 月版。

漂亮。"他以毛泽东1958年7月1日致胡乔木的一封信为例，评价说："信中文字简洁得很，又有气势。白话信写成这样，值得学习。"❶ 书信是毛泽东著作的一个重要部分，中央档案馆保存的毛泽东信件有1500多封。

毛泽东起草文件、通讯报道等一些非文学体裁的文章时，不是把思想和意思说清楚就行了，他还讲究行文中的文采文风。纵是写公文，他也不是像许多人那样用习惯的公文语言来写，而是有意识地把公文当"光昌流丽"的散文来写，增加公文的感染力。

1916年6月，毛泽东从长沙回韶山，在老家的油灯下给萧子升同学写信，信中说："一路景色，弥望青碧，池水清涟，田苗秀蔚，日隐烟斜之际，清露下洒，暖气上蒸，岚采舒发，云霞掩映，极目遐迩，有如画图。"❷ 颇有些王维《山中与裴秀才书》的味道。

毛泽东在《星星之火，可以燎原》中说到革命高潮快要到来时，用富有想象力的语言进行了精辟的比喻："它是站在海岸遥望海中已经看得见桅杆尖头了的一只航船，它是立于高山之巅远看东方已见光芒四射喷薄欲出的一轮朝日，它是躁动于母腹中的快要成

---

❶ 董桥：《留住文字的绿意》第38页，辽宁教育出版社1999年1月版。毛泽东1958年7月1日给胡乔木的信中写道："乔木同志：睡不着觉，写了两首宣传诗，为灭血吸虫而作。请你同《人民日报》文艺组商量一下，看可用否？如有修改，请告诉我。如可用，请在明天或后天《人民日报》上发表，不使冷气。灭血吸虫是一场恶战。诗中坐地、巡天、红雨、三河之类，可能有些人看不懂，可以不要理他。过一会，或须作点解释。"见《毛泽东诗词集》第232—233页。

❷ 《毛泽东早期文稿（1912.6—1920.11）》第41页，湖南出版社1990年7月版。

乔木同志：

睡不着觉，写了两首宣传诗，为灭血吸虫而作。请你同人民日报文艺组同志商量一下，看可用否？如为修改，可书告我。如可以用，请在明天或后天人民日报发表，不使冷气。灭血吸虫是一场恶战。诗中称"地""天"江湖、三河之类，可改为地方当者不错，可以如名送他。迟一会，我还想写几种。

毛泽东 七月一日

《给胡乔木的信》（1958年7月1日）

熟了的一个婴儿。"❶

　　郁郁乎文哉，毛泽东心中具有很强的文章意识、散文意识。毛泽东的许多政论文章，还可以当文学作品来看。编辑《毛泽东集》（20卷本）的日本人竹内实说："很多人读了《毛泽东选集》中的文章，都觉得毛泽东的诗兴非凡。那些文章虽说都是政论文，但并不像人们想象的那么枯燥无味，他运用生动的比喻和形容，有力地展现了文章的逻辑性。"❷

　　这里特地说说一个大家没有关注的体裁：战场喊话。

　　战场喊话（又叫火线喊话），是在战场前沿上对敌进行的口头劝降活动，目的是瓦解和涣散敌军，促使敌军官兵放下武器。这本来是基层官兵的事情，从来不是大人物干的事，基本上不需要正经的稿子，更不需要形成正式的文章，都是喊完拉倒，保留不下来。对于这种"壮夫不为"的雕虫小技，毛泽东在组织战斗和指挥战役时，亲自操刀，辟出新境，把战场喊话写成了战斗檄文。

　　笔者参观井冈山革命博物馆时，看到红四军党部1929年发布的《告绿林弟兄书》❸，眼睛一亮。毛泽东在秋收起义失败后，拉起队伍到了井冈山，用他的话说是"到山林里去跟绿林好汉交朋友"。如何面对并争取山上的土匪？红军战士照着《告绿林弟兄

---

❶ 《毛泽东选集》第1卷第106页，人民出版社1991年6月版。

❷ 竹内实：《毛泽东的诗词、人生和思想》第3页，中国人民大学出版社2012年1月版。

❸ 张泰城选编的《井冈山的红色文献》（江西人民出版社2016年12月版）收入了《告绿林弟兄书》。

书》喊话：绿林弟兄们，山上的弟兄们！咱们是一家人。不过，你们这样下去不行呀！然后，说出四个理由（你们力量太小，你们不敢回家，你们随时会被土豪军阀捉到而一命呜呼，你们一生一世毫无出路），条条都替绿林弟兄着想，入情入理，条条在理。下一步你们怎么办呢？红军接着喊话，指了四条道……而这四条道道道都是死路一条，唯一的出路是，当红军。为什么当红军呢？又说出当红军的两个理由（红军是共产党领导的，红军是为工农及贫苦人奋斗的）。通篇文章，层层推进，逻辑严密，说理透彻，态度平等。哈，听了这番喊话，不拖着枪跑到红军来，腿都不答应。这是一篇妙文、一篇奇文，字里行间都洋溢着"毛氏"气息，我推断它是毛泽东的手笔。毛泽东在秋收起义后上井冈山当"山大王"，自嘲上了"绿林大学"，他作为红四军党的负责人，写下这篇奇文，符合他的身份。当时红四军毕竟没有能写出这样文章的头角峥嵘之士。更关键的是，通篇文章都是毛泽东的行文风格。可是，历史讲证据，在没有确切证据之前，不能武断地肯定这篇文章就是毛泽东的作品。不过，既然是署名"红四军党部"，作为负责人的毛泽东，至少是《告绿林弟兄书》的修改者、签署者、同意者，这个没有问题。

1948年11月，淮海战役打得正急，一纸《向国民党军黄维兵团的广播讲话》传到前线："人民解放军现在已经把你们完全包围住了。你们已经走不出去了，你们的命运已经到了最后关头。

为你们自己设想，为人民设想，你们应当赶紧缴械投降……"❶毛泽东用文字摧垮敌方心理防线。同时，毛泽东还写了《敦促杜聿明等投降书》，向国民党高级将领喊话，上来劈头指出："你们现在已经到了山穷水尽的地步。"❷如今看这两篇文章，气势旺盛，文辞果断，如我是喊话者，洋洋洒洒，胜利在握，充满自信，神气活现；如我是被喊话者，听得哆哆嗦嗦，吓得心惊肉跳，一点战斗精神都没有了，只想发抖着身子赶快举手投降。

1958年10月，毛泽东撰写的《中华人民共和国国防部告台湾同胞书》等，通过对台广播响彻台湾海峡。这不仅仅是向金门一线官兵喊话，还喊给蒋介石听，喊给美国人听，有言中之意，有话外之音，有无尽之言，一石三鸟；特别是"打打停停""停停打打""半打半停""单日打炮，双日不打"，自家制定战场规则，那叫政治智慧。这几篇"喊话"与《告绿林弟兄书》一样，皆说理透彻，语言活泼。草蛇灰线，可以看出一个路数，一脉相承。

"国民党军队的官兵很注意听我们的广播，我们的广播威信大得很。"❸作为党和军队的领导人，于日理万机中写这种广播喊话类的文书，把它写成经典，真是化鱼为龙。环视世界各国，写战场喊话的

---

❶《毛泽东新闻作品集》第411页，新华出版社2014年10月版。
❷《敦促杜聿明等投降书》收入《毛泽东选集》。杜聿明在淮海战役中被俘，1959年被特赦。据杜聿明回忆，当年在战场上，他没有听到毛泽东的《敦促杜聿明等投降书》，作为战犯被关押在北京功德林监狱时，他一字不漏地背诵了《敦促杜聿明等投降书》。
❸《毛泽东文集》第5卷第23页，人民出版社1999年6月版。

领袖人物,唯有毛泽东,没有第二人。毛泽东前无古人地把"战场喊话"抬高成一个文种,后来者想超越他,那就比较难了。

"如果让我选择职业的话,我愿写杂文,可惜我没有这个自由,写杂文不易呀。"[1]这是毛泽东1957年6月底对《新民报》总编辑赵超构说的话。毛泽东的许多文章具有杂文的品质,有的就是纯正的杂文。

毛泽东的语言表达能力颇为丰富,开会讲话、与人谈话,好句在胸,吐金嗽玉,展现自家的学识见识,经过整理,转化为著作,这类文章更为生动传神。像《为人民服务》《论十大关系》《关于正确处理人民内部矛盾》等都是口头讲话而成为经典。

毛泽东自己署名的文章自己写,还替党中央写文件,替报纸写发刊词、社论、编者按,替通讯社和广播电台写新闻报道、时事点评。他擅长用媒体讲政治、讲策略,把社论写得风生水起,把新闻稿写成经典,有的以新闻之笔挤进文学名篇。你看他的《我三十万大军胜利南渡长江》(1949年4月22日)——

> 英勇的人民解放军二十一日已有大约三十万人渡过长江。渡江战斗于二十日午夜开始,地点在芜湖、安庆之间。国民党反动派经营了三个半月的长江防线,遇着人民解放军好似摧枯拉朽,军无斗志,纷纷溃退。长江风平浪静,我军万船齐放,直取对岸,不到二十四小时,

---

[1] 吴黔生等:《肝胆相照》第143页,军事科学出版社1993年6月版。

（新华社长江前线二十二日二时电）英勇的人民解放军二十一日已有大约三十万人渡过长江。渡江战斗于二十日午夜开始，地点在芜湖、安庆之间。国民党反动派经营了三个半月的长江防线，遇着人民解放军好似摧枯拉朽，军无斗志，纷纷溃退。长江风平浪静，我军万船齐放，直取对岸，不到二十四小时，三十万人民解放军即已突破敌阵，占领南岸广大地区，现正向繁昌、铜陵、青阳、荻港、鲁港诸城进击中。人民解放军正以自己的英雄式的战斗，坚决地执行毛主席朱总司令的命令。

《我三十万大军胜利南渡长江》（1949年4月22日）

> 三十万人民解放军即已突破敌阵，占领南岸广大地区，现正向繁昌、铜陵、青阳、荻港、鲁港诸城进去中。人民解放军正以自己的英雄式的战斗，坚决地执行毛主席朱总司令的命令。❶

不足200字，新闻六要素即Who（何人）、What（何事）、When（何时）、Where（何地）、Why（何因）、How（如何）完备，更妙的是将解放军之神勇和敌军之崩势，勾画得活灵活现，为一大事件增光添华。作家梁衡在《文章大家毛泽东》中评价说："我军摧枯拉朽，敌军纷纷溃退，长江风平浪静。你看这气势，是不是有《过秦论》中描述秦王震四海、制六合的味道？"

毛泽东在解放战争时期写了100多篇新闻作品。新华出版社1983年12月出版的《毛泽东新闻工作文选》，收入毛泽东关于新闻的论著71篇，他亲自撰写的新闻作品28篇，他修改的稿子24篇。新华出版社2014年10月出版《毛泽东新闻作品集》，收入毛泽东1919年至1970年为报刊、通讯社和广播电台撰写的各类文字133篇。这肯定不是毛泽东的全部新闻作品。作为最高领导人亲自上阵"新闻战线"（把新闻称为"新闻战线"，也是毛泽东的创造），这在世界各国领导人中实属罕见。

毛泽东写书，还编书。比如，1926年秋，他主持编印《农民问题丛刊》，并为丛刊题写序言《国民革命与农民运动》。这套书

---

❶《毛泽东新闻作品集》第474页，新华出版社2014年10月版。

原计划出52种，因条件所限只出版了26种。延安时代，他主持编印著名的"党书"三种：《六大以来——党内秘密文件》，1941年12月正式印行；《六大以前——党的历史材料》，1943年10月印行；《两条路线》上下卷，1943年10月印行。毛泽东把这些书命名为"党书"。"党书"对于统一高级干部的思想，顺利召开"七大"起到了关键作用。1956年，他亲自选编三卷本《中国农村的社会主义高潮》。1958年3月，中央召开成都会议，毛泽东六次即兴长篇讲话，还抽空选编了两本小册子，一是《唐宋人写的有关四川的一些诗和词》（47首）、一是《明朝人写的有关四川的一些诗》（18首），发给与会人员。

毛泽东逝世后，中共中央决定出版《毛泽东全集》，这个动议后来搁下了。如果出《毛泽东全集》，规模将是巨大的。其实，毛泽东不主张出全集，认为写那么多东西，哪能篇篇重要？毛泽东曾引用郑板桥的一句话——郑板桥在编定自己的《诗钞》时说："板桥诗刻止于此矣，死后如有托名翻板，将平日无聊应酬之作，改窜烂入，吾必为厉鬼以击其脑。"毛泽东赞同这句话，他只赞成出自己的选集。❶

毛泽东通过勤奋的写作建立起属于毛氏的文本坐标，成为一种范例和标准，影响至大。尽管如此，他依然保持着著作家的清醒。1965年1月9日，斯诺对毛泽东说："我相信主席著作的影响将远远超过我们这一代和下一代。"毛泽东的回答出他意料："你可能

---

❶ 龚育之：《党史札记二集》第255页，浙江人民出版社2004年11月版。

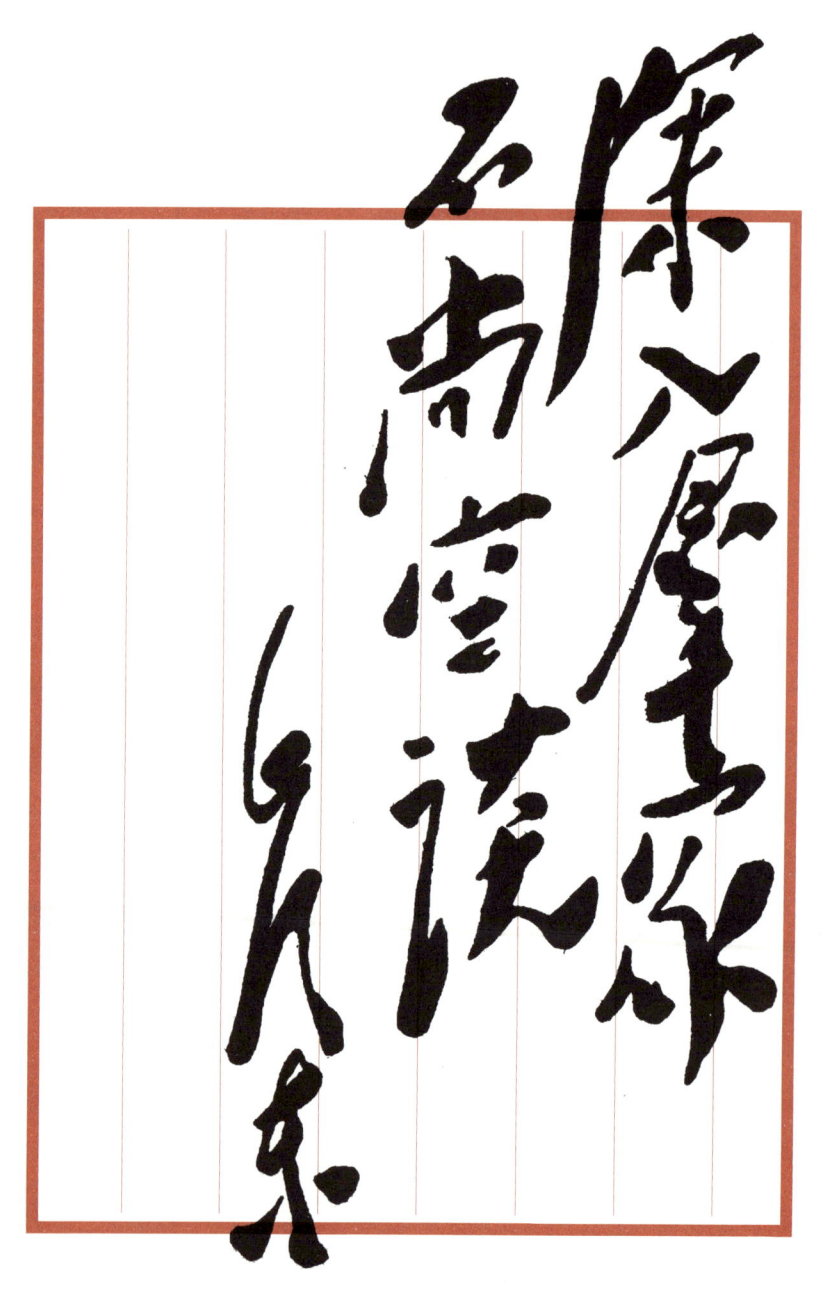

深入群众　不尚空谈

讲得过分了，我自己都不相信。……我不能驳你，也不可能赞成。这要看后人、看几十年后怎么看了。"他还说："现在我的这些东西，甚至马克思、恩格斯、列宁的东西，在一千年以后看来可能是可笑的了。"❶

毛泽东时代的人们用毛泽东时代的目光看毛泽东的著作，毛泽东则往前跨了一步，这一步至少一千年，他用未来时代的目光审视自己的著作；更何况，江山代有才人出，五百年必有王者兴，后来者或许会出现更具才华的大家。

1966年7月，他在"白云黄鹤"之处写过一封信，信中说："我历来不相信，我那几本小书，有那样大的神通。"❷

猜想毛泽东一定自己权衡过自己的诗文在当代、在几十年后乃至一千年后的地位与作用：它们会过时吗？将来还有用吗？

1972年2月21日，美国总统尼克松对毛泽东说："主席的著作感动了全国，改变了世界。"毛泽东说："没有改变世界，只改变了北京附近几个地方。"❸

毛泽东对自己的著作持淡泊态度，没有自我神化，没有想到千古不朽。他只愿意把他认为最重要的著作交给读者，交给时间来检验。这是严肃的著作家的境界。

---

❶《毛泽东文集》第8卷第406—407页，人民出版社1999年6月版。
❷《建国以来毛泽东文稿》第12册第71页，中央文献出版社1992年8月版。
❸《毛泽东年谱（1949—1976）》第6卷第427页，中央文献出版社2013年12月版。

提倡自己动手写文章

龚育之说:"作为一位著作家,毛泽东总是自写文稿,自拟讲话提纲。"❶

毛泽东自己动手写文章,并且要求领导干部亲自动手写文章,认为这是一种好的作风,是做好领导工作的基本功之一。

1948年1月,毛泽东在《关于建立报告制度》中要求,"由书记负责(自己动手,不要秘书代劳),每两个月,向中央和中央主席作一次综合报告"。❷

1958年1月12日,毛泽东给刘建勋、韦国清写信,他说:"精心写作社论是一项极重要任务。……第一书记挂帅,动手修改一些最重要的社论,是必要的。"❸

1958年1月,毛泽东在《工作方法六十条》中要求:"重要的文件不要委托二把手、三把手写,要自己动手,或者合作起来

---

❶ 龚育之:《党史札记二集》第243页,浙江人民出版社2004年11月版。

❷ 《毛泽东选集》第4卷第1264页,人民出版社1991年6月版。

❸ 《建国以来毛泽东文稿》第7册第13页,中央文献出版社1992年8月版。

做。""不可以一切依赖秘书,或者'二排议员',要以自己动手为主,别人帮助为辅。……一切依赖秘书,这是革命意志衰退的一种表现。"❶

1964年3月28日,毛泽东把领导干部不动手写文章上升到官僚主义来批评。他说:"有的人,自己不写东西,让秘书代劳。我写文章从来不叫别人代劳,有了病不能写就嘴说嘛!现在北京当部长局长的都不写东西了,统统让秘书代劳。秘书只能找材料,如果一切都由秘书去办,那么部长局长就可以取消,让秘书干。"❷

毛泽东要求领导干部拿起笔杆,自己动手写文章,这不仅仅是写文章的问题,也是事关党风、文风和领导方法的问题。邓小平曾经说:"拿笔杆是实行领导的主要方法。领导同志要学会拿笔杆。"❸

"捉刀"或叫"代笔",即代人作文作画,是个历史现象。上古捉刀为笔,竹简木简出现后,又用刀修改上面的舛误,后来人们把替人作文称为"捉刀"。乾隆皇帝一生留下四万多首诗文,许多由大臣代笔,对此他直言不讳。蒋介石的《中国之命运》,由陶希圣"捉刀"完成,这个他没好意思承认。

毛泽东擅长文章,亲力亲为,不喜欢别人替他"捉刀",他反倒喜欢替人"捉刀"。比如:1948年11月,替刘伯承、陈毅写的《向国民党军黄维兵团的广播讲话》。1950年1月18日,起草外

---

❶ 《毛泽东文集》第7卷第359页,人民出版社1999年6月版。

❷ 《毛泽东年谱(1949—1976)》第5册第333页,中央文献出版社2013年12月版。

❸ 陈晋:《读毛泽东札记》第168页,三联书店2009年9月版。

交部副部长李克农《关于任命张闻天为驻联合国中国代表团首席代表的电报》，此电后改署周恩来发表。1950年1月19日，起草新闻署长胡乔木《驳斥艾奇逊造谣的谈话》。1958年10月，以彭德怀的名义起草《中华人民共和国国防部告台湾同胞书》《中华人民共和国国防部命令》《中华人民共和国国防部再告台湾同胞书》《中华人民共和国国防部三告台湾同胞书》。毛泽东还替大文豪郭沫若等名流"捉刀"。笔者曾经"胡想"：如果出一本《毛泽东"捉刀"文集》，一定别有趣味。

毕竟国务繁忙，毛泽东有些公文也由工作人员拟写。1956年9月15日，毛泽东要在中共第八次全国代表大会上致开幕词。会议开始前一天，"笔杆子"陈伯达把他起草的开幕词送给毛泽东，毛泽东一看，长篇大论，很不满意。会议第二天就要开幕了，时间很紧，毛泽东让秘书田家英连夜赶写。田家英谙熟毛泽东的思想和文风，他根据毛泽东的意思，晚上加班，一挥而就。一般不喜欢念稿子的毛泽东在开幕会上念的就是田家英撰写的这个稿子。这篇讲稿二千多字，赢得30多次掌声。毛泽东致辞之后，人们纷纷上前称赞毛主席讲得好，有人还特别提到"虚心使人进步，骄傲使人落后"这个警句尤为精彩。毛泽东告诉大家说："开幕词是年轻秀才写的，此人是田家英。"[1] 毛泽东公布自己这个讲话是秘书写的，足见其坦率与自信，他的文采不怕被别人遮住，别人也遮挡不住。

---

[1] 《我所知道的毛泽东——林克谈话录》第62页，中央文献出版社2000年2月版。

自古以来，常有一些控制不住自己的人，偷来人家的文章，安上自家的名字，人称"雅贼"，又叫"文抄公"。毛泽东读《晋书·郭象传》，批注四个字"郭象无行"，一个原因是郭象在学术上有剽窃向秀的《庄子注》之嫌。蜀主孟昶的《玉楼春》(冰清玉骨)是两首七绝，苏东坡把它化来，经过增字、增韵而成八十二字的《洞仙歌》，毛泽东评价说："苏东坡是大家，所以论者不以蹈袭前人为非。如果是别人，后人早指他是文抄公。" ❶

　　毛泽东在中共"七大"会议上批评说："我曾经看到过这样的事情，把别人写的整本小册子，换上几个名词，就说是自己写的，把自己的名字安上就出版了。不是自己的著作，拿来说是自己的，这是不是偷？呀！有贼。我们党内也有贼，当然是个别的、很少的。这种事情历来就有的，叫做'抄袭'。这是不诚实。马克思的就是马克思的，恩格斯的就是恩格斯的，列宁的就是列宁的，斯大林的就是斯大林的，朱总司令讲的就是朱总司令讲的，刘少奇讲的就是刘少奇讲的，徐老(徐特立)讲的就是徐老讲的，哪个同志讲的就是哪个同志讲的，都不要偷。" ❷ 一组排比句子，讲述了不要做"文抄公"的道理，提倡的是实事求是、老老实实的作风。

　　令人意想不到的是，毛泽东去世30多年后被诬为"文抄公"。

　　大约是2010年前后，网上忽然出现一篇《〈毛泽东选集〉真相》，谎称"《毛泽东选集》一至四卷的160篇文章中，由毛泽东

---

❶ 舒湮：《1957年夏季我又见到了毛主席》，《新华文摘》1986年第1期。
❷ 《毛泽东在七大的报告和讲话集》第156页，中央文献出版社1995年4月版。

文章华国，著作华党　　031

执笔起草的只有12篇，经毛泽东修改的共有13篇，其余诸篇全是由中共中央其他领导成员，或中共中央办公厅以及毛泽东的秘书等人起草的"。此文吸引不少眼球。中央档案馆负责管理毛泽东手稿的齐得平先生飞马挺枪，写了《我所了解的毛泽东手稿管理工作和为编辑〈毛泽东选集〉提供文稿档案的情况》，发表在《文献与研究》2011年12月出版的第60期及《学习活页文选》2012年第2期。❶ 齐得平长期从事毛泽东手稿的管理工作，对中央档案馆保存的几万件、几千万字的毛泽东著述了然于胸。他以专业、专家、专攻精神，让原始材料说话，让毛泽东的笔迹说话，让尘封的历史文献出面说话，以确凿的事实镇压了鸦鸣蝉噪。

---

❶ 参见齐得平：《我管理毛泽东手稿》，中央文献出版社2015年1月版。

横扫千军如卷席

毛泽东有句名言："枪杆子里面出政权。"枪杆子是物质力量，笔杆子是精神力量。毛泽东把"笔杆子"置于跟"枪杆子"并重的位置，常常是：用"笔杆子"指挥"枪杆子"，把"笔杆子"当作另一种"枪杆子"。笔走龙蛇惊风雨。他的"笔杆子"改变世界、改造人心，对中国的历史进程产生巨大影响。他的一支笔，乃百万雄兵，是一支摇动乾坤的大笔。

毛泽东具有强大的"文章力"。这个"文章力"，绚烂奇妙，既记录历史，又改变历史；既是软实力，又是硬实力，具有软硬两手具足的力量。

毛泽东的青春之作《沁园春·长沙》写于1925年：

独立寒秋，湘江北去，橘子洲头。看万山红遍，层林尽染；漫江碧透，百舸争流。鹰击长空，鱼翔浅底，万类霜天竞自由。怅寥廓，问苍茫大地，谁主沉浮？携来百侣曾游。忆往昔峥嵘岁月稠。恰同学少年，风华正茂，书生意气，挥斥方遒。指点江山，激扬文字，粪土

当年万户侯。曾记否，到中流击水，浪遏飞舟。❶

阳光灿烂，金句迭出。写这首词时，毛泽东30出头。年轻的王蒙看了这首诗，他说，"找到了青春的感觉，秋天的感觉，生命的感觉"，"我感到的是震动更是共鸣。青春原来可以这样强健，才华原来可以这样纵横，英武原来可以这样蓬勃，气概原来可以这样挥洒"❷。

一句"枪杆子里面出政权"，带着同志的血迹，在一个最关键的时刻，用最通俗最尖锐的话说出来，唤醒了党人，打醒了历史，打响了天地，打出了一个新中国。

一个"支部建在连上"，建设了一支新型军队。推广到全国去，支部建在村庄，支部建在街道，支部建在车间，支部建在处室，改变了中国基层的社会结构。哲学家李泽厚说："毛泽东提出'支部建在连上'，这太重要了；推广到社会上，就是一直到居民委员会，管到所有人的所有一切。"❸

《矛盾论》《实践论》，这是毛泽东哲学的"双子星座"，是交给中国共产党人务实而锋利的哲学武器。一篇《论持久战》，预言和论证了抗日战争的三个阶段，为抗日战争的最后胜利指明了方向。《改造我们的学习》《整顿党的作风》《反对党八股》构成了

---

❶ 《毛泽东诗词集》第6—7页，中央文献出版社1996年9月版。
❷ 王蒙：《一辈子的活法》第91页，北京出版社2013年6月版。
❸ 李泽厚、刘绪源：《中国哲学如何登场？——李泽厚2011年谈话录》第56页，上海译文出版社2012年6月版。

延安"整风"基本的学习文件。一篇《在延安文艺座谈会上的讲话》，一个时期几乎成为"作者之章程，艺林之准的"，成为中国革命文艺的"心经"。从《新民主主义论》《论联合政府》到《论人民民主专政》，为新中国国体政体的构建提供了基本的"国家样式"。《纪念白求恩》《为人民服务》《愚公移山》被人民群众亲切地称为"老三篇"，影响了无数人的世界观。可以说，收入《毛泽东选集》中的文章都在中国革命历程中发挥了重大作用。

毛泽东在西柏坡一年时间，亲手拟电报400余封，指挥"三大战役"，迎来了新中国的诞生。他说：我是用一支笔指挥"三大战役"的。周恩来说："我们一不发人，二不发枪，三不发粮，天天发电报，就把敌人打败了。"

"一言兴邦，一言丧邦。"文章，堪称毛泽东的"撒手锏"。

这里且看几个具体的"笔杆子"而搴旗斩将打败"枪杆子"的例子——

1943年7月，国民党蒋介石以二三十万大军包围陕北边区，准备进攻延安。当时，八路军主力都在抗日前线，延安驻军只有两三万人，形势危急。毛泽东在进行军事斗争准备的同时，运用舆论反击国民党的进攻，用"笔杆子"制止"枪杆子"。中共中央开展宣传战，大张旗鼓地揭露国民党军队进攻延安的兵力部署、行动路线和作战方案，把蒋介石调集重兵图谋闪击延安的内幕，暴露在光天化日之下。朱德总司令先后致电胡宗南和蒋介石，提出严正抗议。《解放日报》连续发表文章揭露国民党企图发动内战、偷袭延安的计划，毛泽东亲自撰写了《质问国民党》等文章，发表在

《解放日报》上。通过共产党的闪击宣传，国民党不得不中止进攻延安的计划。共产党兵不血刃，避免了一场内战。

用"笔杆子"打败敌人的最惊人的一幕发生在西柏坡。1948年10月，驻守在北平的国民党将领傅作义得到中共中央在西柏坡的情报后，准备出动近十万大军和骑兵进行突袭。当时国共主要战场在东北和西北，西柏坡周围的解放军仅有一万余人，军情火急。毛泽东得到消息，他说："我们要给傅作义一点厉害看看。"周围的人心中疑惑：我们身处险境，还要给别人厉害看？毛泽东拿起了"笔杆子"，亲自组织和撰写了几篇新闻：第一篇，是胡乔木起草、毛泽东修改的《蒋傅军妄图突袭石家庄》，新华社10月25日播出；第二篇，是毛泽东写的《华北各首长号召保石沿线人民准备迎击蒋傅军进扰》，新华社10月26日播出；第三篇，是毛泽东写的口播稿《关于敌军拟袭石家庄的口播稿》，新华社10月29日播出；第四篇，是毛泽东撰写的《评蒋傅军梦想偷袭石家庄》，新华社10月31日播出。这些评论，把傅作义进攻石家庄的种种计划予以揭露，号召解放军和民兵，做好歼灭敌人的准备。傅作义收听到中共方面的广播，一看中共对他们的计划了然于胸，早有准备，生怕遭到埋伏，只好悄悄地将开出去的部队撤回北平。正是：毛泽东巧设空城计，一支笔吓退十万兵。

毛泽东的"人不犯我，我不犯人；人若犯我，我必犯人"，[1]诞

---

[1] 《毛泽东年谱（1893—1949）》中卷第105页，中央文献出版社2013年12月版。

生于20世纪30年代末，是宣扬我方正义和威慑对手的名言，有"不叫胡马度阴山"的气势。《美国之音》的一位台胞背景的广播员说：20世纪60年代听到北京广播时，一听到"人不犯我，我不犯人；人若犯我，我必犯人"之类的话，"我们真有点吓得发抖啊……"❶ 这就是"笔杆子"的力量，文字的力量。

《西游记》中有个铁扇公主，一扇息风，二扇生风，三扇风雨交加。毛泽东的文章常常呼风唤雨、移山赶海，端的是，不得了。

德国学者洪堡说："语言左右思想。"毛泽东的文章，为党人立心，为百姓立命。他的句子、他的思想，传布于广大人群，改变了许多人的思想，影响到汉语的日常用语，至今仍像一个幽灵一样流行在东方大地。

---

❶ 王蒙：《中国天机》第133页，安徽文艺出版社2012年6月版。

"白话文写得最好的还是毛泽东"

毛泽东的文章，不同于五四以来的现代白话，而是革命白话。他把语言提高了，构建了崭新的用革命语言写作的白话文。他的文章，是共和国文体的代表。

毛泽东对自己的文章，有"文章自信"。1949年12月访问苏联时，他请斯大林派一位苏联理论家帮自己看看过去发表的文章。斯大林当即决定，派哲学家尤金来中国协助编辑《毛泽东选集》。后来毛泽东当面对尤金说："为什么当时我请斯大林派一个学者来看我的文章？是不是我那样没有信心？连文章都要请你们来看？""不是的，是请你们来中国看看，看看中国是真的马克思主义，还是半真半假的马克思主义。"[1]

毛泽东的著作言语赢得了读者之心。

作家严文井回忆在延安时期与毛泽东的一次谈话后的心理活动。他说："我从毛主席的窑洞里走出来，天已经黑了。我顶着星光往自己的窑洞走，你猜我心里想的是什么？你不要忘了，那时的

---

[1] 《毛泽东传》第3卷第1104页，中央文献出版社2013年11月版。

我,是从白区来到延安的小有名气的作家,自负得很呀!可是当时我回想着和毛泽东相处的一幕幕,我心里说:这个人呀,现在他让我为他去死,我都干!……我也很奇怪他拿什么征服了我。……其实他那天没讲一句马列,讲的都是天文地理世态人情,他是百科全书,无所不知,可是他不把马列挂在嘴边上。但你事后细想,讲的都是马列呀,他把马列全融会到中国现实中啦!当时我就认定,跟着这个人干革命,革命肯定有希望!中国肯定有希望!真马列呀,不着一字,尽得风流!"

萧三是毛泽东小学时的同学,与毛泽东保持了一生的友谊。他在20世纪40年代的评论中写道:"他的报告、演说、讲话,是那样明白、浅显、通俗、动人,富于幽默、妙趣横生,而又那样意味深长、含义深刻、左右逢源、矢无虚发。他的说话常是形象亲切、有血有肉的。在同一会场里,工人、农民、兵士、老太婆们听了他的讲话不以为深;大学教授、文人、学士听了不以为浅。"

毛泽东的机要秘书高智说:"毛主席的文章独具一格。他写的东西,一看就是他的,别人绝写不出,不要说气魄的宏大,措词的生动,思想的深刻,就是遣词造句的方式,动词、形容词的搭配也与众不同。他的句子读起来有一种叮当作响,琅琅上口的韵味,给人极为深刻的印象。"[1]

1957年3月,毛泽东在全国宣传工作会议上发表讲话,他围

---

[1] 高智、张聂尔:《机要秘书的思念》第107页,中共中央党校出版社1993年12月版。

绕"百花齐放，百家争鸣"，或侃侃而谈，或娓娓道来，政治术语与文艺话题交织，高屋建瓴且联系实际，给与会者以柳暗花明、跌宕有致的特殊感受。翻译家傅雷听了，3月18日致儿子傅聪的信说："毛主席的讲话，那种口吻，音调，特别亲切平易，极富于幽默感；而且没有教训口气，速度恰当，间以适当的pause（停顿），笔记无法传达。他的马克思主义是到了化境的，随手拈来，都成妙谛，出之以极自然的态度，无形中渗透听众的心。讲话的逻辑都是隐而不露，真是艺术高手。……他的胸襟博大，思想自由，当然国家大事掌握得好了。毛主席是真正把古今中外的哲理融会贯通了的人。"❶

历史学家陈垣说："得读《毛泽东选集》，思想为之大变恍然前者皆非，今后当从头学起……还将由谢山转而韶山。"❷

西方研究毛泽东生平和思想颇有影响的学者、《毛泽东》一书的作者施拉姆教授认为，毛泽东"阐述共产主义的著作，善于运用中国历史上的典故，富于文采，从而使共产主义非常通俗易懂而易于为他的同胞们所接受。"❸

清魏秀仁小说《花月痕》第三十一回有个词叫"文章华国"，意思是说，好的文章是国家的荣誉和光彩。

毛泽东以文章华党，以文章华国，共产党人佩服，民主人士佩

---

❶ 傅雷：《傅雷家书》第158页，三联书店1994年版。
❷ 转引自胡文辉：《现代学林点将来》第32页，广东人民出版社2010年8月版。
❸ 张贻玖：《广读天下书》第5页，江苏文艺出版社1993年12月版。

服，连政见大不相同的胡适也承认毛泽东的文章写得好。胡适与著名学者何炳棣讨论毛泽东诗词时用英文说："But I have to admit that Mao is a powerful prose writer."（但是，我必须承认毛是一位有力的散文作家。）他还跟历史学家唐德刚说："共产党里白话文写得最好的还是毛泽东。"❶

胡适先生的话说出了一部分真理。或可一问：国民党的笔杆子，其他组织的笔杆子，济济乎，有写过毛泽东的吗？多乎哉？不多也。

风吹过，吹皱一池春水，吹动庭前柏树枝；西山枫叶已落，雪中梅花犹俏，毛泽东的选集文集散发着独特的文香纸香。经过沧桑岁月的包浆，毛文宛如那带着沁色的昆仑玉，烟云流润，更堪珍视了。

"如日之升，如月之恒。"❷ 每读毛泽东的文章，都是一回令人目眩神驰的阅读经历。

---

❶ 《胡适口述自传》，见《胡适专辑作品全编》第 1 卷下册第 193 页，东方出版社 1999 年 1 月版。

❷ 《毛泽东手书选集》第 2 卷第 132 页，北京出版社 1995 年 12 月版。

准确性、鲜明性、生动性

毛泽东对文章的总要求

毛泽东提出"中国作风,中国气派",又提出"准确性、鲜明性、生动性",这是他为文章立规立法。

中国作风、中国气派

"洋八股必须废止,空洞抽象的调头必须少唱,教条主义必须休息,而代之以新鲜活泼的、为中国老百姓所喜闻乐见的中国作风和中国气派。"❶

看得见毛泽东说这番话时,目光炯炯逼人。

那是1938年10月,中国共产党在延安召开六届六中全会,毛泽东在中共的领袖地位正式确立。这是毛泽东首次提出"中国作风""中国气派"。此论针对空洞无物、千篇一律、没有个性的党八股文章而发,彰显文化自信、山河气局,可谓巨眼卓识。

延安民众剧团团长、诗人柯仲平一下子就喜欢上了毛泽东"中国气派"的说法。他在《谈中国气派》一文中说,"每一个民族,都有自己的气派。这是由那民族的特殊经济、地理、人种、文化传统造成的","带特殊性的优秀的民族文化,恰足以帮助世界文化的发展"❷。他领导的民众剧团创作了《小放牛》等为老百姓喜闻

---

❶ 《毛泽东选集》第2卷第534页,人民出版社1991年6月版。
❷ 《新中华报》,1939年2月7日。

乐见的节目，老百姓"追剧"，给剧团送鸡蛋、花生、红枣等慰问品，以至有人想找民众剧团找不到时，只要顺着鸡蛋壳、花生壳、水果皮、红枣核多的道路走，就可以找到他们。民众剧团舞台上悬挂的对联是："中国气派，民族形式，工农大众，喜闻乐见；明白世理，尽情尽理，有说有笑，红火热闹。"这是剧团的宗旨，受到了毛泽东的肯定和赞扬。

毛泽东说，"文学艺术中对于古人和外国人的毫无批判的硬搬和模仿，乃是最没有出息的最害人的文学教条主义和艺术教条主义"❶，"中国的语言、音乐、绘画，都有它自己的规律"，"语言、写法，应该是中国的"❷。这是他对中国风格、中国气派的强调与期待。

1958年1月，毛泽东在谈到如何写评论时说："评论要写得中国化，有中国气派，不要欧化，不要洋八股，不要刻板，要生动活泼。"❸ 同年10月，毛泽东在同"笔杆子"吴冷西、田家英谈话时说："文章要有中国气派，中国风格。中国文字有自己独特的文法，不一定像西洋文字那样严格要求有主语、谓语、宾语。你们的文章洋腔洋调，中国人写文章没有中国味道，硬搬西洋文字的文法。"❹

1960年初，中苏两党在意识形态领域进行论战，中国方面写了九篇文章即著名的"九评"进行回击。毛泽东对写作这组评论

---

❶ 《毛泽东选集》第3卷第860页，人民出版社1991年6月版。
❷ 《毛泽东文集》第7卷第76页、80页，人民出版社1999年6月版。
❸ 吴冷西：《忆毛主席》第55页，新华出版社1995年2月版。
❹ 《毛泽东年谱（1949—1976）》第3卷第282页、479页，中央文献出版社2013年12月版。

文章非常用心，对写作班子明确要求：

> 评论有严肃的论辩，也有抒情的嘲讽，有中国风格和气派，刚柔相济，软硬结合，可以写得很精彩。❶

毛泽东要求用中国风格论战，用中国风格"怼架"，怼出中国气派，这是对"打文仗"的要求（"文仗""打文仗"相对"武仗""打仗"，是毛泽东发明的词语），也是可圈可点的文章"真经"。

参与中苏论战的邓小平20多年后评价这段历史说："回过头来看，双方都讲了许多空话。"极是。不过，从文章学的角度来看这场论战中双方的论文，只觉得中方在"九评"的大词高论中，高屋建瓴，势如破竹，有文有艺，有章有法，将那汉字磨得锋利闪光，淋漓酣畅处，让人拍案，端的是中国风格、中国气派。后来，毛泽东学习英文要选教材时，他自己选的是"九评"英文版❷，足见对"九评"之喜欢。

在主持起草"九评"时，毛泽东还提出这组文章要达到的效果与目标：

---

❶ 吴冷西：《十年论战》下册第638页，中央文献出版社1999年5月版。
❷ 中央文献研究室第一编研室：《温情毛泽东》第268页，辽宁人民出版社2005年1月版。

> 这个文件要使全世界左派高兴，是要大多数中间派看得进去，并且使他们提高一步，要使右派很难回答。❶

金针度人。这段话说出了政治言论的基本要求与根本目的：要"我们"的人读了兴奋，让那些"中间派"读后转向我方，让"对手"读了灰心丧气，不好应对。这也可以看作是"中国作风、中国气派"的一个标志。

"中国作风、中国气派"的主要内容和精神实质是什么？

不妨用毛泽东的句子来表述——

"太平世界，环球同此凉热"，❷是中国作风、中国气派的理想境界。

"春风杨柳万千条，六亿神州尽舜尧"，❸是中国作风、中国气派的价值取向。

"独有英雄驱虎豹，更无豪杰怕熊罴"，❹是中国作风、中国气派的坚韧性格。

"可上九天揽月，可下五洋捉鳖"，❺是中国作风、中国气派的豪迈气派。

---

❶ 《毛泽东年谱（1949—1976）》第5卷第228页，中央文献出版社2013年12月版。
❷ 《毛泽东诗词集》第61页，中央文献出版社1996年9月版。
❸ 《毛泽东诗词集》第105页，中央文献出版社1996年9月版。
❹ 《毛泽东诗词集》第33页，中央文献出版社1996年9月版。
❺ 《毛泽东诗词集》第149页，中央文献出版社1996年9月版。

"宜将剩勇追穷寇，不可沽名学霸王"，❶ 是中国作风、中国气派的奋斗姿态。

"坐地日行八万里，巡天遥看一千河"，❷ 是中国作风、中国气派的远大视野。

"不管风吹浪打，胜似闲庭信步"，❸ 是中国作风、中国气派的精神面相。

"数风流人物，还看今朝"，❹ 是中国作风、中国气派的文化自信。

"年年后浪推前浪，江草江花处处鲜"，❺ 是中国作风、中国气派的生生活力。

"百花齐放，百家争鸣"，"古为今用，洋为中用"，是中国作风、中国气派的呈现形式。

且看毛泽东在开国大典前夕——1949年9月30日撰写的人民英雄纪念碑碑文《人民英雄永垂不朽》——

> 三年以来，在人民解放战争和人民革命中牺牲的人民英雄们永垂不朽！
>
> 三十年以来，在人民解放战争和人民革命中牺牲的人

---

❶《毛泽东诗词集》第74页，中央文献出版社1996年9月版。
❷《毛泽东诗词集》第104页，中央文献出版社1996年9月版。
❸《毛泽东诗词集》第95页，中央文献出版社1996年9月版。
❹《毛泽东诗词集》第69页，中央文献出版社1996年9月版。
❺《毛泽东诗词集》第214页，中央文献出版社1996年9月版。

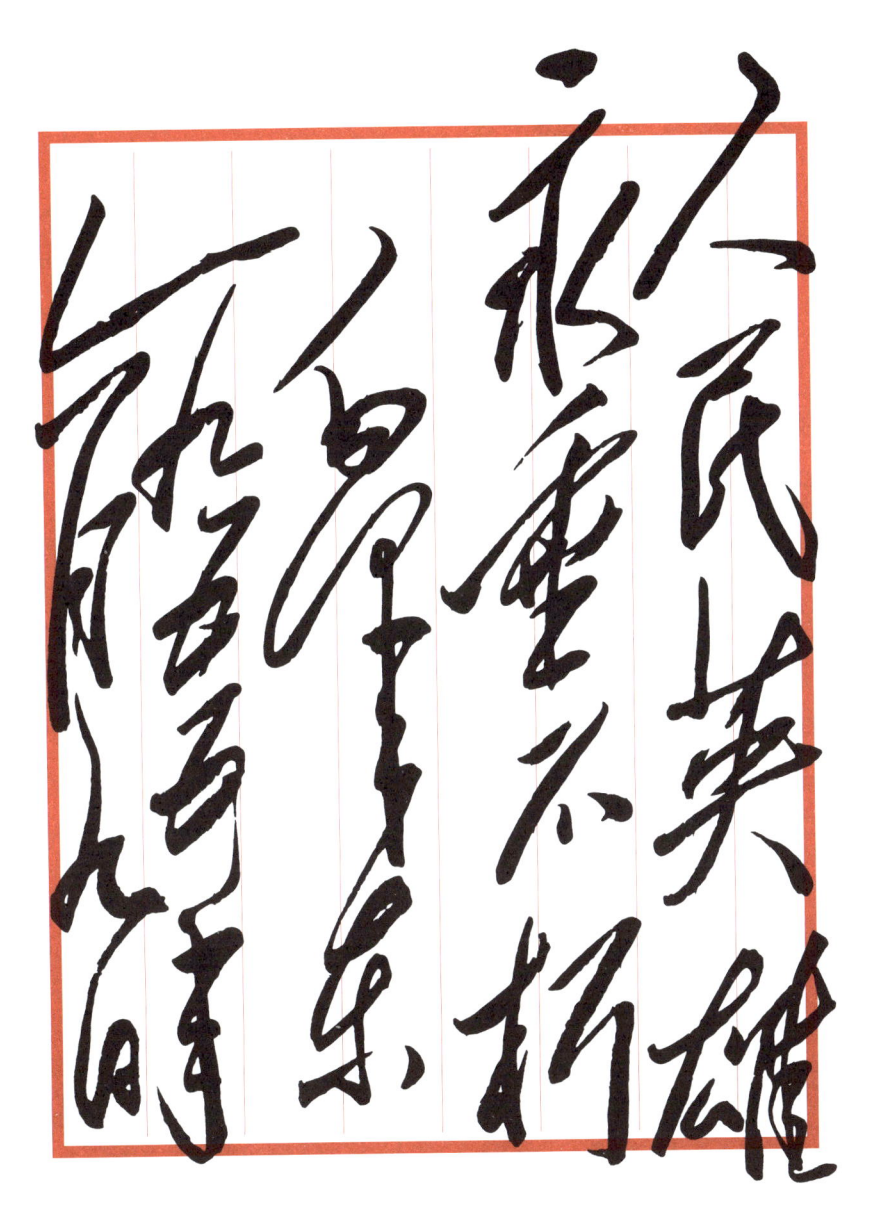

人民英雄永垂不朽（1955年）

民英雄们永垂不朽！

　　由此上溯到一千八百四十年，从那时起，为了反对内外敌人，争取民族独立和人民自由幸福，在历次斗争中牺牲的人民英雄们永垂不朽！ ❶

　　全文惜墨如金，高度凝练，在简约文辞中装进了无比丰富的内容。从三年、三十年，一直上溯到一千八百四十年，中国近代史上的三个重要时间点——1946年、1919年、1840年——波澜壮阔的历史画卷被毛泽东的如椽大笔清晰地勾勒出来。整篇文字以"人民英雄"为主线，上溯中华民族波澜壮阔的百年奋斗牺牲史，饱含"为有牺牲多壮志，敢叫日月换新天"的情怀，一气呵成，气象阔大，文采熠熠，字字金刚。

　　碑文分三个自然段排列。第一段29个字；第二段比第一段多一个字，30个字；第三段55个字。文字一段比一段长，语气一句比一句重，那是钱塘大潮，是东海波浪，一浪高于一浪，洋溢着一往无前的磅礴气势。特别是第三段的语气忽然变化，从上下文逻辑上看，第一段讲"三年以来"，第二段讲"三十年以来"，接下来应该是"一百零九年以来"。毛泽东没有这样顺着写下来，而是"由此上溯到一千八百四十年……"转换语气，文生波澜，反映出毛泽东深谙文法之道。在短短的文章中，毛泽东连用三次

---

❶《毛泽东年谱（1893—1949）》下卷第582—583页，中央文献出版社2013年12月版。

"人民英雄永垂不朽",这是如歌如诗的复沓,黄钟大吕的叠加,亦是思想的洪流,伴随着连绵金石声,一声声在人心头回荡。

英雄不朽,文字不朽。毛泽东一改碑文使用文言文的传统,通篇白话,与"共和国第一碑"人民英雄纪念碑碑身达成高度一致。纪念碑是凝固的诗,毛泽东的碑文是壮丽的"诗眼",毛泽东以这样独特的文字为中国的铭诔文学传统开辟了一个新的境界。这就是巍然屹立于世界民族之林的中国作风、中国气派。

中国作风、中国气派的文章,直抵青铜,具有一种史诗般的风格。

逄先知说:"仔细阅读毛泽东的文章,你会感到,这完全是马克思主义的,又完全是中国的,连文字表现形式和风格也都是中国的,为中国老百姓所喜闻乐见。他的文章,读起来感到清新、亲切,使你回味无穷,同那些从外国抄来的空洞的教条式的文章相比,完全是两种境界。"[1]

"要有势如破竹、高屋建瓴的气势。"毛泽东如是说,如是写。

据蒋介石身边人员回忆,解放战争时期中共中央广播电台发表《中国人民解放军宣言》《评战犯求和》《别了,司徒雷登》等文章时,没有署名毛泽东,蒋介石一听,马上断定是毛泽东所写。20世纪50年代解放军"炮击金门"时,对台广播了国防部长彭德怀的《中华人民共和国国防部告台湾同胞书》《中华人民共和国国防部命令》和《中华人民共和国国防部再告台湾同胞书》,蒋介石听

---

[1] 逄先知:《伟大旗帜》第216页,三联书店2019年6月版。

了，立即听出这些文章出自毛泽东之手。

"中国作风""中国气派"是毛泽东为中国共产党的作风、文风制定的标准，也可以理解为他给文章、文风建立的坐标。

"中国作风""中国气派"要求以独特的中国式的表达，彰显出鲜明的中国文化特色，把这些文章放在世界文章的丛林中，大家一看，高标独举，自成风格，这才是属于中国的。

准确性、鲜明性、生动性

毛泽东在《工作方法六十条》（1958年1月）中指出：

"文章和文件都应当具有这样三种性质：准确性、鲜明性、生动性。准确性属于概念、判断和推理问题，这些都是逻辑问题。鲜明性和生动性，除了逻辑问题以外，还有词章问题。现在许多文件的缺点是：第一，概念不明确；第二，判断不恰当；第三，使用概念和判断进行推理的时候又缺乏逻辑性；第四，不讲究词章。看这种文件是一场大灾难，耗费精力又少有所得。一定要改变这种不良的风气。做经济工作的同志在起草文件的时候，不但要注意准确性，还要注意鲜明性和生动性。不要以为这只是语文教师的事情，大老爷用不着去管。重要的文件不要委托二把手、三把手写，要自己动手，或者合作起来做。"[1]

---

[1] 《毛泽东文集》第7卷第359页，人民出版社1999年6月版。

毛泽东提出的文章"三性",构成好文章的基本要素。

在其他场所,毛泽东还很具体地谈到准确性、鲜明性、生动性的问题。

他说:"文章的主要要求是概念明确,判断恰当,前后一贯,合乎逻辑,再就是文字生动,讲究一下词藻。"他批评说,有些人"忙得要死,昼夜奔忙,考据之学、词章之学、义理之学不搞。"他提倡"理论、逻辑、外国文学都要学","发表意见,修正文件,字斟句酌,逻辑清楚,文字兴致勃勃"❶。

毛泽东批评一份文件"三性"不足:"我读了两遍,不大懂,读后脑中无映象。将一些观点凑合起来,聚沙成堆,缺乏逻辑,准确性、鲜明性都看不见,文字又不通顺,更无高屋建瓴、势如破竹之态。其原因,不大懂形式逻辑,不大懂文法学,也不大懂修辞学。"❷

看到比较满意的文章时,毛泽东总是高兴:"高屋建瓴,势如破竹,读之为之神旺。"❸他评价陆定一的一篇文章说:"陆定一同志论教育的文章,虽然长,理论水平颇高,逻辑性、准确性、鲜明性

---

❶ 《毛泽东年谱(1949—1976)》第 3 卷第 287、283、269 页,中央文献出版社 2013 年 12 月版。

❷ 《建国以来毛泽东文稿》第 7 册第 367—368 页,中央文献出版社 1992 年 8 月版。

❸ 《毛泽东年谱(1949—1976)》第 4 卷第 432 页,中央文献出版社 2013 年 12 月版。

三者都具。"❶ 得到这样的评价，实在难得。

"三性"是纠正"党八股"的路径，包含着对文风的要求。毛泽东说："文风这个问题，我讲一万次了，许多同志还没有改正过来，我在有生之年，得把这件事给整过来。"❷

"请注意：我们发出的任何一件东西，必须是精制品。"❸ 毛泽东在给陆定一的一封信中说。毫无疑问，准确性、鲜明性、生动性即是"精制品"的标志，是抵达"精制品"的路径。

翻阅《毛泽东选集》《毛泽东文集》《建国以来毛泽东文稿》等著作，我们能够深刻地感受到毛泽东文章中的"准确性、鲜明性、生动性"：立场观点犀利、确定、鲜明；语言语气果断自信，咄咄逼人，具有强势的风格。毛泽东正是通过"准确性、鲜明性、生动性"的书写，建立起他的文章的中国气派、中国作风。

第一，准确性

准确性是指文章的思想正确、事实准确、文字精确。准确性是核心，是鲜明性、生动性的前提。

毛泽东曾经评价《史记》说："像《史记》这样的著作和后来人对他的注释，都很严格、准确。"❹

---

❶《建国以来毛泽东文稿》第7册第367页，中央文献出版社1992年8月版。
❷ 陈晋：《文人毛泽东》第477页，上海人民出版社1997年12月版。
❸《毛泽东著作专题摘编》第1543页，中央文献出版社2003年11月版。
❹《毛泽东著作专题摘编》第2389页，中央文献出版社2003年11月版。

"准确性属于概念、判断和推理问题，这些都是逻辑问题。"毛泽东强调："写文章，……锻炼头脑的细致准确性。客观事物是独立存在的东西，全面地认识它，写成文章是不容易的事情。经过多次反复，才能比较接近客观实际，写出来经过大家讨论一下，搞成比较谨慎的作风，把问题把思想写成定型的语言文字，可以提高准确性。"❶

准确性的反面，一个是"装腔作势"。

毛泽东在《反对党八股》中说："在党八股式文章和演说里面，……靠装腔作势吓人。"装腔作势，则不实事求是，不实事求是，就谈不上准确性。毛泽东鲜明地提出："共产党不靠吓人吃饭，而是靠马克思列宁主义的真理吃饭，靠实事求是吃饭，靠科学吃饭。""任何机关做决定，发指示，任何同志写文章，做演说，一概要靠马克思列宁主义的真理，要靠有用。"❷十几年后，毛泽东仍在批评文风中的"装腔作势"："你的架子摆得越大，人家越是不理你那一套，你的文章人家就越不爱看。我们应该老老实实地办事，对事物有分析，写文章有说服力，不要靠装腔作势来吓人。"❸

准确性的反面，还有一个是似是而非，缺乏逻辑性。

毛泽东在《反对党八股》中说："文章是客观事物的反映，而事物是曲折复杂的，必须反复研究，才能反映适当；在这里粗心大

---

❶ 《毛泽东年谱（1949—1976）》第 2 卷第 451 页，中央文献出版社 2013 年 12 月版。

❷ 《毛泽东选集》第 3 卷第 835—836 页，人民出版社 1991 年 6 月版。

❸ 《毛泽东文集》第 7 卷第 277 页，人民出版社 1999 年 6 月版。

意，就是不懂得做文章的起码知识。"他在一个批语中写道："凡是使人看不懂，看了之后觉得头痛，没有逻辑（内部联系），没有论证，因而没有说服力的文件，以后千万不要拿出来。"❶他严厉地批评一份文件："是一个坏透了的文件，没有内部联系，没有合理论证，已经证明毫无用处。写这样文件的同志，根本不用脑筋，对于事物根本不懂，……一窍不通，今后应当认真改正。"❷

毛泽东在中共"七大"口头报告中提出讲真话要做到"三不"——不偷，不装，不吹。❸

不偷，就是不抄袭，不偷人家的文章；不装，就是"知之为知之，不知为不知"，不要不懂得还装腔作势，不要"猪鼻子里插葱——装象"；不吹，就是不吹牛皮，不夸大其词，不报虚数。这也是对文章准确性的要求。

准确性还包括语言、句法的规范性。毛泽东批评说："我们'生造'的东西太多了，总之是'谁也不懂'。句法有长到四五十个字一句的，其中堆满了'谁也不懂的形容词之类'。"❹

第二，鲜明性

"一个政治家要善于打起旗帜，旗帜就是纲领，要有鲜明的纲

---

❶《建国以来毛泽东文稿》第 8 册第 280 页，中央文献出版社 1993 年 1 月版。
❷《毛泽东年谱（1949—1976）》第 4 卷第 57 页，中央文献出版社 2013 年 12 月版。
❸《毛泽东在七大的报告和讲话集》第 156 页，中央文献出版社 1995 年 4 月版。
❹《毛泽东选集》第 3 卷第 844 页，人民出版社 1991 年 6 月版。

领，旗帜很高，面很大，色彩很鲜明，才能一下子把群众结合起来。"这是毛泽东对政治家提出的要求。他同时要求文章也要具有鲜明性。

鲜明性就是旗帜鲜明，亮明立场观点，"是"就是"是"，"非"就是"非"，不能模棱两可，不能含糊其词，不能隔靴搔痒。

"吾人惟有主义之争，而无私人之争，主义之争，出于不得不争，所争者主义，非私人也。"[1] 毛泽东的这句话，其实讲的就是鲜明性。

《共产党宣言》中申明："共产党人不屑于隐瞒自己的观点和意图。"[2] 毛泽东的《对晋绥日报编辑人员的谈话》一文中说："我们必须坚持真理，而真理必须旗帜鲜明。我们共产党人从来认为隐瞒自己的观点是可耻的。我们党所办的报纸，我们党所进行的一切宣传工作，都应当是生动的，鲜明的，尖锐的，毫不吞吞吐吐。这是我们革命无产阶级应有的战斗风格。……用钝刀子割肉，是半天也割不出血来的。"[3]

毛泽东说："文章要有分析，要有说服性，要入情入理。"有针对性才有说服性。他说："对一切应当争取的中间派的错误观点，在报纸刊物上批评时，尤其要注意文章的说服性。"[4]

---

[1] 这是毛泽东1921年1月给彭璜信中的一段话，见《毛泽东年谱（1893—1949）》上卷第79页。

[2] 马克思、恩格斯：《共产党宣言》第65页，人民出版社2014年12月版。

[3] 《毛泽东选集》第4卷第1322页，人民出版社1991年6月版。

[4] 《毛泽东文集》第5卷第15页，人民出版社1999年6月版。

毛泽东如是说，如是行。他的文章一个显著特点就是鲜明性——

"天不要怕，鬼不要怕，死人不要怕，官僚不要怕，军阀不要怕，资本家不要怕。"❶

"凡是敌人反对的，我们就要拥护；凡是敌人拥护的，我们就要反对。"❷

"对敌人仁慈，便是对同志残忍。"❸

果断，决绝，斩钉截铁。正像他自己说的，"抓到痒处，不教条"。❹

鲜明性是毛泽东文章的风格。

1971年，联合国通过决议，恢复中华人民共和国在联合国组织中的合法权利，并且邀请中国出席第26届联合国大会。毛泽东对即将组建的代表团提出要求说："最重要的是准备在联合国大会的第一篇发言。这次你们去，是去伸张正义，长世界人民的志气，灭超级大国的威风，给受外来干涉、侵略、控制的国家呐喊。要旗帜鲜明，高屋建瓴，势如破竹。"❺ 经毛泽东、周恩来审定的代表团发言稿，旗帜鲜明地为"受外来干涉、侵略、控制的国家呐喊"。

---

❶ 《毛泽东早期文稿》第292页，湖南出版社1990年7月版。

❷ 《毛泽东选集》第2卷第590页，人民出版社1991年6月版。

❸ 《毛泽东文集》第1卷第35页，人民出版社1999年6月版。

❹ 陈晋：《文人毛泽东》第414页，上海人民出版社1997年12月版。

❺ 乐畅：《毛泽东：到了联合国，要采取阿庆嫂的方针》，《光明日报》2021年10月28日。

乔冠华团长发言结束时，会场爆发出长达两分钟之久的热烈掌声。

要做到鲜明性，必须立场分明，有表扬，有批评。毛泽东说：文章"应当有形象的材料，有批判，有议论，有主张。不要枯燥无味、千篇一律。"❶

第三，生动性

毛泽东在《〈中国工人〉发刊词》中说："多载些生动的文字，切忌死板、老套，令人看不懂，没味道，不起劲。"❷

毛泽东喜欢看列宁的著作，主要是要从列宁的著作中学习关于殖民地、半殖民地开展革命的道理，同时还因为列宁的作品生动活泼。1953 年 4 月毛泽东在武汉会议上说：列宁说理，把心交给人，讲真话，不吞吞吐吐，即使和敌人斗争，也是如此。❸

文章生动则好看。毛泽东常常用"好看不好看"来评价文章。他在听取汇报时说："发言要精，要生动，要多种多样，要短，要有内容，要有表扬，有批评，有成绩，也有缺点，要有解决问题的办法，不要千篇一律。一片颂扬，登到报上净是好事，那就不好看。"❹ 他说："杜甫、白居易哭哭啼啼，我不愿看；李白、李贺、李

---

❶ 《毛泽东年谱（1949—1976）》第 2 卷第 552 页，中央文献出版社 2013 年 12 月版。

❷ 《毛泽东新闻工作文选》第 48 页，新华出版社 1983 年 12 月版。

❸ 龚育之等：《毛泽东的读书生活》第 24 页，三联书店 1986 年 9 月版。

❹ 《毛泽东年谱（1949—1976）》第 2 卷第 623 页，中央文献出版社 2013 年 12 月版。

商隐，搞点幻想。"❶ 挠到痒处，点到痛处，说得具体而尖锐，这样的文章才好看。

讲究词章修养，注重形象思维，生气流溢，文章则生动。毛泽东在谈到如何写评论时说："评论是说理的，但不排斥抒情，最好是理情并茂。"❷

投奔延安参加中国革命的美国人李敦白说：毛泽东"有一种特别的才华，能够把深邃的思想转化为一般人听得懂而且喜闻乐见的语言，语言艺术极其高超。我刚到延安的时候，就很惊讶于他能把问题概括这么精辟，同时又能用小孩都能理解的语言表达出来。如讲统一战线策略，只'有理有利有节'六个字就完整表达了，谁都记得住。"❸

毛泽东的文章和讲话，做到了"理情并茂"，生气勃勃——

毛泽东把"全心全意为人民服务"作为中国共产党的宗旨。对这个宗旨，他反复讲，从不同侧面讲，讲得生动活泼。他说："并不是人民一开始就信任我们，很长一个时期并不信任……经过工作，大家觉得我们为人民服务还不错，慢慢地才信任和选择我

---

❶《毛泽东年谱（1949—1976）》第3卷第282页，中央文献出版社2013年12月版。
❷ 吴冷西：《忆毛主席》第55页，新华出版社1995年2月版。
❸ 李敦白：《我是一个中国的美国人——李敦白口述历史》第292页，九州出版社2014年6月版。

们。"[1]"我们的政府是为人民服务的，人民给我们饭吃，吃了饭不为人民服务，干什么？"[2]"共产党就是要奋斗，就是要全心全意为人民服务，不要半心半意或三分之二的心三分之二的意为人民服务。"[3]"不管刮多大的风，我看人民政府、共产党、老干部、新干部，只要是真心真意为人民服务的，吹不倒；半心半意为人民服务的，那就吹倒一半；一点心思都没有，跟人民敌对的，那末就该吹倒。"[4]何其深刻。

毛泽东提出了抗日军政大学的教育方针："坚定正确的政治方向，艰苦奋斗的工作作风，灵活机动的战略战术。"毛泽东后来将"奋斗"二字改为"朴素"。[5]这是政治论述。且看毛泽东如何用形象的语言来解释："唐僧这个人，一心一意去西天取经，遭受了九九八十一难，百折不回，他的方向是坚定不移的，但他也有缺点：麻痹，警惕性不高，敌人换个花样就不认识了。孙猴子很灵活，很机动，但他最大的缺点是方向不坚定，三心二意。猪八戒有许多缺点，但有一个优点，就是艰苦，臭柿胡同就是他拱开的。

---

[1] 《毛泽东西藏工作文选》第225页，中央文献出版社、中国藏学出版社2008年7月版。

[2] 1965年8月8日在接见几内亚教育代表团、总检察长时的谈话。

[3] 《毛泽东年谱（1949—1976）》第3卷第117页，中央文献出版社2013年12月版。

[4] 《毛泽东年谱（1949—1976）》第3卷第121页，中央文献出版社2013年12月版。

[5] 《毛泽东文集》第2卷第188页，人民出版社1993年12月版；参见《建国以来毛泽东文稿》第9册第177页。

你们别小看那匹小白龙马,它不图名,不为利,埋头苦干,把唐僧一直驮到西天,把经取了回来。这是一种朴素踏实的作风,是值得我们取法的。"❶ 何其生动。

毛泽东总结了中共的"三大法宝":"统一战线,武装斗争,党的建设,是中国共产党在中国革命中战胜敌人的三个法宝,三个主要的法宝。"❷ 且看毛泽东如何用《封神演义》中的故事形象地讲"三大法宝":"当年姜子牙下昆仑山,元始天尊赠了他杏黄旗、四不像和打神鞭三样法宝。现在你们出发上前线,我也赠送你们三样法宝。第一个法宝是统一战线……第二个法宝是游击战争。你们不要看轻这'游击战争'四个字,这是我们十八年艰苦奋斗中得来的法宝。……第三个法宝是革命中心的团结。"何其鲜活。❸

毛泽东在讲到人民军队的纪律性和自觉性时说:"锦州那个地方出苹果,辽西战役的时候,正是秋天,老百姓家里很多苹果,我们战士一个都不去拿。我看到这个消息很感动。在这个问题上,战士们自觉地认为:不吃是高尚的,而吃了是很卑鄙的,因为这是人民的苹果。我们的纪律就是建筑在这个自觉性上边。这是我们党的领导和教育的结果。人是要有一点精神的,无产阶级的革命

---

❶ 毛泽东1938年4月底对抗大第三期二大队毕业学员的讲话,见牛克伦的《熔炉》;《回忆毛主席》,人民文学出版社1977年版。
❷ 《毛泽东选集》第2卷第606页,人民出版社1991年6月版。
❸ 参见《人民日报》1974年7月1日;《毛泽东年谱(1893—1949)》中卷第132页,中央文献出版社2013年12月版。

精神就是由这里头出来的。"❶ "吃苹果论",多么形象深刻。

毛泽东说:"党政军民学,东西南北中,党是领导一切的。""工、农、商、学、兵、政、党这七个方面,党是领导一切的。"❷ 毛泽东在1953年11月的中央政治局会议上说得更为形象:"我们的党要领导一切,要领导飞机大炮,领导生旦净丑,领导生老病死,就是说,要领导军事、经济、文教、卫生和其他一切工作。"❸ 这表达的是一种力量,一种气势,一种体制,一种权威,形象得让人过目难忘。

许多人把经典作家的"本本"当作万古不变的"圣旨",毛泽东破除迷信,不守教条。他说:"我们历史上的马克思主义有很多种,有香的马克思主义,有臭的马克思主义,有活的马克思主义,有死的马克思主义,把这些马克思主义堆在一起就多得很。我们所要的是香的马克思主义,不是臭的马克思主义;是活的马克思主义,不是死的马克思主义。"❹ 讲得如此直率,这是那些把"本本"当圣旨者所不敢说的。

毛泽东的这些话,意识形态大词与人间烟火水乳交融,比兴手法高超,道理讲得通俗明白,语言有味,句子奇绝,又生动,又充

---

❶ 《毛泽东军事文集》第6卷第367页,军事科学出版社、中央文献出版社1993年版。

❷ 《毛泽东文集》第8卷第305页,人民出版社1999年6月版。

❸ 《北京图书馆建国以来两条路线斗争大事记》第24页,北京图书馆建国以来两条路线斗争大事记编写组1968年10月编印。

❹ 《毛泽东在七大的报告和讲话集》第136页,中央文献出版社1995年4月版。

满趣味。

一些文章过于专业化，影响了生动性。他出主意说："太过于专业化，有时就容易枯燥，人家看的兴趣就少。搞专业的人也要看专业之外的东西。"❶

通俗的文章容易生动。毛泽东提倡写通俗一些的文章。他说："写文章要通俗，使工农都能接受。"❷ "文章写得通俗、亲切，由小到大，由近到远，引人入胜，这就很好。板起面孔办报不好。"❸

香港作家董桥说："我心目中上佳的短文"具备"事、识、情"，"'事'是实例、故事，'识'是观点、看法，'情'是文章的情趣、风采"。❹ 这一番话似可加深我们对毛泽东所说"三性"和认识："准确性"——"事"，"鲜明性"——"识"，"生动性"——"情"。

---

❶ 《毛泽东文集》第7卷第262页，人民出版社1999年6月版。

❷ 《毛泽东年谱（1949—1976）》第3卷第132页，中央文献出版社2013年12月版。

❸ 《毛泽东新闻工作文选》第190页，新华出版社1983年12月版。

❹ 董桥：《荡漾着优越感的语文》第40—41页，辽宁教育出版社1999年1月版。

得有很醒目的标题

毛泽东如何锤炼文章题目

山川大地有名字，人有名字，文章也得有名字。

有人说，李商隐的许多诗"无题"，有的文章也无题。

"无题"就是题目。

文章起什么题目，很重要。东汉许慎在《说文解字》中将"题"字解释为"额也"，把"目"字解释为"人眼"。题目，宛如面目与眼睛。好题目可以夺取人的眼球，足以把那些平庸的题目甩出几十里地远。读书人见一本书，先看目录，那些好的文章题目往往会脱颖而出，一下子跳出来，抓住读书人。

题目，或者叫标题，是文章的重要组成部分。题目好，画龙点睛，可以提升正文。题目不好，收拾不住，可能会糟蹋一篇好文章。董桥说："写作构思题目是最好玩也最痛苦的斗争，这是考量作品成败的关键。"这不是危言耸听。

标题必须有内容

题目与正文应该匹配，题目太大，正文受不了；题目太小，压不住正文。

"要写文章，先出好题目，要有思想性艺术性……"❶

"标题要吸引人看，这很重要。"❷

毛泽东对文章的题目有许多明确要求。1948年9月14日，他在修改新华社的一条新闻和一篇社论时批示："凡新闻，标题必须有内容，原题并无内容，不能引人注目。""凡论文标题，亦须有内容。原题没有内容，不能引人注目。"❸

毛泽东对标题的要求很明确，无论新闻或是论文，"标题必须有内容"，内容要"引人注目"，让人看见题目就想去追读内容。标题空洞、不能引人注目的，都不是好标题。

1957年4月，毛泽东批评一家报纸的文章说"标题就不引

---

❶ 《毛泽东年谱（1949—1976）》第2卷第451页，中央文献出版社2013年12月版。

❷ 《毛泽东新闻工作文选》第204页，新华出版社1983年12月版。

❸ 《毛泽东新闻工作文选》第157页，新华出版社1983年12月版。

人"。他明确地要求:"标题醒目些,使读者爱看。"❶ 就在这个月下旬,毛泽东看到《光明日报》上刊登的北京大学教授李汝祺的文章《从遗传学谈百家争鸣》,他很欣赏这篇文章,要求《人民日报》转载,并且重拟题目:《发展科学的必由之路——从遗传学谈百家争鸣》,换成肯定的题目,把原题变成副题。

在1958年初的南宁会议上,毛泽东说:"你们办报的不但要会写文章,而且要选好题目,吸引人家看你的文章。新闻也得有醒目的标题。"他评价《人民日报》1958年元旦社论说:"《人民日报》元旦社论写得好,题目用《乘风破浪》也很醒目。南北朝宋人宗悫就说过'愿乘长风破万里浪'。"❷

1962年,毛泽东在主持修改《人民日报》一篇社论时,要求文章的题目"更为概括和响亮些"。《人民日报》社论原来的题目是《坚持真理,分清是非,团结对敌》,毛泽东提笔改为:《全世界无产者联合起来,反对共同的敌人》。❸ 这样的题目,气势逼人,不同凡响。

毛泽东对"选好题目"的要求是:醒目,概括,响亮,吸引人。

---

❶ 《毛泽东年谱(1949—1976)》第3卷第132页,中央文献出版社2013年12月版。

❷ 《毛泽东年谱(1949—1976)》第3卷第281页,中央文献出版社2013年12月版。

❸ 《毛泽东年谱(1949—1976)》第5卷第176页,中央文献出版社2013年12月版。

给自己的文章起名字

毛泽东是拟写标题的高手，他的"文章密码"之一是，给文章起个好名字，力求写出醒目、概括、响亮而生动传神的题目。

毛泽东对自己文章的题目，有许多精彩的修订——

1928年10月，毛泽东发表《政治问题和边界党的任务》。这个题目看了印象不深。毛泽东把它改为《中国的红色政权为什么能够存在？》。题目一改，文章主题扑面而来。

1930年1月5日，毛泽东在井冈山给林彪写过一封回信，回答他"红旗到底打得多久？"的疑问。信中有批评林彪的话，林彪心里一直有些犯忌，不想让更多的人知道。这封信在毛泽东思想发展史上很重要，需要收入《毛泽东选集》。怎么办？毛泽东把这封信的题目改为《星星之火，可以燎原》。作为文章题目，《星星之火，可以燎原》更为概括和响亮，彰显了文章的观点主张，是个好题目。这样的标题，体现了他一贯提倡的：文章要有"中国气派，不要欧化，不要洋八股，不要刻板，要生动活泼"。看到"星星之火，可以燎原"这样的题目，就想看文章的内容。"星星之火，可以燎原"这句老话，也因为毛泽东的使用而得以在更大范围内传播。

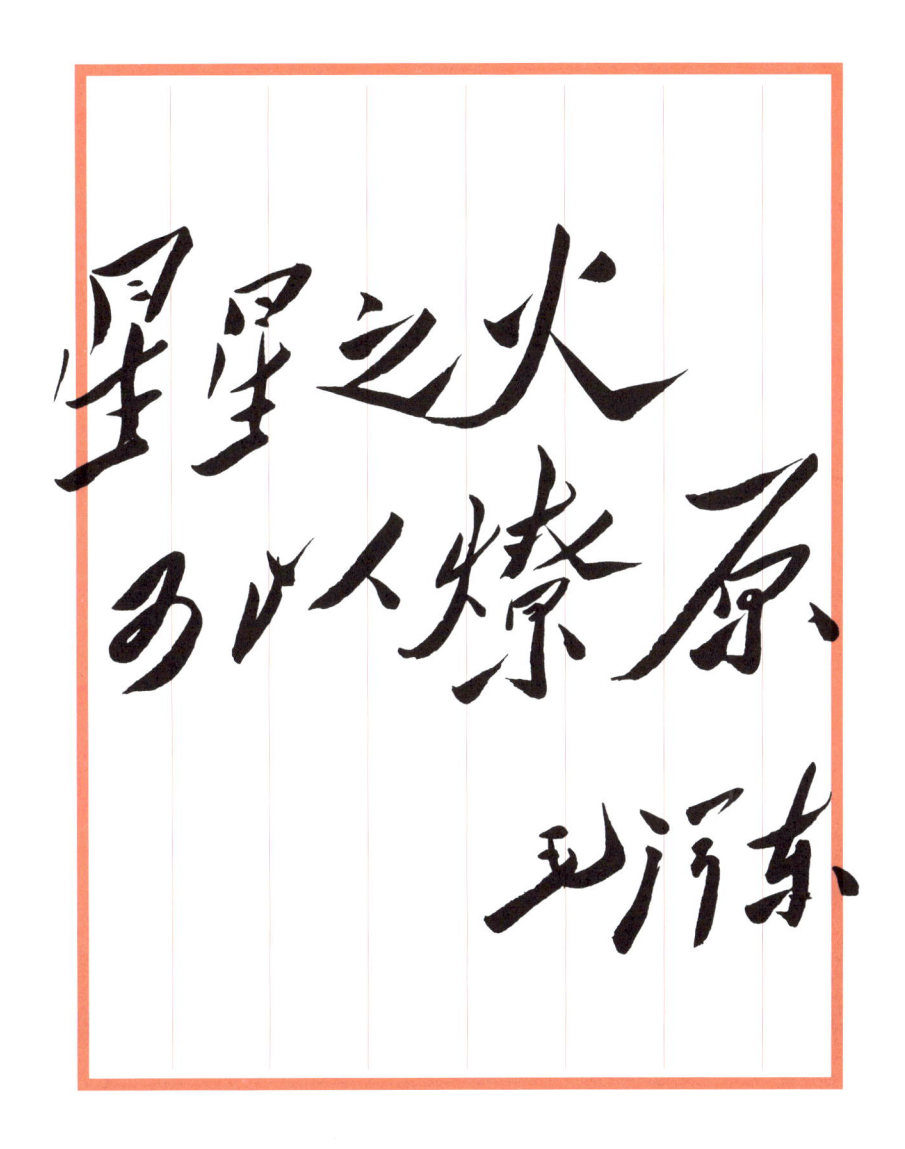

星星之火　可以燎原

1938年5月，毛泽东在延安抗日战争研究会用了近十天的时间讲演"持久战"问题。演讲的题目是：《论抗日战争为什么是持久战与最后胜利为什么是中国的及怎样进行持久战与怎样争取最后胜利》。这个题目太长了，不容易记。演讲之后，毛泽东把这个题目改为《论持久战》。这个题目，简练，醒目。

1940年1月，毛泽东发表了《新民主主义的政治与新民主主义的文化》的长篇演讲。一个月后，毛泽东把这篇演讲定名为《新民主主义论》。这个题目，内涵更加丰富，理论性更强。

1949年6月下旬，中国共产党将要迎来28岁生日，国民党政府的垮台已成定局，新中国即将诞生。毛泽东酝酿写作一篇纪念文章，总结中共成立以来的历史经验，从理论上阐明新中国的构想，确定内外政策。他让胡乔木组织撰写这篇文章。胡乔木等人写了《中国革命胜利的关键何在？——纪念中国共产党的二十八周年》，6月28日呈送毛泽东。毛泽东拿到这篇文章，动笔修改，改着改着改不下去了，就自己动手，从头写起。连续两天，毛泽东足不出户，写了近万字，题目叫《二十八年》。写完之后，毛泽东把《二十八年》这个标题改为《论人民民主专政——纪念中国共产党二十八年》。《论人民民主专政》这个题目概括性强，并且响亮。

毛泽东的《为人民服务》，连文章题目一共688个字，它承载着中国共产党"为人民服务"的宗旨，是毛泽东的名文。这篇文章的雏形是1942年9月毛泽东在张思德追悼会上的演讲，最初是以通讯稿的形式发表的。《解放日报》刊登的这篇新闻稿的正副题目是：《警备团追悼战士张思德同志，毛主席亲致哀悼——为人民的利益而死，是死有重于泰山》。❶ 这个题目，命意不彰，影响了文章的传播。因此，这篇文章在 1942 年到 1953 年间影响不大，几乎湮灭。新中国成立后，毛泽东在选编《毛泽东选集》时，把在张思德追悼会上讲话的题目改为《为人民服务》，选入《毛泽东选集》第三卷。1953 年 2 月第三卷正式出版后，《为人民服务》这篇文章风行全国。一时间，党人皆学之，国人皆诵之，全国六七亿人几乎都会背诵《为人民服务》。

《毛泽东选集》第三卷最后一篇文章是《对日寇的最后一战》。此文最早发表在 1945 年 8 月 10 日的《解放日报》，正副标题是《对日战争进入最后阶段——毛泽东同志发表声明》。毛泽东选编《毛泽东选集》时改为《对日寇的最后一战》，这个题目更加鲜明有力。

---

❶ 见《解放日报》1944 年 9 月 21 日。

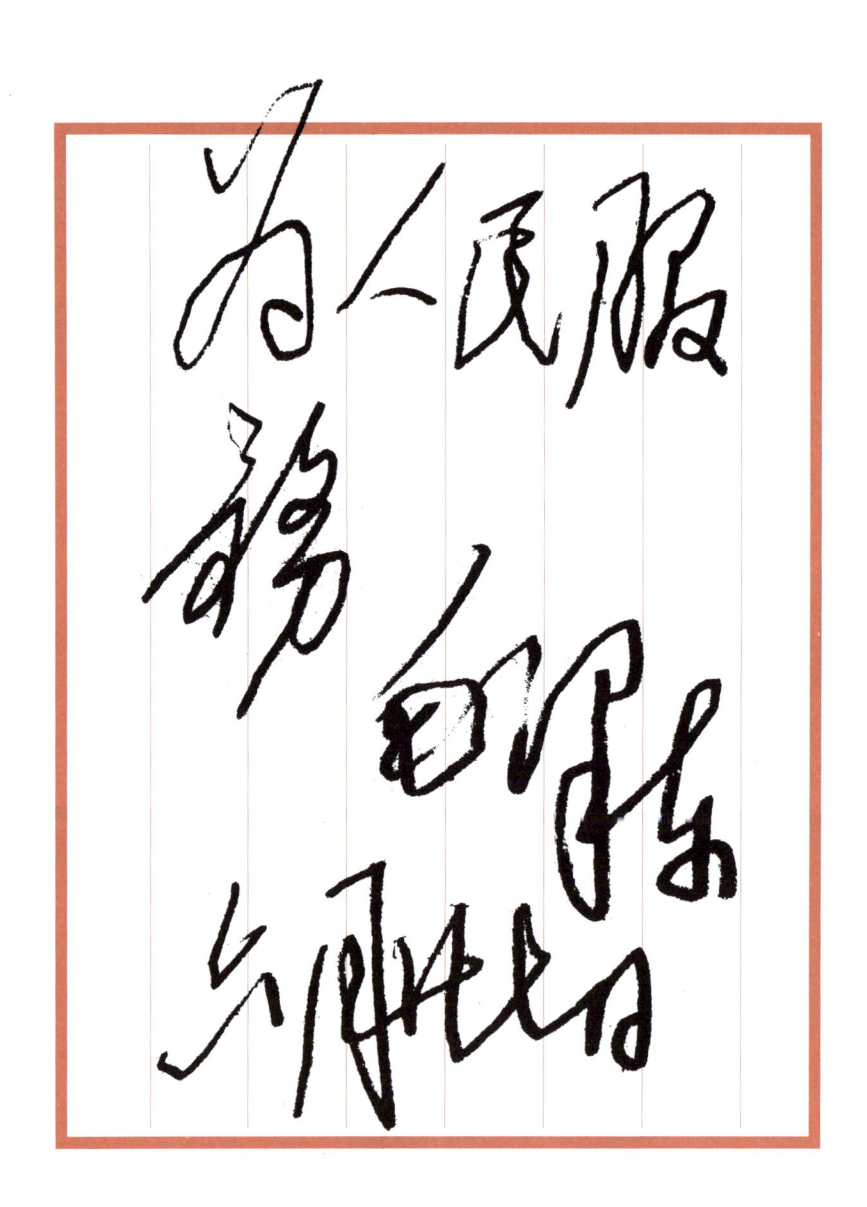

为人民服务（1970年6月27日）

为别人的文章改题目

毛泽东不仅为自己的文章起了很多好名字，还为别人的文章改题目，有的改得精彩，有的别具匠心。且看几个例子。

1949年7月31日，新华社为纪念建军22周年，起草了社论《纪念中国人民解放军的创建》，毛泽东看了，把题目改为《我们是能够克服困难的——纪念中国人民解放军的创建》，这个题目，既称赞了人民军队的光荣历史，又表达了迎接新挑战的信心和决心。

1957年6月，《人民日报》送来一篇社论稿，题目是《怎样对待批评》。毛泽东看后，把它改为《正确地对待善意的批评》。简单的改动使得标题更加准确鲜明，也给人很亲切的感觉。毛泽东在改这个题目前，还有一句批语："这个概念化的标题是不好的。"[1] 这里透露出他对文章题目的要求，既要"概括"，又要反对"概念化"。

1958年，《文艺报》准备出个特辑，总标题是"对《野百合

---

[1]《建国以来毛泽东文稿》第6册第506页，中央文献出版社1992年1月版。

花》《三八节有感》《在医院中》及其反党文章的再批判"。这几篇文章的是非定论不是本文的主旨，且说文章的题目，24个字。毛泽东批示道："题目太长，'再批判'三字就够了。"他将这个长标题画掉21个字，只保留三个字，叫《再批判》[1]。毛泽东对文章标题的一个要求是：一般情况下，题目不要太长。

1969年7月，"两报一刊"为了庆祝八一建军节，准备发表一篇社论，题目是《用毛泽东思想武装起来的人民军队所向无敌——纪念中国人民解放军诞生四十二周年》。社论送到毛泽东那里，毛泽东批示说："这个形容词太长，可以去掉。"他提笔将社论题目改为《人民军队所向无敌》[2]。这里，毛泽东明确提出题目中形容词不能太长。

20世纪60年代前期国际政治舞台上，有"三尼"之说，即美国总统约翰逊·肯尼迪、苏共中央第一书记尼基塔·赫鲁晓夫、印度总理尼赫鲁。赵朴初先生从1963年11月开始，陆续写了三首以赫鲁晓夫为主角的讽刺散曲：1963年，美国总统肯尼迪遇刺身亡，赵朴初以赫鲁晓夫的口气写《尼哭尼》；半年后，尼赫鲁去世，赵朴初又以赫鲁晓夫的口气写了《尼又哭尼》；又半年过去，苏联的勃列日涅夫把赫鲁晓夫赶下了台，赵朴初再次以赫鲁晓夫的口气写了《尼自哭》。这三首曲子，可以称为近百年来中国为数

---

[1] 《毛泽东年谱（1949—1976）》第3卷第285页，中央文献出版社2013年12月版。

[2] 《建国以来毛泽东文稿》第13册第56页，中央文献出版社1998年1月版。

不多的"奇文"。毛泽东欣赏这三首散曲，他把《尼哭尼》《尼又哭尼》《尼自哭》，改为《哭西尼》《哭东尼》和《哭自己》，并拟定总标题为《某公三哭》，在《人民日报》1965年2月1日发表。赵朴初的题目已经精彩，毛泽东修改的题目更容易入眼入耳。

毛泽东改题目的例子很多。广为人知的样板戏《沙家浜》原名《芦荡火种》，毛泽东把它改为《沙家浜》，等等。

毛泽东的文章题目为人所模仿

给文章起个好题目,是许多作者所追求的。天下文章多矣,好题目实在不多。

毛泽东感慨地说:"标题有内容,够响亮,着实不易。但做到这一点,也不必骄傲自满,而是要像唐代贾岛那样反复推敲,努力写出生动传神的标题。"

起源于贾岛的"推敲"这个词,就是对文章、文字锤炼的生动写照。

毛泽东的文章中,有格言式标题(如《卑贱者最聪明,高贵者最愚蠢》),俗语式标题(如《哈哈》),口语化标题(如《别了,司徒雷登》),问题式标题(如《人的正确思想是从哪里来的》),等等。毛泽东从给自己的文章起题目到为别人的文章改题目,给我们许多启示,很多值得我们学习和领悟。

毛泽东文章中的许多题目也为后来者所模仿——

比如,毛泽东的《中国社会各阶级的分析》(1925年),置于《毛泽东选集》第一卷第一篇,绝对的名文。这个题目,为不少人模仿。梁晓声曾经出版《中国社会各阶层分析》一书,题目源自毛泽东。沙叶新的《中国动物各阶级分析》，拿动物不当外人，令人拍案。周涛的《新疆社会各民族分析》，用庖丁解牛之手段，举重若轻地将西域大地剖析个透彻。

再比如，毛泽东1948年12月的《敦促杜聿明投降书》，是篇战场喊话，通篇用口语宣讲铁血道理，既居高临下又娓娓道来，既生猛又家常，把不好玩的战争玩出了花样，那叫战场潇洒，是胜利者风度。杜聿明成了毛泽东的战俘，在监狱里学习背诵《敦促杜聿明投降书》，背得滚瓜烂熟。诗人轩辕轼轲在新冠三年写《敦促奥密克戎投降书》，全诗直接用了毛泽东的句子，间接仿了毛泽东的句式，旧瓶装新酒，换行复换行，赋予诗的形式，构成一首具有历史感兼时代感的诗作。

1949年8月，毛泽东针对美国的白皮书，写了五篇反击文章，篇篇精彩，其中有《别了，司徒雷登》，谈笑风生，气势逼人，文采斐然，名句迭出，成为经典。香港回归时，有人写了《别了，港督》。

诸如此类模仿毛泽东句式的现象，足见"毛氏句式"之魅力。

开头与结尾要有一种关系

毛泽东如何写好文章的开头与结尾

任何作品都必须有一个开头，必须从第一笔开始。

第一笔之前，是浩瀚的无内容的空。

第一笔落下之后，文章的宿命就定下来了。

好的开头是诱人的。自古以来的经典文本，开头都是带着使命的——

《道德经》的开头是："道，可道，非常道。"

《论语》的起头是："学而时习之，不亦说乎？有朋自远方来，不亦乐乎？人不知而不愠，不亦君子乎？"

佛教经典的第一句经文大都是"如是我闻"。

开头的文字，往往成为笼罩全书之关键。这是一种"身份位置"，以结构的方式来确立和彰显其论点的重要性。

开头，百分之百的重要。任何文章都只有一个头，如同动物只有一个头，性命攸关。

作者可以为一个作品写上十个八个开头，最终文章也只能有一个开头——读者也只能从一个起头读起。一双眼睛不可能同时阅读两个开头，如同一只脚不能同时踏进两条河流。

元朝乔梦符有"凤头，猪肚，豹尾"之说。"凤头"，凤凰的头，是个很漂亮的"头"。文章的开头要像凤凰的头一样。"豹尾"说的是，文章的结尾要像豹子的尾巴一般有力。

毛泽东说："要注意整篇文章、整篇说话的结构，开头、中间、尾巴要有一种关系，要有一种内部的联系，不要互相冲突。"[1]

写好文章的开头与结尾，是毛泽东文章的一个密码。

---

[1] 《毛泽东著作专题摘编》第1547页，中央文献出版社2003年11月版。

毛泽东的文章如何"破题"

文章的开头,即破题。毛泽东说:

> 文章要有中心思想,最好是在文章的开头就提出来,也可以说是破题。[1]

> 一切较长的文电,均应开门见山,首先提出要点,即于开端处,先用极简要文句说明全文的目的或结论(现在新闻学上称为"导语",亦即中国古人所谓"立片言以居要,为一篇之警策"),唤起阅者注意,使阅者脑子里先得一个总概念,不得不继续看下去。[2]

毛泽东是著作巨匠,他文章的开头,往往让人耳目一新。《毛泽东选集》第一卷第一篇是《中国社会各阶级的分析》。

---

[1] 《毛泽东年谱(1949—1976)》第3卷第479页,中央文献出版社2013年12月版。

[2] 《毛泽东新闻工作文选》第167页,新华出版社1983年12月版。

这篇文章的第一句话是：

> 谁是我们的敌人？谁是我们的朋友？这个问题是革命的首要问题。❶

毛泽东以这样的开头凸显"朋友/敌人"的特殊胜义。"朋友/敌人"笼罩了《毛泽东选集》，贯穿了毛泽东一生的选择与立场，他一生都在辨别谁是敌人谁是朋友。毛泽东以这样一句"敌友之问"，问向他的战友、同志和读者，同时将他的思想逻辑推向茫茫天地之间，推到芸芸众生之中。这个开头太经典了。

再来看毛泽东 1925 年 12 月为《政治周报》写的创刊词是怎样开头的：

> 为什么出版《政治周刊》？为了革命。为什么要革命？为了使中华民族得到解放，为了实现人民的统治，为了使人民得到经济的幸福。❷

用设问、排比的句子，把创刊的理由和革命的理由说得清清楚楚。

毛泽东有一篇自己喜欢的文章，即《反对本本主义》，是 1930

---

❶ 《毛泽东选集》第 1 卷第 1 页，人民出版社 1991 年 6 月版。
❷ 《毛泽东新闻工作文选》第 3 页，新华出版社 1983 年 12 月版。

年5月写的,在烽火硝烟中丢失了30来年。1960年3月,毛泽东见到这篇失而复得的旧作,高兴地说:"这篇文章是我喜欢的,是经过一番大斗争写出来的,1930年写的。过去到处找,像丢了孩子一样。"❶ 这篇文章真的值得珍惜。文章的开篇第一句是:

没有调查,没有发言权。

一个惊人的句子,劈面而来。他接着说:"你对于某个问题没有调查,就停止你对于这个问题的发言权。这不太野蛮了吗?一点也不野蛮。"❷ 立论鲜明,设问作答,一下子将读者拉进他的论点论证中。

再看毛泽东1939年8月1日在延安人民追悼平江惨案死难烈士大会上的演讲《必须制裁反动派》。这年6月12日,国民党第27集团军奉蒋介石密令,突袭新四军驻平江县嘉义镇通讯处,杀害了新四军参议涂正坤、八路军少校副官罗梓铭等6人,制造了震惊中外的"平江惨案"。毛泽东的这篇演讲,既是对死难烈士的沉痛悼念,更是对反动派的愤怒声讨。演讲一开篇,毛泽东是这样说的:

今天是八月一日,我们在这里开追悼大会。

---

❶ 《毛泽东年谱(1949—1976)》第4卷第555页,中央文献出版社2013年12月版。

❷ 《毛泽东选集》第1卷第109页,人民出版社1991年6月版。

为什么要开这样的追悼会呢？因为反动派杀死了革命的同志，杀死了抗日的战士。现在应该杀死什么人？应该杀死汉奸，杀死日本帝国主义者。但是，中国和日本帝国主义者打了两年仗，还没有分胜负。汉奸还是很活跃，杀死的也很少。革命的同志，抗日的战士，却被杀死了。什么人杀死的？军队杀死的。军队为什么杀死了抗日战士？军队是执行命令，有人指使军队去杀的。什么人指使军队去杀？反动派在那里指使。同志们！照理说，什么人要杀抗日战士呢？第一是日本帝国主义者要杀他们，第二是汪精卫等汉奸卖国贼要杀他们。但是现在杀人的地方不是在上海、北平、天津、南京，不是在日寇汉奸占领的地方，而是在平江这个地方，在抗战的后方，被杀死的是新四军平江通讯处的负责同志涂正坤、罗梓铭等。❶

开头一段话，连续六个设问，一问接一问，一问一递进。语气和感情也由沉痛到悲愤，由悲愤到激愤，就像大海潮涌，此起彼伏，一浪高过一浪。他通过六问，向杀人者发出了正义的讨伐。这样的开头，把握现场，牵引听众，一下子激起了听众的强烈共鸣。

毛泽东的文章中，如此别开生面的开头很多，且不赘述。

文章的开头，毛泽东主张应开门见山，首先提出要点或者中心思想，引起读者注意，即于开端处，先用极简要文句说明全文的目

---

❶《毛泽东选集》第 2 卷第 575 页，人民出版社 1991 年 6 月版。

的或结论，唤起阅读者注意，使阅读者脑子里先得一个总概念，不得不继续看下去，然后再作阐释论述。

报刊上一些文章有"按语"，"按语"是文章的提要，也是文章的开头。毛泽东曾批评一家报纸的按语："按语较沉闷，政治性不足。你们是文学家，文也不足，不足以唤起读者注目。近来文风有了改进，就这篇按语来说，则尚未。""用字太硬，用语太直，形容词太凶，效果反而不大，甚至使人不愿看下去。宜加注意。"❶ 1957 年，他批评说："我看新华社的消息，看第一句，第一句看不下去，就不看了。"从这些话语、批语中都可以看出，毛泽东对文章开头的重视。

毛泽东反对一些文章一开头就大段引用经典论述，给人以距离感。1957 年 4 月，他批评《人民日报》说："有些文章开头一段就不吸引人，……一开始就引用恩格斯的一段话，从引文讲起，总是先讲死人、外国人，这不好，应当从当前形势讲起。"❷

负责毛泽东机要工作的谢静宜回忆，毛泽东曾经说："我喜欢开门见山，不喜欢一个文件里夹杂着很多废话，看了很久，还没见内容是什么，对这样的材料只看中间是什么内容就是了，两头都不要看。""若是从基层来的第一手材料，要重视，很值得一看。但送到我

---

❶ 《毛泽东年谱（1949—1976）》第 3 卷第 285 页，中央文献出版社 2013 年 12 月版。

❷ 《毛泽东年谱（1949—1976）》第 3 卷第 132 页，中央文献出版社 2013 年 12 月版。

这里来的材料，往往是经过几道修饰，面目全非了，没多大意思。"❶

古人批评说：一个博士要买驴，契券写了三张纸，却未言及驴字。毛泽东不喜欢看那些穿靴戴帽的文章，那些皮太厚、一口咬不到馅的东西被他所唾弃。

"笔杆子"陈伯达在延安时期有篇文章叫《评〈中国之命运〉》，是批判蒋介石的《中国之命运》这本书的。这篇文章的第一段很吸引人：

> 中国国民党总裁蒋介石先生所著的《中国之命运》还未出版的时候，重庆官方刊物即传出一个消息：该书是由陶希圣担任校对的。许多人都觉得奇怪：蒋先生既是国民党的总裁，为什么要让自己的作品，交给一个曾经参加过南京汉奸群、素日鼓吹法西斯、反对同盟国，而直到今天在思想上仍和汪精卫千丝万缕地纠合在一起的臭名远著的陶希圣去校对呢？难道国民党中真的如此无人吗？《中国之命运》出版后，陶希圣又写了一篇歌颂此书的文章，《中央周刊》把它登在第一篇，这又使得许多人奇怪：为什么《中央周刊》这样器重陶希圣的文章？难道蒋先生的作品非要借重陶希圣的文章去传布不成？总之，所有这些，都是很奇怪的事。因此，引起人们的惊奇，也就是人之常情了。❷

---

❶ 谢静宜：《毛泽东身边工作琐记》第15页，中央文献出版社2015年1月版。
❷ 《解放日报》1943年7月21日。

要知道这个开头的好，需要了解蒋介石的《中国之命运》这本书。1943年3月10日，蒋介石的《中国之命运》出版，宣扬"一个党、一个主义、一个领袖"。在当时，这本书是国民党统治区的"政治圣经"，是各级教育部门的"正规考试课目"。蒋的这本"名著"却不是蒋写作的，而是由"国民党顾问"陶希圣捉刀。

毛泽东看了蒋介石署名的《中国之命运》，对身边几个"秀才"说："蒋介石给你们出题目了，叫你们做文章呢！"陈伯达奉命写了《评〈中国之命运〉》。陈伯达回忆说：毛主席"看我的稿子，一口气看完，然后在原稿上添了好些极尖锐、精彩的句子，并署上我的名字。""文章开头关于陶希圣的一段，是毛泽东亲笔写的。"他说："毛主席加上去的话，气魄比我大得多，非常深刻，非常有力，我是远远比不上的。"（转引自叶永烈的《陈伯达传》）

原来，陈伯达这篇文章的开头，是毛泽东写的，怪不得这么好。毛泽东的这个开头，以"臭名远著的陶希圣"开刀，有指桑说槐之妙；藏而不露地说出蒋介石不是《中国之命运》的真正作者，讥讽了蒋介石；一句"难道国民党中真的如此无人吗"，是对共产党"有人"的自信，是对国民党"无人"的嘲弄，这一问足以令蒋介石气弱心虚，同时也让大家产生对比国共两党人才孰多孰少的联想；那句"许多人都觉得奇怪"其实是要引起更多的没有发生"奇怪"的读者产生"奇怪"，从而阅读下去……

这样的开头，何其妙也！

毛泽东的文章如何结尾

凡是文章,都有一个结尾。

对于结尾,古人强调"豹尾"。

对"豹尾"的推崇可能源于西王母。《山海经》中说,西王母"其状如人,豹尾虎齿而善啸"。这并不是说西王母真的长着一条豹子的尾巴,而是反映了祖先着兽皮留尾的服饰形象。

豹子美丽的尾巴,为豹子扑捉猎物时的最大速度跟身体稳定提供保障,同时它还是四肢、牙齿之外的利器或暗器,在牙齿、利爪参与肉搏的同时,尾巴犹如突如其来的神鞭神器。要求文章的结尾如"豹尾",是说文章的结尾,要美丽,要有力,甚至还要有置敌于死地的暗技。

目前,还没有见到毛泽东关于文章如何结尾的言说。无言语可寻,有真脉可按。毛泽东文章的结尾明晃晃地摆在那里,让我们去领悟。

一般地说,要说的话说完了,文章自自然然就结束了。毛泽东的大多数文章就是这样结尾的。

布告、通告、通知、命令、通信等,有规定的或习惯的结尾格式。毛泽东起草的这类应用文的结尾，都是按规矩写的。

政治人物的讲话、演讲，更多的是面对听众，动员群众，所以常见号召性的结尾，口号性的结尾，这是一种结尾法。毛泽东的文章，有一部分就是以口号的形式结尾，或者号召性、寄予希望的结尾。比如：

"全国民众奋起之时，就是抗日战争胜利之时。全国青年们，努力啊！" [1] 这是《五四运动》的结尾。

"我相信，同志们在整风过程中间，在今后长期的学习和工作中间，一定能够改造自己和自己作品的面貌，一定能够创造出许多为人民大众所热烈欢迎的优秀作品，一定能够把革命根据地的文艺运动和全中国的文艺运动推进到一个光辉的新阶段。" [2] 这是《在延安文艺座谈会上的讲话》的结尾。

许多人写文章，越写越惏惏，到结尾处，味同嚼蜡。提倡"豹尾"，针对的是文章中容易出现的"兔子尾巴""老鼠尾巴"现象——这种无力的弱小的结尾是文章之大忌。

在毛泽东的许多政论文、杂文中，都有个有力的宏大的结尾——

"诸君！诸君！我们总要努力！我们总要拼命的向前！我们黄金的世界，光华灿烂的世界，就在前面！" [3] 这是《民众大联合》的

---

[1]《毛泽东选集》第2卷第560页，人民出版社1991年6月版。
[2]《毛泽东选集》第3卷第877页，人民出版社1991年6月版。
[3]《毛泽东早期文稿》第394页，湖南出版社1990年7月版。

结尾。

"它（指革命高潮——著者）是站在海岸遥望海中已经看得见桅杆尖头了的一只航船，它是立于高山之巅远看东方已见光芒四射喷薄欲出的一轮朝日，它是躁动于母腹中的快要成熟了的一个婴儿。"❶ 这是《星星之火，可以燎原》的结尾。

"新中国站在每个人民的面前，我们应该迎接它。新中国航程的桅顶已经冒出地平线了，我们应该拍掌欢迎它。举起你的双手吧，新中国是我们的。"❷ 这是《新民主主义论》的结尾。

——每个句子都传递出明亮的声音，大地被光明所照耀。这样的结尾，用绚丽灿烂的意象，激情冲涌的语言，明快高亢的音节，在一个冷冽的世界中，描画出走向胜利的革命前景，给人以巨大的信心和力量。

"篇终接浑茫。"毛泽东的许多文章，搁笔时，结法警拔，结句疏宕，皆有意趣，让人回味无穷。

"你们或者听蒋介石和司徒雷登的话，并和他们永远站在一起，或者听我们的话，和我们站在一起，对于这二者的选择，有你们自己的自由。但是选择的时间没有很多了，人民解放军就要进军了，一点游移的余地也没有了。"❸ 这是《南京政府向何处去》的结尾。

"司徒雷登走了，白皮书来了，很好，很好。这两件事都是值

---

❶ 《毛泽东选集》第 1 卷第 106 页，人民出版社 1991 年 6 月版。
❷ 《毛泽东选集》第 2 卷第 709 页，人民出版社 1991 年 6 月版。
❸ 《毛泽东选集》第 4 卷第 1447 页，人民出版社 1991 年 6 月版。

得庆祝的。"❶ 这是《别了，司徒雷登》的结尾。

中苏论战时，毛泽东在一篇文章的最后加写了两段话作为结尾：

你们既然下定了决心，大概就得开会吧。如果不开，说了话不算数，岂不贻笑千古吗？这叫做骑虎难下，实逼处此，欲罢不能，自己设了陷阱自己滚下去，落得个一命呜呼。不开吧，人们会说你们听了中国人和各个马克思列宁主义政党的劝告，显得你们面上无光。要是开吧，从此走入绝境，再无回旋的余地。这就是你们修正主义者在现在这个历史关节上自己造成的绝大危机。你们还不感觉到吗？我们坚信，你们的所谓大会召开之日，就是你们进入坟墓之时。

亲爱的同志们：我们愿意再一次诚恳地劝告你们，还是悬崖勒马的好，不要爱惜那种虚伪的无用的所谓"面子"。如果你们不听，一定要走绝路，那就请便吧！那时我们只好说："无可奈何花落去，似曾相识燕归来。"❷

妙哉！

---

❶ 《毛泽东选集》第 4 卷第 1497 页，人民出版社 1991 年 6 月版。
❷ 《建国以来毛泽东文稿》第 11 册第 107—108 页，中央文献出版社 1996 年 8 月版。

参与中苏论战文章写作的吴冷西说:"毛主席……加写了最后那么两段话,嬉笑怒骂,自成文章,的确是大大地挖苦了赫鲁晓夫。"❶

读了这样的结尾,读者的脑海里会留下一条"豹尾"扫过的深刻痕迹。

---

❶ 吴冷西:《十年论战》下册第 806—808 页,中央文献出版社 1999 年 5 月版。

要把这些肉写上

毛泽东对文章内容的要求

"土包子的文章有鱼,有肉,有鸡子,因为他们做过工,种过田,打过仗,而大学生什么也没有做过,所以写得都是水,至多不过是小米稀饭。"[1]

毛泽东在延安时说的这段话,涉及文章的内容问题:不好的内容清汤寡淡,好的内容丰富得如临盛宴——"有鱼,有肉,有鸡子"。

---

[1] 陈晋:《文人毛泽东》第189页,上海人民出版社1997年12月版。

什么是内容好,什么是不好

文章最要紧的是内容——围绕主题的内容,有鲜活材料的内容。

内容不好,光有好题目,文章也提溜不起来。

要知道什么是内容好,得先知道什么是不好。

什么是不好的内容?毛泽东在《反对党八股》中列出了党八股的"八大罪状"——实在是指出了一切内容不好的文章的通病:

一、空话连篇,言之无物。

二、装腔作势,借以吓人。

三、无的放矢,不看对象。

四、语言无味,像个瘪三。

五、甲乙丙丁,开中药铺。

六、不负责任,到处害人。

七、流毒全党,妨害革命。

八、传播出去,祸国殃民。

这"八大罪状",前五条是党八股在内容上的表现,后三条是它产生的危害。毛泽东之所以称之为"罪状",是因为"党八股"以虚浮、空洞而貌似庄严的形式来表达脱离实际的内容,损害革命事业。"党八股"反映出写作者的思想方法和感情立场上的问题,值得严重关注。反对党八股,是一场文章整肃和语言整肃。

坏的内容是犯罪,好的内容是功德。

什么是好的内容呢?

胡适在1917年1月1日出版的《新青年》2卷5号发表的《文学改良刍议》中说:"吾以为今日而言文学改良,须从八事入手。八事者何?一曰,须言之有物。二曰,不摹仿古人。三曰,须讲求文法。四曰,不作无病之呻吟。五曰,务去滥调套语。六曰,不用典。七曰,不讲对仗。八曰,不避俗字俗语。"这八个方面,几乎与毛泽东批判的"党八股"相对应,不同的是,胡适针对的是旧八股,提倡的是白话文;毛泽东针对的是党八股,他把新文化运动中发展起来的白话文发展成为为人民大众喜闻乐见的革命白话。

毛泽东说:文章要"内容好,写得有血有肉,生动活泼",他批评有些文章"有骨头,无血肉,感到枯燥乏味",要求写出"一个有骨有血有皮有毛的东西"。[1]

"有骨有肉,生动活泼",是毛泽东对文章内容的形象化的要求。

---

[1] 《毛泽东年谱(1949—1976)》第5卷第444页,中央文献出版社2013年12月版。

人身上有骨头有肉。没有肉，光有骨头，不成骷髅了吗？

人体好就好在有肉，没有肉不好看。文章也要有一身"好肉"，文中没"肉"，不好看。

1956年2月，毛泽东在听取汇报时批评说：你们的汇报"只写骨头，……要把这些肉写上嘛"。❶

1964年12月，毛泽东对国家计委的一个文件批示："写的可以，是好的，但有骨头，无血肉，感到枯燥乏味，则是缺点。望你们在今后几个月内，搞出一个有骨有血有肉的东西出来。"❷

毛泽东所讲的"有骨有血有肉"指的是什么？就是围绕文章中心思想，围绕文章主题，安排丰富的内容：有思想，有观点，有人物，有形象，有事例，有分析，有批评，有议论。

---

❶ 《毛泽东年谱1949—1976》第2卷第534页，中央文献出版社2013年12月版。
❷ 《毛泽东年谱1949—1976》第5卷第444页，中央文献出版社2013年12月版。

用事实说话

毛泽东最反对的就是文章中的空话，把"空话连篇"作为党八股八大罪状中的第一条。他说：

> 我们有些同志欢喜写长文章，但是没有什么内容，真是"懒婆娘的裹脚，又长又臭"。为什么一定要写得那么长，又那么空空洞洞的呢？只有一种解释，就是下决心不要群众看。因为长而且空，群众见了就摇头，哪里还肯看下去呢？
>
> 长而空不好，短而空就好吗？也不好。我们应当禁绝一切空话。但是主要的和首先的任务，是把那些又长又臭的懒婆娘的裹脚，赶快扔到垃圾桶里去。❶

如何防止空话？毛泽东说，要让事实说话。"每讲一个问题，总要讲例证，讲措施，然后讲结果。要发议论，要有典型，要有

---

❶ 《毛泽东选集》第 3 卷第 833—834 页，人民出版社 1991 年 6 月版。

前后的比较，引人入胜，使人想看下去。"❶

毛泽东在1925年12月5日的《〈政治周报〉发刊理由》中说：

> 我们反攻敌人的方法，并不多用辩论，只是忠实地报告我们革命工作的事实，敌人说："广东共产。"我们说："请看事实。"敌人说："广东内讧。"我们说："请看事实。"敌人说："广州政府勾联俄国丧权辱国。"我们说："请看事实。"敌人说："广州政府治下水深火热民不聊生。"我们说："请看事实。"《政治周报》的体裁，十分之九是实际事实之叙述，只有十分之一是对反革命派宣传的辩论。❷

用事实说话，反映实际情况，这是对文章内容的基本要求，也是起码的"文章道德"。

毛泽东说："报告的内容要有切实的材料与意见，只讲空话的报告要取消。"❸

1941年8月，毛泽东看了调查报告《鲁忠才长征记》，他批示让《解放日报》转载，还亲笔写了按语："这是一个用简洁文字反映实际情况的报告……现在必须把那些'下笔千言，离题万里'

---

❶ 《毛泽东年谱1949—1976》第2卷第534页，中央文献出版社2013年12月版。
❷ 《毛泽东新闻工作文选》第5页，新华出版社1983年12月版。
❸ 《毛泽东文集》第1卷第348页，人民出版社1999年6月版。

的作风扫掉，把那些'夸夸其谈'扫掉，把那些主观主义、形式主义扫掉。……我们需要的是这类东西，而不是那些千篇一律的'夸夸其谈'，而不是那些党八股。"❶

毛泽东在《反对党八股》中说："俗话说：'到什么山上唱什么歌。'又说：'看菜吃饭，量体裁衣。'我们无论做什么事都要看情形办理，文章和演说也是这样。我们反对的是空话连篇言之无物的八股调，不是说任何东西都以短为好。战争时期固然需要短文章，但尤其需要有内容的文章。最不应该、最要反对的是言之无物的文章。演说也是一样，空话连篇言之无物的演说，是必须停止的。"❷

---

❶《毛泽东新闻工作文选》第58页，新华出版社1983年12月版。
❷《毛泽东选集》第3卷第834页，人民出版社1991年6月版。

提出问题，分析问题，解决问题

　　写文章，做演说，著书，写报告，第一是大壹贰叁肆，第二是小一二三四，第三是甲乙丙丁，第四是子丑寅卯，还有大 ABCD，小 abcd，还有阿拉伯数字，多得很！幸亏古人和外国人替我们造好了这许多符号，使我们开起中药铺来毫不费力。一篇文章充满了这些符号，不提出问题，不分析问题，不解决问题，不表示赞成什么，反对什么，说来说去还是一个中药铺，没有什么真切的内容。……单单按照事物的外部标志，使用一大堆互相没有内部联系的概念，排列成一篇文章、一篇演说或一个报告，这种办法，他自己是在做概念的游戏。❶

这是毛泽东在《反对党八股》中指出的问题。

针对上述问题，毛泽东开出"药方"：

---

❶ 《毛泽东选集》第 3 卷第 838—839 页，人民出版社 1991 年 6 月版。

一篇文章或一篇演说，如果是重要的带指导性质的，总得要提出一个什么问题，接着加以分析，然后综合起来，指明问题的性质，给以解决的办法，这样，就不是形式主义的方法所能济事。因为这种幼稚的、低级的、庸俗的、不用脑筋的形式主义的方法，在我们党内很流行，所以必须揭破它，才能使大家学会应用马克思主义的方法去观察问题、提出问题、分析问题和解决问题，我们所办的事才能办好，我们的革命事业才能胜利。❶

——要对事物进行分析。

毛泽东说："写大文章不是大笔一挥，滔滔不绝，要根据下级和群众的意见，要有材料有分析，过细研究才行。"❷ "要准备材料，要有思想性。材料是为了证明一个道理。单是供应材料不行，要加工，要消化。要有材料为证，达到说服目的。"❸

毛泽东批评说："我们现在有些文章，神气十足，但是没有货色，不会分析问题，讲不出道理，没有说服力。这种文章应该逐渐减少。当着自己写文章的时候，不要老是想着'我多么高明'，而要采取和读者处于完全平等地位的态度。……我们应该老老实实地办事，对事物有分析，写文章有说服力，不要靠装腔作势来

---

❶ 《毛泽东选集》第3卷第839页，人民出版社1991年6月版。
❷ 逄先知：《伟大旗帜》第398页，三联书店2019年6月版。
❸ 《毛泽东年谱（1949—1976）》第2卷第405页，中央文献出版社2013年12月版。

吓人。"❶

毛泽东还以自己为例子说:"我的意见都是下边供应的。下面供应材料,经过我的脑子加工,这一总结,就说什么英明领导啦,了不得啦,其实我算什么英明领导。一说英明领导,我就不寒而栗,不过是在下边来的报告上批上几个字,写上几句话。"❷ 就是说,他写文章时,总是大量地收集和占有材料,进行加工,从而形成自己的东西。

——要善于运用反面教材。

毛泽东说:"我们有些共产党员、共产党的知识分子的缺点,恰恰是对于反面的东西知道得太少。读了几本马克思的书,就那么照着讲,比较单调。讲话、写文章,缺乏说服力。你不研究反面的东西,就驳不倒它。"❸ 用好"反面教材",抓住对方的观点、弱点去写,有的放矢地进行批驳,文章内容充实,文字也容易生动。

——要举例子。

毛泽东说:"有什么办法使人听了不敢忘记?讲存在的问题,要举事例,把人指出来。不举例等于无用,别人不好懂。文件重要的是要使人懂,为了使人懂,长一点也不要紧。文字方面不是要反对标语口号吗?就是要有具体形象,有人物。没有具体形象,

---

❶ 《毛泽东新闻工作文选》第 197 页,新华出版社 1983 年 12 月版。
❷ 《毛泽东年谱(1949—1976)》第 6 卷第 396—397 页,中央文献出版社 2013 年 12 月版。
❸ 《毛泽东文集》第 7 卷第 193 页,人民出版社 1999 年 6 月版。

作品就没有生命。"他批评说："半个月来汇报都存在这个问题，这是使我强迫受训，比坐牢还厉害。坐牢脑子还自由，现在脑子也不自由，受你们指挥。"❶

毛泽东在指导"笔杆子"胡乔木写一份文件时说："文件可以长一点，达一千字至二千字左右也可以。总之使人看了感觉解决问题，百倍信心，千钧干劲，行动起来。内容要把人人振奋，改造国家，带动消灭人病、牲口病、作物病的道理讲清楚，这是道理。然后讲办法，也要讲得入情入理，使人觉得切实可行，没有外行话。"❷

---

❶ 《毛泽东年谱（1949—1976）》第2卷第540页，中央文献出版社2013年12月版。

❷ 《毛泽东文集》第7卷第336页，人民出版社1999年6月版。

做到材料与观点的统一

文章的内容主要是由观点和材料组成的。观点是思想性，材料是为观点服务的。材料支持观点，观点率领材料。两者不可缺一，不可两立，不可相悖，更不可对立。

材料是血肉，是观点的基础。文章中只有观点而没有具体翔实的材料，等同于一个人没有血肉。文章中只有材料而缺乏提炼的观点，则是一个没有思想的行尸走肉。

光有材料不行，还得消化和加工。毛泽东在阅读一份材料时说："文章写不下去了，此时应该多看看材料，再考虑考虑，看看自己是不是还没有真懂。"他说："文章是客观事物的反映，而事物是曲折复杂的，必须反复研究，才能反映恰当。"[1] 观点与材料的问题，其实是理论和实际的问题，表现在文章里就是观点和材料的统一。材料是从实际中得来的，观点是对材料进行分析后得出的结论，这才是理论与实际的正确关系。

材料是材料，观点是观点，没有形成鱼水关系，没有打成一

---

[1] 《毛泽东选集》第3卷第844页，人民出版社1991年6月版。

片，成为"两张皮"，是文章一大病。

毛泽东在《工作方法六十条》中明确指出：

> 把材料与观点割断，讲材料的时候没有观点，讲观点的时候没有材料，材料和观点互不联系，这是很坏的方法。只提出一大堆材料，不提出自己的观点，不说明赞成什么反对什么，这种方法更坏。要学会用材料说明自己的观点。必须要有材料，但是一定要有明确的观点去统率这些材料。材料不要多，能够说明问题就行，解剖一个或几个麻雀就够了，不需要很多。❶

有的作者不懂取舍，陷入一大堆材料中不能自拔，积极的正面的材料、消极的负面的材料，现象罗列，食而不化。对此，毛泽东说："只谈情况，不谈观点，是开材料仓库。人的头脑是加工厂，没有材料不行，有了材料要经过加工，要产生观点，用观点统率材料。"❷他还形象地说："看问题要用观点指挥材料，而不是材料把观点淹没了。政治和数字是官兵关系，政治是统帅，数字得服从。"❸把观点与材料的关系比作"官兵关系"，说得形象生动。

要用具体细致的材料说明问题，材料不可大而化之，笼统空

---

❶ 《毛泽东文集》第7卷第356—357页，人民出版社1999年6月版。
❷ 《毛泽东年谱》第3卷第335页，中央文献出版社2013年12月版。
❸ 毛泽东1958年3月在成都会议上的讲话。

洞，更不可不顾事实而空发议论。笼统的材料、抽象的名词、空洞的议论，使人摸不着头脑，不知道作者要说什么。毛泽东反对在新闻中大发议论。他说："也不是完全不发议论，要在消息中插句把两句议论进去，使看的人明白这件事的意义。但不可发得太多，一条新闻中插上三句议论就觉得太多了。插议论要插得有劲，疲沓疲沓的不插还好些。不要条条都插议论，许多新闻意义已明显，一看就明白，如插议论，就像画蛇添足。只有那些意义不明显的新闻，要插句把两句议论进去。"❶ 这一席话，对于公文材料写作中如何发议论也有启发意义。

---

❶《毛泽东新闻工作文选》第28—29页，新华出版社1983年12月版。

写什么内容,要看"写出来给谁看"

毛泽东在《反对党八股》中讲了一个故事:

> 早几年,在延安城墙上,曾经看见过这样一个标语:工人农民联合起来争取抗日胜利。这个标语的意思并不坏,可是那工人的工字第二笔不是写的一直,而是转了两个弯子,写成了"丄"字。人字呢?在右边一笔加了三撇,写成了"价"字。这位同志是古代文人学士的学生是无疑的了,可是他却要写在抗日时期延安这地方的墙壁上,就有些莫名其妙了。大概他的意思也是发誓不要老百姓看,否则就很难得到解释。共产党员如果真想作宣传,就要看对象,就要想一想自己的文章、演说、谈话、写字是给什么人看、给什么人听的,否则就等于下决心不要人看,不要人听。[1]

---

[1] 《毛泽东选集》第3卷第836页,人民出版社1991年6月版。

标语也好，书法也好，文章诗词也好，都有"给谁看"的问题。

江山需要文人捧，文章也要读者懂。文章写什么内容，这要看给谁看的，说话的对象是谁，这是提笔以前要弄清楚的。

毛泽东说："你讲话是讲给别人听的，写文章是给别人看的，不是给你自己看嘛。"❶ 一般情况下，一篇文章、一部作品的起点是作者，终点是读者。弄清给谁看，对谁说话，号准受众的心理写，盯住受众关心的问题写，这是决定文章内容的基本因素。同一题目，给专家看的与给老百姓看的，内容的表述方式是不一样的。就像为同一件事情写信，给不同的人写，需要不同的口气不同的文字。北方乡村有一句话说，谁谁谁哭灵，哭了半天还不知哭谁哩。批评的就是不看对象，乱哭一气。

有人说，我是写给自己看的。写给自己看时，自己是写作者也是读者，那么你就自己写自己看吧。你写的内容如果不照顾到"给谁看"，就别指望能引起人们的兴趣，人们就不买你的账，就以不看的方式回应你。

毛泽东在《反对党八股》中说："射箭要看靶子，弹琴要看听众，写文章做演说倒可以不看读者不看听众吗？""对于自己的宣传对象没有调查，没有研究，没有分析，乱讲一顿，是万万不行

---

❶《毛泽东年谱（1949—1976）》第 4 卷第 11 页，中央文献出版社 2013 年 12 月版。

的。"❶

毛泽东要求写文章要面向群众，有"群众观点"，心里始终装着读者。

毛泽东在《工作方法六十条》中说："学习鲁迅。鲁迅的思想是和他的读者交流的，是和他的读者共鸣的。"❷

在《在延安文艺座谈会上的讲话》中，他大声呼吁："不要隐晦曲折，使人民大众不易看懂。"

他在《"中国工人"发刊词》中说："多载些生动的文字，切忌死板、老套，令人看不懂，没味道，不起劲。"❸

毛泽东青少年时喜欢用"康（有为）梁（启超）体"作文，曾被老师批评。梁启超梁任公有"传世之文"和"觉世之文"之说："传世之文，或务渊懿古茂，或务沉博绝丽，或务瑰奇奥诡，无之不可。觉世之文，则辞达而已矣；当以条理细备、词笔锐达为上，不必求工也。"无论是"传世之文"还是"觉世之文"，首先得让阅读文章的人能够看懂里面说些什么。

毛泽东说："写东西是给人家看的，看不懂就失去作用，一切问题要使人看懂，一切问题要交代。为什么看不懂？是对事物未作过真正的分析。""凡是看不懂的文件不要拿出来。现在有相当多看不懂的文件……我希望以后不要拿出这样的文件来，要用口

---

❶ 《毛泽东选集》第 3 卷第 836—837 页，人民出版社 1991 年 6 月版。
❷ 《毛泽东文集》第 7 卷第 355 页，人民出版社 1999 年 6 月版。
❸ 《毛泽东选集》第 2 卷第 728 页，人民出版社 1991 年 6 月版。

语写出来，每一个问题都要交代清楚，要想到对方的心理状态。"他批评一份文件说："原先那个稿子就不行，那个稿子不晓得以什么人为对象。你讲话是讲给别人听的，写文章是给别人看的，不是给你自己看嘛！这里有一个实质的原因，就是对于那个事物自己并不甚了解，自己并没有作到认真的分析，没有落实，没有注意读者的心理。我是赞成朱自清的风格的，他的文章写得好，另一个侧面不好，就是不神气。第一个神气的是鲁迅，他的文章是口语。"❶

知道文章是给谁看的，还有一个"采取和读者处于完全平等地位的态度"的问题。一般地说，文章不能高高在上，不能盛气凌人。毛泽东读白居易的《琵琶行》，写过一段批语："江州司马，青衫泪湿，同在天涯。作者与琵琶演奏者有平等心情。白诗高处在此，不在他处。其然岂其然乎？"他对《聊斋志异》中的《小谢》也写过类似内容的批语："一篇好文章，反映了个性解放的强烈要求，人与人的关系应是民主的平等的。"❷ 他看了姚雪垠的《惠泉吃茶记》，评价说："姚雪垠很会写文章，但他的文章也有毛病，阅后给人一种'众人皆醉我独醒'的感觉。恐怕作者有知识分子的清高吧。"❸ 毛泽东强调的是，行文中作者要注意与读者的平等

---

❶《毛泽东年谱（1949—1976）》第 4 卷第 10—11 页，中央文献出版社 2013 年 12 月版。

❷ 龚育之等：《毛泽东的读书生活》第 203 页，三联书店 1986 年 9 月版。

❸ 陈晋：《毛泽东读书笔记精讲·文学卷》第 351 页，广西人民出版社 2017 年 1 月版。

关系。

回头再说说毛泽东批评的延安城墙的那条标语。

那个标语是鲁迅文学艺术院的学员钟灵写的。钟灵写"工人農民聯合起來爭取抗日勝利"这条标语时，觉得"工人"这两个字笔画太少，与标语中那些笔画很多的字放在一起，搭配起来显得不大匀称，他就想来点儿花样，转念之间，他把"工"写成"㠭"，把"人"写成"仌"。毛泽东的批评给钟灵留下终生难忘的印象。

1949年9月，钟灵负责设计和书写天安门城楼毛泽东画像两侧的横幅大标语："中央人民政府万岁""中华人民共和国万岁"。他想起毛泽东《反对党八股》中的批评他的话，想起标语给谁看的问题。他在书写时，采用宋体美术字，"人"字也没那三撇。标语写好后，镶在框子里，往毛泽东画像两边一挂，大方，醒目，大家都喜欢。

毛泽东与钟灵的故事还在继续。那是1951年的一天——

中央办公厅的汪东兴指着钟灵对毛泽东说："主席在《反对党八股》的报告中批评的那位写标语'工'字拐两弯、'人'字加三撇的，就是钟灵。"

钟灵是中南海俱乐部主任，曾跟毛主席下围棋，从没敢给毛主席提起过这件事。他心里埋怨汪东兴哪壶不开提哪壶，只见毛泽东哈哈笑起来，问钟灵："你现在还那样写吗？"

"主席批评过了，我哪里还敢那么写呢。"钟灵解释说，"不但我不敢，连写隶书的书法家都改过来了。'工'字不再拐弯，'人'字也不再加三撇了。"

毛泽东略一沉吟，说："那就不对了，隶书该怎么写还应该怎么写，狂草、小篆不是更难认嘛，书法作为艺术，还是要尊重传统的。我当初批评你，不是说你写了错别字，而是觉得你在延安城墙上写标语是在向大众作宣传，不该用这种大众难懂的字体写。"毛泽东还说："你有机会见到书法界的朋友们，替我解释一下，隶书也好，篆书也好，该怎么写还要怎么写，不必受我那篇文章的影响。当然，有时也要看对象，理解我的本意就好了。"[1]

——毛泽东这里说的还是，写东西要看对象。

---

[1] 钟灵：《奋斗与机缘》第35—36页，辽宁少年儿童出版社1997年12月版。

多想

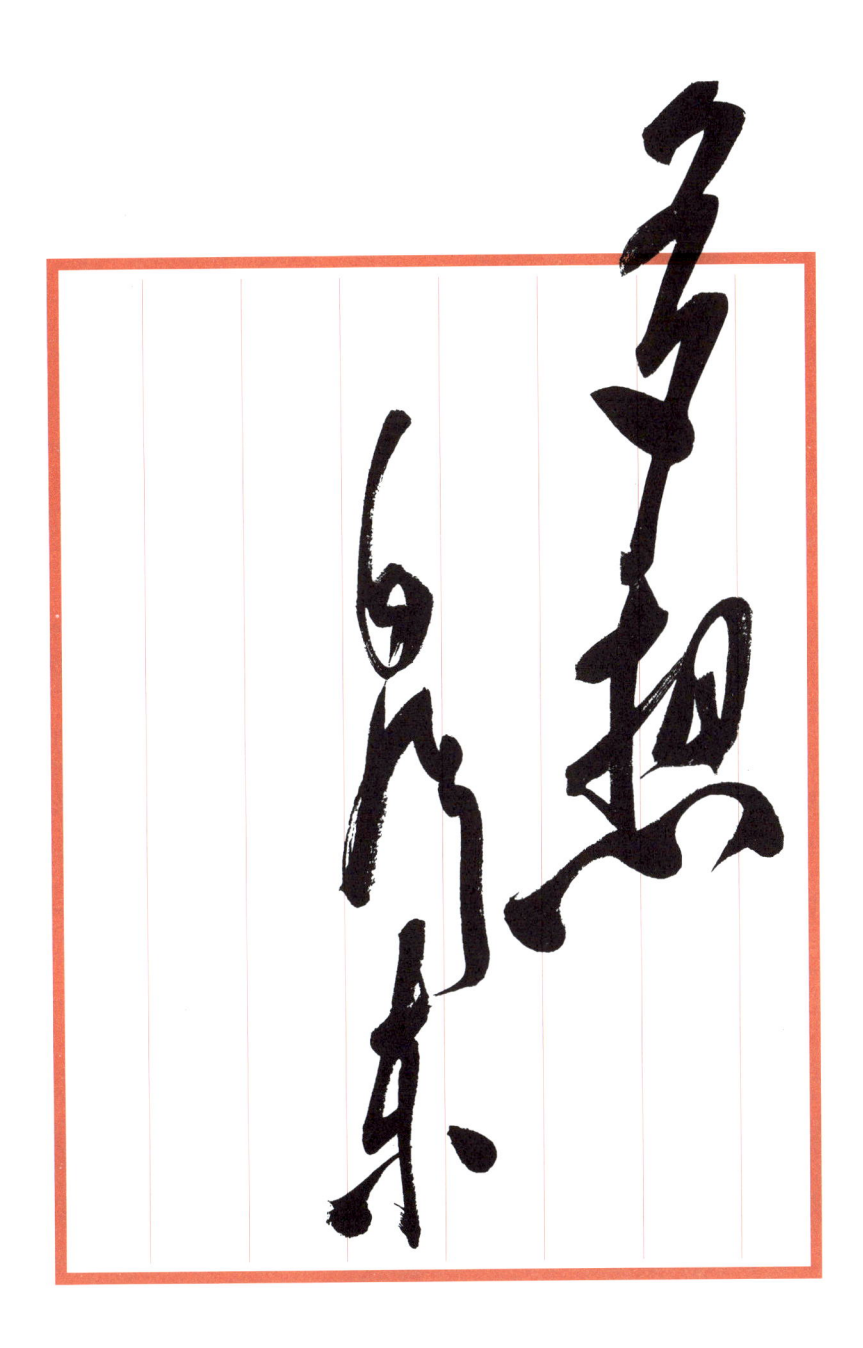

文章要"留有余地"

文章内容要充实。充实不是塞得越满越好。

绘画讲究留下空白，诗文讲究含蓄，贵在言有尽而意无穷。

写文章不能把话说尽了，哪怕是自己认为得意的地方，如果不相适宜，也要割爱，割着疼也得割，割出血也得割。

毛泽东说："在艺术上，周扬同志告诉我，舞台艺术要给观众留余地，不要把话说尽了，把一切动作做尽了。……我看不仅戏剧是这样，文学也是这样，小说也是这样，作诗也是这样。作诗不留余地，统统讲完，像韩愈作诗，人们批评它的缺点，就是文章和诗都是讲完的，他不能割爱。"[1]

留余地，这是一位政治家和文章家的经验之谈。

早在1945年3月，毛泽东在起草七大报告《论联合政府》时说过："在报告中对国民党蒋介石如何措辞？我曾考虑半年之久。还是批评九分，批评很尖锐，但留了余地，指出希望，虽然只是一

---

[1]《毛泽东著作专题摘编》第2287页，中央文献出版社2003年11月版。

分，这一分是需要的。不留这个余地就犯错误。"❶

1958年3月25日，毛泽东在成都会议讲话中说："做是一件事，讲又是一件事。即使能做得到，讲也要谨慎些，给群众留点余地，给下级留点余地，也就是替自己留点余地，写剧本有这么一个原则，要为观众留余地，就是要使人家有点想头，如果一切动作、一切语言都在台上做完了、讲完了，并不见得好。"❷

毛泽东的这些话主要是从政治策略上考量的。给对方留余地，也是给自己留余地。留余地是谦逊，是弹性，是后路。实践证明，留有余地，事情容易主动；不留余地，工作容易被动。政治上"留有余地"的思考落实到文章中来，也是要留有余地。领导人在政论文章中留有余地，其实也是在政策上留有余地。

20世纪60年代初，中苏"打文仗"时，毛泽东对如何写好论战文章有大量论述，其中也说到"留有余地"："我们这个反'围剿'要适可而止，要留有余地，不要把子弹一次打完，能够收时就收，有理有利有节。"❸

1962年1月30日，毛泽东在扩大的中央工作会议上讲话说："建设强大的社会主义经济，在中国，五十年不行，会要一百年，或者更多时间。"这是"百年目标"的最早出处。毛泽东说："中国的人口多、底子薄，经济落后，要使生产力很大地发展起来，要

---

❶ 《胡乔木回忆毛泽东》第369页，人民出版社1994年9月版。

❷ 《毛泽东年谱（1949—1976）》第3卷第325页，中央文献出版社2013年12月版。

❸ 吴冷西：《十年论战》上卷第299页，中央文献出版社1999年5月版。

赶上和超过世界上最先进的资本主义国家，没有一百多年的时间，我看是不行的。也许只要几十年，例如有些人设想的五十年，就能做到。果然这样，谢天谢地，岂不甚好。但是我劝同志们宁肯把困难想得多一点，因而把时间设想得长一点。三百几十年建设了强大的资本主义经济，在我国，五十年内外到一百年内外，建设起强大的社会主义经济，那又有什么不好呢？从现在起，五十年内外到一百年内外，是世界上社会制度彻底变化的伟大时代，是一个翻天覆地的时代，是过去任何一个历史时代都不能比拟的。处在这样一个时代，我们必须准备进行同过去时代的斗争形式有着许多不同特点的伟大斗争。"[1]现在回过头来看毛泽东这些话，留有余地，预言准确，让人回味无穷。

"文似看山不喜平"，文章的内容要有张有弛，有急有缓，有密有疏，有起伏有波澜，还要留有空白，教人在留白的天地里低徊不已。

还有一个结构问题。文章的内容是以结构的方式呈现的。一篇文章、一个演说都要讲究结构和布局，用适当的结构来承载文章的内容。毛泽东曾说："写文章要讲究提笔。看一篇文章好不好，不一定看文章各段落之间的文字上的联系如何，主要看文章的内在联系如何。如果内在联系得紧，那么倒不一定追求形式上的联系。我们不搞形而上学，不搞形式上的联系，要注意内在的思

---

[1] 《毛泽东文集》第 8 卷第 301—302 页，人民出版社 1999 年 6 月版。

想联系。"❶ 毛泽东讲的是文章的结构方式：用思想贯穿，用文气贯穿，而不一定非用"一二三四"那种结构或者"四六句"小标题来立题。

　　文章内容还有语法、修辞和逻辑性的问题。这个问题在这里且不展开，下面还要专题来谈。

---

❶ 吴冷西：《十年论战》上卷第203页，中央文献出版社1999年5月版。

把意思表达得比较准确

毛泽东谈诗文的修改

1935年10月7日，红军在青石嘴一带打了一个胜仗，毛泽东心情舒畅，诗兴大发，在六盘山高峰哼了一首《长征谣》，大声朗读给战士们听：

天高云淡，望断南归雁，不到长城非好汉！同志们，屈指行程已二万！同志们，屈指行程已二万！

六盘山呀山高峰，赤旗漫卷西风。今日得着长缨，同志们，何时缚住苍龙？同志们，何时缚住苍龙？[1]

后来，毛泽东把《长征谣》改为《清平乐·六盘山》，对诗稿进行了8次修改，定稿如下："天高云淡，望断南飞雁。不到长城非好汉，屈指行程二万。六盘山上高峰，红旗漫卷西风。今日长缨在手，何时缚住苍龙。"[2]一曲合乎诗词格律、充满革命英雄主义的大词诞生了。

毛泽东说："天天要洗脸，天天要扫地，写文章要反复修改，重要的文章要修改十多次。"[3]"我写了一篇文章，不到一千字，贴到墙上，每天改几个字，一个月后就改得面目全非。这还是自己写的，自己和自己打仗。"[4]

修改，再修改，反复修改，推倒重来式的修改，灵魂出窍般的修改，是提高诗文水平的关键所在。

[1] 新四军主办：《淮海报》1942年8月1日。
[2] 《毛泽东诗词集》第65页，中央文献出版社1996年9月版。
[3] 《七大代表忆七大》第36页，上海人民出版社2006年7月版。
[4] 张志清等：《延安整风前后》第219页，江苏文艺出版社1993年12月版。

为什么修改

诗词、文章、文件为什么要修改？

连宪法、党章这样的"国之重器"过几年都要修改，为什么？

诗人于坚说："在汉语中，修改相当重要，汉语是一种迷宫，只有在修改中，你才逐步接近你真正要说的。"这个话很到位。

1963年11月，毛泽东在会见外宾时谈到："有些诗写好后，不能马上用，要经过修改，写文章和写诗不经过修改是很少的。为什么要修改？甚至还要从头写？就是因为文字不正确，或者思想好，但文字表达不好，要经过修改。你写过不要修改的诗吗？我要修改。有时，还要征求别人的意见，别人有不同意见我就要想一想。"[1] 就是说，诗文中难免会出现意不称物、文不逮意、文理不通的地方，所以要修改，把文章捋顺一些。

修改什么？

主要是：政治上正确不正确？政策上有无错误？逻辑上是否说

---

[1] 《毛泽东年谱（1949—1976）》第5卷第284页，中央文献出版社2013年12月版。

得通？结构上是否适当？文字表达是否准确？如果是写诗词，还要考虑合乎格律，写出诗意。

修改文章，实际上是推敲思想和感情。文章写成之后，该"对表"的"对表"，杜绝违反政策的表述，保证观点正确，这方面出现错误，全盘皆输；事实该核对的核对，防止引文、事实、数字等出现失误；结构该调整的就调整，使之层次合理而分明，符合文章体例的基本要求；文字该减的减、该添的添，删掉远离主题的套话，做到字通句顺，防止出现病句及套话；行文该润色的润色，尽量体现出诗文美学。

修改，是对文章的锤炼，是完成诗词文章必不可少的一道工序。对于高手来说，诗文都是越改越好。当然也有越改越差的，那是"二把刀"写手。

文章修改不好，或者因为不好修改，推倒重来、另起炉灶也是常有的事情；重写一遍、二遍、三遍以至多遍，也不足为奇。毛泽东说："《新民主主义论》初稿写到一半时，中国近百年历史前八十年是一阶段、后二十年是一阶段的看法，才逐渐明确起来，因此重新写起，经过反复修改才定了稿。"❶

1944—1945年，毛泽东亲自主持起草《关于若干历史问题的决议》。中央秘书长任弼时在毛泽东起草的《关于四中全会以来中央领导路线问题结论草案》基础上，起草第一稿，被推倒了；毛泽东的秘书胡乔木起草第二稿，又推倒了；张闻天（前任中共

---

❶ 《毛泽东文集》第7卷第15页，人民出版社1999年6月版。

中央负责人，即总书记）起草第三稿，在这个稿子上，毛泽东等中共领导人一改、二改……一连修改了七稿；在1945年4月六届七中全会基本通过。中共"七大"召开后，中央又精雕细刻，直到8月9日七届一中全会正式通过。毛泽东说："我们现在学会了谨慎这一条。搞了一个历史决议，三番五次，多少对眼睛看，单是中央委员会几十对眼睛看还不行，七看八看看不出许多问题来，而经过大家一看，一研究，就搞出许多问题来了。"❶ 1950年，毛泽东征得中央同意后，再一次对这篇文献进行修订，并把这篇文章作为附录收入《毛泽东选集》。

修改文章，就是要"三番五次"，就需要"七看八看"。

在中共"七大"上，毛泽东说："大家都讲毛泽东怎么正确，毛泽东怎么正确呢？我头天写的文章，写好了我也要放在抽屉里过两天再改，然后再放抽屉里，然后再审查，再改。你正确，为什么还改呢？"❷

毛泽东在《反对党八股》中，拿洗脸来比喻修改文章：

> 我们每天都要洗脸，许多人并且不止洗一次，洗完之后还要拿镜子照一照，再调查研究一番，生怕有什么不妥当的地方。你看看，这是何等的有责任心呀！我们写文章做演说，只要像洗脸这样负责，就差不多了。拿不出

---

❶《毛泽东在七大的报告和讲话集》第10页，中央文献出版社1995年4月版。
❷《七大代表忆七大》第665页，上海人民出版社2005年12月版。

来的东西就不要拿出来，须知这是要去影响别人的思想和行动的啊！……许多人写文章，做演说，可以不要预先研究，不要预先准备；文章写好之后，也不多看几遍，像洗脸之后再照照镜子一样，就马马虎虎地发表出去。其结果，往往是"下笔千言，离题万里"，仿佛像个才子，实则到处害人。这种责任心薄弱的坏习惯，必须改正才好。❶

毛泽东在《反对党八股》中引用鲁迅答复北斗杂志社讨论怎样写文章的一封信，这封信第四条是："写完后至少看两遍，竭力将可有可无的字、句、段删去，毫不可惜。宁可将可作小说的材料缩成速写，决不将速写材料拉成小说。"

毛泽东解释说："鲁迅说'至少看两遍'，至多呢？他没有说。我看重要的文章不妨看它十多遍，认真地加以删改，然后发表。文章是客观事物的反映，而事物是曲折复杂的，必须反复研究，才能反映恰当；在这里粗心大意，就是不懂得做文章的起码知识。"❷

这一段话，从根本上说明了文章要"删改"的理由，也指明了修改的目标。

1956年3月14日，毛泽东同国际友人长征、艾地谈话。

艾地问："印尼有许多同志认为毛主席思想成熟，写文章一定

---

❶ 《毛泽东选集》第3卷第840页，人民出版社1991年6月版。
❷ 《毛泽东选集》第3卷第844页，人民出版社1991年6月版。

是一气呵成，不必修改。"

毛泽东回答说："那样的说法是不符合实际的。我们的头脑、思想反映客观实际，无论什么时候谁都不可能一下子就反映得完全正确，无遗无误。客观实际是错综复杂的，不断发展变化的。我们的头脑、思想对客观实际的反映，是一个由不完全到更完全、不很明确到更明确、不深入到更深入的发展变化过程，同时还要随客观实际的发展变化而发展变化。写《新民主主义论》时，许多东西在起初是不明确的，在写的过程中才逐渐明确起来，而且经过反复修改，才把意思表达得比较准确。过去写的文章，很多现在并不满意。"[1]

修改阶段还包括文字的校对。毛泽东在延安时期曾对秘书胡乔木说："校对也称校雠，就是要像对待仇人那样把文章中的错误校出来。"[2] 他在抗日军政大学作报告时还说："古人说校对为校雠，我看'仇'字也是很有道理，那就是说不把稿子当仇人看，校对是弄不好的。"[3]

毛泽东反复说文章要修改要"校雠"，这是他的经验之谈。

---

[1] 《毛泽东文集》第 7 卷第 16 页，人民出版社 1999 年 6 月版。

[2] 《胡乔木回忆毛泽东》第 43 页，人民出版社 1994 年 9 月 1 版 1 印。

[3] 齐得平：《我管理毛泽东手稿》第 94 页，中央文献出版社 2015 年 1 月版。

四月二十一日广播的人民解放军布告,有两个错字:(一)第三条"当承认其所有权","当"字误应"均"字。(二)第七条"乡村中的封建的土地所有权制度是不合理的","村"字误应"民"字。以上两点务请各广播电台各报纸予以更正。各人民解放军政治机关印发这个布告时,务请更正为盼。新华社四月廿六日

对中国人民解放军布告中两个错字的更正（1949年4月26日）

毛泽东如何修改自己的文章

《毛泽东选集》第一卷第一篇《中国社会各阶级的分析》，现在的开头是：

> 谁是我们的敌人？谁是我们的朋友？这个问题是革命的首要问题。中国过去一切革命斗争成效甚少，其基本原因是因为不能团结真正的朋友，以攻击真正的敌人。

这段话笼罩全篇，笼罩《毛选》，甚是关键，不可小视。查看1926年3月发表在广州出版的《中国青年》上的《中国社会各阶级的分析》，文章开头是这样说的：

> 谁是我们的敌人？谁是我们的朋友？中国革命亘三十年而成效甚少，就因不能团结真正的朋友，以攻击真正的敌人。

二者对照，尽管意思基本没变，精心修改后的文字反映了毛泽东对问题的认识更为深刻，文字的表述也更加严谨。

1942年5月，毛泽东在延安文艺座谈会上发表演讲。讲完之后，他一直对讲稿进行修改，直到一年多之后，才趁着鲁迅逝世纪念日拿出来发表，这就是著名的《在延安文艺座谈会上的讲话》。修改还没有结束，在编辑《毛泽东选集》时，他对这篇文章又一次进行了修改。

毛泽东的七大政治报告《论联合政府》写出来后，他自己说至少修改了8遍，还发动别人提意见，让代表们都来修改。他在大会上说："你们去看，你大修改也可以，小修改也可以，你认为不行，推倒重来也可以。大家的事情大家办，全党的事情全党办。"❶ 有的代表提出：《论联合政府》中有两段话的意思一样，用词不同，第一段中是"将中国建设成为一个独立、自由、民主、统一和富强的新中国"，而后面的表述是"将中国建设成为一个独立、自由、民主、统一和强盛的新中国"，一个"富强"，一个"强盛"，最好统一起来，统一为"富强"。毛泽东听了，高兴地说：提得好，马上改过来。❷

曾任毛泽东图书管理员的逄先知看过毛泽东撰写的《论人民民主专政》的手稿，他说："我见过完整的手稿，改得密密麻麻，不知改了多少遍，一会儿用毛笔，一会儿用铅笔，好像是一位雕塑大师在那里精雕细刻他的一件艺术作品。"逄先知说："《论人民民主

---

❶❷ 《七大代表忆七大》上册第381页、135页，上海人民出版社2006年7月版。

专政》是一篇理论著作，但又像一篇散文。"❶

  毛泽东的代表性著作是《毛泽东选集》。他亲自编辑，对选集中收录的150多篇文章进行了认真修改。他说："出版之前想把过去写的东西再看一遍，但总懒得看。对已经发表过的东西，完全满意的很少。比如，《实践论》算是比较满意的，《矛盾论》就并不很满意。《新民主主义论》初稿写到一半时，中国近百年历史前八十年是一阶段、后二十年是一阶段的看法，才逐渐明确起来，因此重新写起，经过反复修改才定了稿。"❷

  按照编辑体例，《矛盾论》这一篇应该编入《毛泽东选集》第一卷，毛泽东修改几次，仍不满意，他就把这篇文章从1951年10月出版的第一卷中拿了下来。直到修改得比较满意了，才收入《毛选》第二卷。《毛泽东选集》第一卷第2次印刷时，才将《矛盾论》移回到第一卷。《毛泽东选集》前面的"本书出版的说明"专门对文章的修改作了交代："选集中的各篇著作，都经著者校阅过，其中有些地方著者曾作了一些文字上的修正，也有个别的文章曾作了一些内容上的补充和修改。"在《矛盾论》的题解中再次加以说明：此文"在收入本书的时候，作者作了部分的补充、删节和修改"，把修改的事情交代得明明白白。

  毛泽东说："有些东西应该修改，比如第二次出版有所修改，

---

❶ 逄先知：《伟大旗帜》第219页，三联书店2019年6月版。

❷ 《毛泽东文集》第7卷第15页，人民出版社1999年6月版。

第三次出版又应有所修改。"❶

编辑和修改《毛泽东选集》时，毛泽东认真而兴奋，特别是对第四卷，他最感兴趣。他身边的工作人员回忆："在通读第四卷时，毛泽东显得特别兴奋，'想当年，金戈铁马，气吞山河如虎'的气概，油然而生。读到精彩之处，他不时地发出爽朗的笑声。《毛选》第四卷的文章，不仅内容重要，思想深邃，从文字上说也是上乘之作，有很高的艺术性。既有高屋建瓴、势如破竹的气势，又有行云流水、议论风生的韵致，还有嬉笑怒骂皆成文章的幽默、讽刺，刚柔相济，情文并茂，充分表现了他特有的文风。"❷

新中国成立之初，毛泽东主持起草新中国第一部宪法，前后历时差不多七个月，总共修改了一二十稿。经历了这样漫长的过程，毛泽东最后才算比较满意："这个宪法草案，看样子是得人心的。"❸

毛泽东的《关于正确处理人民内部矛盾的问题》（1957年2月），是在口头讲话的基础上整理出来的。年过六旬的毛泽东对这篇文章前后修改了十几遍，持续近半年的时间，不仅自己改，还请身边人改，请各方人士改。大家急着看到文稿，毛泽东不许，他慢慢地修改，不经他允许谁也不敢发表。这让人想起那首古诗："童子当街数落英，摇头学我苦吟声。门前有客不敢报，却道先生诗未成。"《关于正确处理人民内部矛盾的问题》文章修改的过程，

---

❶ 《毛泽东年谱（1949—1976）》第6卷第219页，中央文献出版社2013年12月版。
❷ 谢静宜：《毛泽东身边工作琐记》第15页，中央文献出版社2015年1月版。
❸ 《毛泽东传》第3卷第1296页，中央文献出版社2013年11月版。

在《建国以来毛泽东文稿》中有详细记载：

5月1日，毛泽东将"草稿第一稿"送出，在小范围内印发，批示"请收到此件的同志提出修改意见"。

5月24日，毛泽东要求将第二稿印发给在京的各中央委员、候补中央委员，批示"此件请即看，在你们认为应当修改的地方动笔加以修改"。

5月25日，毛泽东将第三稿除了批示给在京的各中央委员、候补中央委员外，还批示给了30多位到北京开会的各省市区负责人，并提出务必于当天晚上12点前将第三稿送到各人手中，"特别是各省市来的人"，并同样请大家"在你们认为应当修改的地方即行动笔加以修改"。

5月27日，毛泽东批示将第四稿印发征求意见，并特别提示"各位同志，这是第四稿。请看百花齐放那一节，有一段重要的修改"。这一稿的印发范围与第三稿相同。

5月28日，毛泽东批示将第五稿在三小时内印发各省市区党委书记，"另发各政治局委员候补委员、中央书记处书记候补书记"征求意见。

6月9日，毛泽东将他自己标明的"6月8日修正稿"批示"分送政治局、书记处各同志及田家英"征求意见，并"即刻付翻译"。

6月9日凌晨，毛泽东改出了征求意见稿第七稿。

6月14日，毛泽东改出了征求意见的第八稿，并注明是"6月14日修正稿"。

6月16日，毛泽东在作了少量文字修改后出了第九稿。

6月17日，毛泽东又作了一次修改，是征求意见稿第十稿，这一稿注明是"最后定稿"。

在公开发表前，毛泽东还不放心，把这篇文章寄给武汉大学的李达教授征求意见。李达说："毛主席真是谦逊极了，这样的著作，我只能好好学习，哪里还能谈得上提意见啊。"❶

经过反复修改，《关于正确处理人民内部矛盾问题》发表在6月19日的《人民日报》上。

袁枚的《遣兴》曰："爱好由来落笔难，一诗千改始心安；阿婆还是初笄女，头未梳成不许看。"修改自己的文字，恰似白发老婆婆还像闺中少女一样，头未梳好不许人看，那是自珍与尊重。

毛泽东的许多经典都是由最初的口头讲话"蝶变"为经典的。新中国成立前的《为人民服务》《愚公移山》等，新中国成立后的《论十大关系》《关于正确处理人民内部矛盾的问题》《在扩大的中央工作会议上的讲话》，都是由口头讲话加工整理，经过反复修改，最终锤炼成了经典文献。

---

❶ 张贻玖：《广读天下书》第256页，江苏文艺出版社1993年12月版。

毛泽东如何改诗

"诗难,不易写,经历者如鱼饮水,冷暖自知,不足为外人道也。"[1]

毛泽东精通诗词,有许多高见。陈毅请毛泽东改诗时,毛泽东回信说:

> 诗要用形象思维,不能如散文那样直说,所以比、兴两法是不能不用的。赋也可以用,如杜甫之《北征》,可谓"敷陈其事而直言之也",然其中亦有比、兴。"比者,以彼物比此物也","兴者,先言他物以引起所咏之词也"。韩愈以文为诗;有些人说他完全不知诗,则未免太过,如《山石》,《衡岳》,《八月十五酬张功曹》之类,还是可以的。据此可以知为诗之不易。宋人多数不懂诗是要用形象思维的,一反唐人规律,所以味同嚼蜡。以上随便谈

---

[1] 《毛泽东年谱(1949—1976)》第4卷第174页,中央文献出版社2013年12月版。

来，都是一些古典。要作今诗，则要用形象思维方法，反映阶级斗争与生产斗争，古典绝不能要。但用白话写诗，几十年来，迄无成功。民歌中倒是有一些好的。将来趋势，很可能从民歌中吸引养料和形式，发展成为一套吸引广大读者的新体诗歌。❶

这是他写诗读诗的体会，也是他改诗的心得。

毛泽东对自己的诗词用心雕琢，反复修改。

以《蝶恋花》为例——

这首词的原稿是：

六月红军征腐恶，欲打南昌必走汀州过。赣水那边红一角，偏师借重黄公略。

百万工农齐踊跃，席卷江西直捣湘和鄂。国际悲歌歌一曲，统治阶级拿魂落。❷

20 世纪 60 年代修改定稿为《蝶恋花·从汀州向长沙》：

六月天兵征腐恶，万丈长缨要把鲲鹏缚。赣水那边红一角，偏师借重黄公略。

---

❶《毛泽东文集》第 8 卷第 421—422 页，人民出版社 1999 年 6 月版。
❷ 陈晋:《文人毛泽东》第 89 页，上海人民出版社 1997 年 12 月版。

百万工农齐踊跃，席卷江西直捣湘和鄂。国际悲歌歌一曲，狂飙为我从天落。❶

把"红军"改为"天兵"，把"欲打南昌必走汀州过"改为"万丈长缨要把鲲鹏缚"，把"统治阶级拿魂落"改为"狂飙为我从天落"，克服了原来句子中太写实和太直白的毛病，改出了气势，改出了诗意。

毛泽东说："太现实了，不能写诗。"❷ 他提出革命的现实主义和革命的浪漫主义"两结合"的创作手法。

毛泽东《满江红·和郭沫若同志》中的名句"四海翻腾云水怒，五洲震荡风雷激"也是改出来的。这一句最初是"革命精神翻四海，工农踊跃抽长戟"，显然过于浅白，也没有诗意。这一改，改得气势逼人，豪气冲天。

毛泽东每有新作，自己修改的同时，还常常给一些诗家请他们帮助修改，一些普通读者的意见他也很在意。

《七律·长征》中有一句是"金沙浪拍云崖暖"，后来改为"金沙水拍云崖暖"。毛泽东批注说："浪拍：改水拍。这是一位不相识的朋友建议如此改的。他说不要一篇内有两个浪字，是可以的。"❸

上海复旦大学中文系学生黄任轲给毛泽东写信，询问《菩萨

---

❶ 《毛泽东诗词集》第29页，中央文献出版社1996年9月版。
❷ 陈晋：《文人毛泽东》第461页，上海人民出版社1997年12月版。
❸ 《毛泽东诗词集》第58页，中央文献出版社1996年9月版。

蛮·黄鹤楼》一词中"把酒酹滔滔"的"酹"字是否为"酻"字之误,毛泽东认为"他的意见是对的"。有个读者读了毛泽东1957年致臧克家关于诗的一封信,认为信中"遗误青年"的"遗"字应用"贻",毛泽东欣然接受,特别叮嘱《诗刊》编辑部加以纠正。❶

——这些是"一字师"的佳话。还有"半字诗"之说。

毛泽东就自己的《到韶山》一诗向诗人梅白征求意见,梅白提出:"别梦依稀哭逝川",可改半个字,即将"哭"改为"咒"。毛泽东同意了,并笑着说:"你是半字师。"

毛泽东还时常为别人改诗,他曾经替陈毅改过诗,替胡乔木改过诗,替许多诗友改过诗。

1959年,康生在庐山写了两首小令。一首《朱履曲·游仙人洞》,一首《普天乐·颂庐山会议》("四方来,英雄辈,谈钢论铁,议电评煤。往来烟雨楼,龙虎风云会,歌声唱得匡庐醉。瞻前途万丈光辉:云蒸霞蔚,民丰物阜,稻稔粱肥。"),他把这两首小令抄呈毛泽东,并附信说:"主席:诌了小令两首,寄呈一笑,敬希改正。"毛泽东认真看了,把前一首改名为《朱履曲·游庐山仙人洞》;对后一首,他改了三个句子,把"谈钢论铁"改为"思钢要铁",把"议电评煤"改为"想电求煤",把"民丰物阜"改为"民康物阜"。❷

诗人梅白的《夜登重庆枇杷山》曰:"我来高处欲乘风,夜色

---

❶ 张贻玖:《广读天下书》第257页,江苏文艺出版社1993年12月版。
❷ 陈晋:《文人毛泽东》第484页,上海人民出版社1997年12月版。

有所思

正是神都有事时，
又来南国踏芳枝。
青松怒向苍天发，
败叶纷随碧水驰。
一阵风雷惊宇宙，
满街红绿走旌旗。
凭阑静听潇潇雨，
故国人民有所思。

《有所思》（1966年6月）

辉煌一望中，几万银灯流倒影，嘉陵江比水晶宫。"毛泽东改为："我来高处欲乘风，夜色苍茫一望中，百万银灯摇倒影，嘉陵江似水晶宫。"毛泽东还讲了修改的理由："如果把'辉煌'二字改为'苍茫'，则能显出夜色之动态，为'水晶宫'作伏笔，写得'辉煌'而不那么露。诗贵含蓄和留有余地。'几万'应改为'百万'，以显示山城新貌，这里应鲜明，而不应含糊。'流倒影'不如'摇倒影'，也是为了显示夜景之动态，也采取对比手法，写出嘉陵江并不是那么平铺直叙的，而是风翻浪卷，以显示嘉陵江之性格。因之，应改'比'为'似'，这又是用虚笔写实。总之，诗贵意境高尚，尤贵意境之动态，有变化，才能见诗之波澜。这正是唐诗以来格律诗之优越性。"毛泽东还说："诗要改，不但要请人改，而且主要靠自己改。放了一个时候，看了，想了，再改，就有可能改得好一些。这就是所谓'推敲'的好处。当然，也有经过修改不及原作的。"[1]这一席话中，使用了"伏笔""含蓄""鲜明""动态""对比""虚笔写实""意境""推敲"等文学概念，是"诗家语"。

毛泽东修改诗文的例子多多，不再一一列举。

---

[1]《毛泽东与梅白谈诗》，《文摘周报》1987年3月26日。

修改文章的"法门"

毛泽东不仅精心修改自己的文章，更多的是为中央即将下发的文件把关，还帮别人修改文章，为报刊修改社论、通讯乃至编者按，这是替文字把脉。

《没有共产党，就没有新中国》这首歌曲，原名叫《没有共产党，就没有中国》。"没有共产党，就没有中国"这句话显然不准确。它是怎么提出来的呢？原来，这句话是共产党从国民党那里"化"来的。国民党坚持一党独裁，他的口号是："没有国民党，就没有中国。"1943年8月25日，延安《解放日报》发表社论《没有共产党，就没有中国》，与国民党的说法针锋相对。这篇社论一发表，"没有共产党，就没有中国"这句话广为流传。1943年，年仅19岁的中共党员曹火星，在北京市房山区霞云岭乡堂上村创作了歌曲《没有共产党就没有中国》。据逄先知的《毛泽东和他的秘书田家英》说，毛泽东1950年听到女儿唱《没有共产党就没有中国》，认为不妥，叫人把歌名改为《没有共产党，就没有新中国》。"新"字一添，逻辑严密，句子更有节奏感。

1947年9月12日，续范亭去世。谢觉哉为毛泽东代笔写了挽联："为民族翻身，为阶级翻身，事业垂成，公胡遽死？眼睛亮得很，骨头硬得很，典型顿失，人尽含悲。"挽联措辞最见文字功夫。毛泽东改为："为民族解放，为阶级翻身，事业垂成，公胡遽死？有云水襟怀，有松柏气节，典型顿失，人尽含悲。"不得不承认，改得精彩。"云水襟怀""松柏气节"成为亮点，上下句对得更工整了。

1958年8月，福建前线"炮打金门"后，毛泽东让民主人士章士钊先生给蒋介石写了一封信，章老的信中有这样几句："台澎金马，唇齿相依，遥望南天，希诸珍重。"这是针对当时美国欲图"划峡而治"的阴谋而写的。毛泽东对这封信很欣赏，但认为把台湾看作"南天"不恰当，提笔改为"南云"。❶ "南天"改"南云"，一字之改，防止了政治上的歧义，顷刻之间，文采飞翔。

毛泽东在1959年4月说："世界上有人怕鬼，也有人不怕鬼。鬼是怕它好呢，还是不怕它好？中国小说里有一些不怕鬼的故事……我想把不怕鬼的故事、小说编成一本小册子。经验证明，鬼是怕不得的。越怕鬼就越有鬼，不怕鬼就没有鬼了。"❷ 在毛泽东指导下，中国科学院文学研究所编写了《不怕鬼的故事》（人民文学出版社1961年2月出版）。

毛泽东修改了何其芳撰写的《不怕鬼的故事》序言，还加写了

---

❶ 《山西社会主义学院学报》，2001年第1期第22页。
❷ 《毛泽东外交文选》第374页，中央文献出版社、世界知识出版社1994年12月版。

两段话："难道我们越怕鬼，鬼就越喜欢我们，发出慈悲心，不害我们，而我们的事业就会忽然变得顺利起来，一切光昌流丽，春暖花开了吗？""世界上妖魔鬼怪还多得很，要消灭它们还需要一定时间，国内的困难也还很大，中国型的魔鬼残余还在作怪，社会主义伟大建设的道路上还有许多障碍需要克服……"❶ 这两段话，写得格外精神，包含辩证法，体现了毛泽东不怕鬼的精神。何其芳称之为"神来之笔"。"光昌流丽"这个词是毛泽东随手创制的新词。

1967年6月17日，新华社发表中国成功发射氢弹公报。毛泽东修改了这篇通讯。他说：昨天，氢弹公报，我把"伟大的领袖，伟大的导师，伟大的统帅，伟大的舵手"统统勾掉了，把"光焰无际"也勾掉了。世界上的光芒哪里有"无际"的？都有"际"，所以勾掉了。"万分喜悦和激动的心情"，我把"万分"也勾掉了，不是十分，也不是百分，也不是千分，而是万分，我一分也不要，统统勾掉了。❷ 毛泽东这段话有意思，充满哲理，这不仅仅是修改文章，也是教人打掉语言崇拜乃至个人崇拜。正如他自己说的那样："把离开主题的一些空话删掉。不要向外国人自吹自擂。"❸

压缩或扩展是修改文章的一大法门。毛泽东说："压缩是指分

---

❶《建国以来毛泽东文稿》第9册第426、427页，中央文献出版社1992年8月版。

❷ 参见《毛泽东年谱（1949—1976）》第6卷第93页，中央文献出版社2013年12月版。

❸《毛泽东文集》第8卷第432页，人民出版社1999年1月版。

清条理，去掉空话，并不是说可以省略必不可少的词类，可以违背文法，也不是说可以不顾文字的形象性和鲜明性。有些写得好的报告，虽然篇幅颇长，却能引人阅读，使人不厌其长。有些写得不好的报告，虽然篇幅不长，却使人难看。这里的区别就在是否有条理，是否说空话和是否合文法。"[1] "三个是否"——"是否有条理，是否说空话和是否合文法"，说出了修改文章的三大关键环节。

1963年5月，毛泽东在修改"双十条"时，加写了一则千余字的短文，后来单独抽出来，成为一篇精炼的哲学论文，即《人的正确思想是从哪里来的？》——

> 人的正确思想是从哪里来的？是从天上掉下来的吗？不是。是自己头脑里固有的吗？不是。人的正确思想，只能从社会实践中来，只能从社会的生产斗争、阶级斗争和科学实验这三项实践中来。人们的社会存在，决定人们的思想。而代表先进阶级的正确思想，一旦被群众掌握，就会变成改造社会、改造世界的物质力量。人们在社会实践中从事各项斗争，有了丰富的经验，有成功的，有失败的。无数客观外界的现象通过人的眼、耳、鼻、舌、身这五个官能反映到自己的头脑中来，开始是感性认识。这种感性认识的材料积累多了，就会产生一个飞跃，变成了理性认识，这就是思想。这是一个认识过程。这是整个认识

---

[1] 《毛泽东新闻工作文选》第167页，新华出版社1983年12月版。

过程的第一个阶段，即由客观物质到主观精神的阶段，由存在到思想的阶段。这时候的精神、思想（包括理论、政策、计划、办法）是否正确地反映了客观外界的规律，还是没有证明的，还不能确定是否正确，然后又有认识过程的第二个阶段，即由精神到物质的阶段，由思想到存在的阶段，这就是把第一个阶段得到的认识放到社会实践中去，看这些理论、政策、计划、办法等等是否能得到预期的成功。一般的说来，成功了的就是正确的，失败了的就是错误的，特别是人类对自然界的斗争是如此。在社会斗争中，代表先进阶级的势力，有时候有些失败，并不是因为思想不正确，而是因为在斗争力量的对比上，先进势力这一方，暂时还不如反动势力那一方，所以暂时失败了，但是以后总有一天会要成功的。人们的认识经过实践的考验，又会产生一个飞跃。这次飞跃，比起前一次飞跃来，意义更加伟大。因为只有这一次飞跃，才能证明认识的第一次飞跃，即从客观外界的反映过程中得到的思想、理论、政策、计划、办法等等，究竟是正确的还是错误的，此外再无别的检验真理的办法。而无产阶级认识世界的目的，只是为了改造世界，此外再无别的目的。一个正确的认识，往往需要经过由物质到精神，由精神到物质，即由实践到认识，由认识到实践这样多次的反复，才能够完成。这就是马克思主义的认识论，就是辩证唯物论的认识论。现在我们的同志中，有很多人还不懂得这个认识论的道理。问他的思想、意见、政策、方法、计划、结论、滔滔不绝的演说、大块的文章，是从哪里得来的，他觉得是个怪问题，回答不出来。对于物质可以变成精神，精神可以变成物质这样日常生活中常见的飞跃现象，也觉得不可理解。因此，对我们的同志，应当进行辩证唯物论的认识论的教育，以便端正思想，善于调查研究，总结经验，克服困难，少犯错误，做好工作，努力奋斗，建设一个社会主义的伟大强国，并且帮助世界被压迫被剥削的广大人民，完成我们应当担负的国际主义的伟大义务。[1]

这篇字字珠玑、句句精辟的短文，概括总结了人的正确思想只能从社会的生产斗争、阶级斗争和科学实验这三项实践中来，阐述了从感性认识到理性认识，即从存在到思想、从物质到精神，又从思想到存在、从精神到物质"两次飞跃"的观点，强调了第二次飞跃的意义更大。

毛泽东对加写的这则文字比较满意，自我评价颇高。他在1964年8月24日说："从实践到感性认识，再由感性认识到理性认识的两个飞跃的道理，马克思和恩格斯都没有讲清楚，列宁也没有讲清楚。列宁的《唯物主义和经验批判主义》，只讲清楚了唯物论，没有完全讲清楚认识论。……这个道理中国古人也没有讲清楚。老

---

[1]《建国以来毛泽东文稿》第10册第299—300页，中央文献出版社1996年8月版。

子、庄子没有讲清楚，墨子讲了一些认识论方面的问题，但也没有讲清楚。张载、李卓吾、王船山、谭嗣同都没有讲清楚。什么是哲学？哲学就是认识论。'双十条'的第一个十条前面那一段话是我写的。我讲了物质变精神、精神变物质。"❶ 毛泽东认为，《实践论》解决了实践在认识中的作用，主观能动性的问题，物质变精神、精神变物质，这在《人的正确思想是从哪里来的？》解决了。《人的正确思想是从哪里来的？》曾经以单行本的形式出版发行。

---

❶ 《毛泽东文集》第 8 卷第 389—390 页，人民出版社 1999 年 6 月版。

"雾中取宝"的教训

修改文章时，核对清楚事实（包括数字、人名、地名、引文等）是个重要环节，一点也马虎不得。

延安时期，发生过这样一件事。毛泽东1941年5月发表《改造我们的学习》后，中央发出函电，转发这篇文章，要求认真学习。电报传到北方局，闹出了一个笑话。

据当事人李新回忆："中央用电报发出了这篇文章，北方局和《新华日报》（华北版）都收到了。其中有一句说'无实事求是之意，有哗众取宠之心'。电码中'哗众取宠'有错（或不清楚）。[杨]献珍同志因电码不清，便回电延安要求重发，在未收到重发稿前即不往下传。《新华日报》收到电稿后，明明看不清'哗众取宠'这四个字的电码，却凭估计，臆想这四个字为'雾中取宝'。更荒唐的是他们不仅错误地发表了《改造我们的学习》这篇重要文章，而且还写了一篇类似社论的文章来加以赞颂和解释。这篇文章的题目竟然是《雾中焉能取宝？》，真是可笑极了！杨献珍一看见这篇文章就很生气，等延安重发的电稿来到，他确知'雾中取宝'是'哗众取宠'的误释之后，气愤地批评了《新华日报》的领导人：'你们把毛主席的文章弄错并发表，就已经犯了大错误，你们竟敢擅自发挥，而且是胡乱发挥，你们把毛主席和他的文章置于何地？'虽然《新华日报》的领导人（何云）连连认错，杨献珍还是气愤不已。直到 1988 年，杨老已年逾九十，他还清楚地记得这件事情……"❶ 这就是不注意核对、校对造成的严重失误。

《解放日报》（1942 年 11 月 17 日）刊登的《给党报的记者和通讯员》中说："如果我们的编者，坐在房子里，拿着一支笔，接到人家寄来的稿件，拍来的电报，却粗心大意，把句子也点错了，把文义也弄错了，自己根本不知道是怎样一回事，却贪省事，图便宜，不肯问旁人，也不想想党的政策，随便添加，自作主张，就去付印，那末，这样的编者，就只有糟蹋党报，曲解党的主张，损害党的威信。"这个批评，显然有所针对的。

"哗众取宠"错译为"雾中取宝"，这件事当时就传到了延安，连在延安的英国人林迈可都听说了。林迈可是个无线电专家，抗日战争中到晋察冀和延安工作，为中国人民的抗日战争服务。

林迈可 1975 年出版的《抗战中的中共》中说："英文字母形式构成的语言，拼错一个字并不会影响理解原意。汉字就不然了，一个数码错了，就译成完全不同的另一个字了。我在延安时曾听说过发生在新华通讯社的一段趣事。毛泽东主席在一个讲话中用了一个四字成语'取信于民'，而晋东南接收电文时，把这四个字

---

❶ 《流逝的岁月——李新回忆录》第 185—186 页，山西人民出版社 2008 年 11 月版。

的 16 个数码搞错了，译出的词变成了'由雾出宝'。地方报纸的编辑对此显而易见的面目全非的文字也未加深究，却写了一篇社论来解释'由雾出宝'的深刻内在含义。几个月后，载有这篇社论的《晋东南日报》传到延安，引起了轩然大波，直到最后弄清了原委，才告风平浪静。"❶ 林迈可说的显然与李新记录的是同一件事情，因为他是道听途说，写回忆录时又没有仔细地核对史料，所以他的文字也出现了错误。

毛泽东知道"雾中取宝"的"故事"吗？他信息灵通，估计这个事情会传到他耳朵里。1948 年 3 月，毛泽东在《关于播发山西崞县土改经验的指示信》中专门批示："翻译时，文字和标点符号不要弄错。"如此强调，肯定是有所指的。

毛泽东的著作，字有字法，句有句法，遣词造句，行云流水，有效地传播了他的思想。作家梁衡说："毛泽东恐怕是共产党公文中'最后的贵族'。"（见梁衡《毛泽东怎么写文章》）毛泽东的文章好，其中一个原因是他善于修改，修改，修改，反复修改。毛泽东修改文章的论述及实践，给我们做出了榜样。

---

❶ 林迈可：《抗战中的中共》第 113 页，解放军文艺出版社 2013 年版。

赤橙黄绿青蓝紫

毛泽东文章中的「气」

人无精神,便如槁木;文无精神,便如死灰。

曹丕《典论·论文》说:"文以气为主。"苏东坡说:"文者气之所形。"王国维《人间词话》中说,"太白纯以气象胜"。

姚鼐也说到"气",说得更为细腻:"文字者犹人之言语也,有气以充之,则观其文也,虽百世而后,如立其人而与言于此;无气则积字焉而已。意与气相御而为辞,然后有声音节奏高下抗坠之度,反复进退之态,采色之华,故声色之美,因乎意与气而时变者也。"

诗词文章是否好看,是否精神,要看文章的"气",包括气质、气势、气象、气韵等。

毛泽东说:"人而无气,不知其可也。"[1] 文章亦然。

毛泽东读贾谊的《治安策》,认为这篇文章里面"有一股颇好的气氛"[2]。他在解读司马迁"发愤之所作"这句话时说:"没有气,他写诗?"[3]

文章不好,文风不好,一个重要原因就是文气不通、文气不好。毛泽东在《反对党八股》中批评党八股文章像"那些又长又臭的懒婆娘裹脚",他要求"赶快扔到垃圾桶里去"。"懒婆娘裹脚"之"气",不那么好。所以毛泽东致力于破坏死搭搭的党八股,发展活泼泼的新文风。

他用深刻的思想贯通玲珑剔透的气脉。

他用奔涌的词语营造汪洋恣肆的气象。

他用斧凿的文句塑造惊心动魄的气势。

"气之大过人者。"毛泽东胸中有大沟壑、大山水、大抱负，他的文字天马行空，那是心的吞吐，气的推宕，充满着生生不息、自强不已、奋斗不止的大气象，宛如"八九点钟的太阳"，洋溢着明媚阳光与蓬勃向上的朝气。他的文章中，没有官僚气，没有党八股气，没有书呆子气，没有市侩气，没有沉沉死气，莺莺燕燕跟残红颓垣也不属于他。他的文章气象万千，赤橙黄绿青蓝紫，以生动活泼的革命精神引人入胜。

"党八股是对于五四运动的一个反动。""五四时期的生动活泼的、前进的、革命的、反对封建主义的老八股、老教条的运动，后来被一些人发展到了它的反对方面，产生了新八股、新教条。"❹毛泽东打掉党八股气，对党八股再来一个反动，他在自己的文章中荡漾起蓬勃的新"八股气"：至大至刚的王者气，激荡人心的英雄气，艰苦朴素的务实气，启迪心智的哲学气，铸魂立魄的骨气，活泼泼的辛辣幽默气，养心养眼的书卷气，亲切近人的平民气——

---

❶《毛泽东年谱（1949—1976）》第4卷第118页，中央文献出版社2013年12月版。
❷ 陈晋：《文人毛泽东》第477页，上海人民出版社1997年12月版。
❸ 陈晋：《毛泽东之魂》第298页，东方出版社2014年7月版。
❹《毛泽东选集》第3卷第831页，人民出版社1991年6月版。

虎气

毛泽东 1966 年 7 月 8 日的一封信中说过这样一段话：

> 我是自信而又有些不自信。我少年时曾经说过：自信人生二百年，会当水击三千里，可见神气十足了。但又不很自信，总觉得山中无老虎，猴子称大王，我就变成这样的大王了。但也不是折中主义，在我身上有些虎气，是为主，也有些猴气，是为次。❶

这是毛泽东的自画像。

用"虎气""猴气"来评价自己，应该是深思熟虑之言，不是随便说的。

虎者，百兽之王，山中之王。民谚说"龙行云，虎行风"。你还别说，读毛文毛诗，扑面而来的首先就是虎气霸气，王者之风。

"独坐池塘如虎踞，绿荫树下养精神；春来我不先开口，哪个

---

❶《建国以来毛泽东文稿》第 12 册第 72 页，中央文献出版社 1998 年 1 月版。

虫儿敢做声？"这是少年毛泽东书写过的《咏蛙》诗。此蛙虎踞，有虎精神。

"天下者，我们的天下；国家者，我们的国家；社会者，我们的社会。我们不说，谁说？我们不干，谁干？"❶ 流眄天地，飘瞥乾坤。青年毛泽东在《民众大联合》中的这个句子，气吞山河如虎，已具主人翁气象。

大人虎变。《沁园春·雪》是毛泽东"王者气"的代表作：

> 北国风光，千里冰封，万里雪飘。望长城内外，惟余莽莽；大河上下，顿失滔滔。山舞银蛇，原驰蜡象，欲与天公试比高。须晴日，看红装素裹，分外妖娆。
>
> 江山如此多娇，引无数英雄竞折腰。惜秦皇汉武，略输文采；唐宗宋祖，稍逊风骚。一代天骄，成吉思汗，只识弯弓射大雕。俱往矣，数风流人物，还看今朝。❷

毛泽东站在群山之上，展千百年眼。上阕，俯视并赞美锦绣中华宛然美女般"红装素裹，分外妖娆"，发出"江山如此多娇"之赞。下阕，点评几位史诗般的历史人物，把五千年的中国历史娓娓道来，以吞吐六合、上下千古的气度，对话天地与历史，推倒历代帝王。问天下谁是王者？诗人伸出一指："数风流人物，还看今朝。"

---

❶《毛泽东早期文稿》第390页，湖南出版社1990年7月版。
❷《毛泽东诗词集》第68页，中央文献出版社1996年9月版。

赤橙黄绿青蓝紫　　153

"有第一等襟抱，第一等学识，斯有第一等真诗。"古老历史造就的深邃的远大胸怀，美丽深沉土地培养的宽阔目光，人民至上观念打造的革命史观，身为草莽而心在庙堂的创世纪意识，枪杆子笔杆子横扫一切的强大气场，在这首词中水乳交融般完美体现，营造和呈现出自然美、历史美、风流美、今朝美等"美美与共"的美妙意境，承载了中国共产党文化的豪迈气质和博大精神。

《沁园春·雪》一词，真气流注，性情飞动，到末尾，一句"数风流人物，还看今朝"，不可一世，猛地刹住，与苏东坡的《念奴娇·赤壁怀古》的首句"大江东去，浪淘尽，千古风流人物"相呼应。读到此刻此处，读者的思绪却刹不住了。它让人联想到佛陀的"天上天下，唯我独尊"，联想到毛泽东所说的人民群众是创造历史的主人……

作《沁园春·雪》数年之后，毛泽东作为中共领袖来到重庆，与国民党领袖蒋介石谈判。出人意料的是，他把这首词抄赠朋友。顿时，《雪》降重庆，卷起千堆雪，在雾都引发一场"雪战"。

蒋介石尽管不会写诗填词，他还是从《沁园春·雪》隐约地看到毛泽东把自己放在秦皇汉武、唐宗宋祖、成吉思汗等国之天骄的行列里，摇乾荡坤，甚至吞却乾坤。他心中颇不舒服，他评价说："我看他的词中有帝王思想，想效法唐宗宋祖，称王称霸。"毛泽东霸气地说："有些人会骂我们'称王称霸'，我们就是称王称霸，是称解放之王，称解放之霸。什么人敢不要我们解放！"[1]

---

[1] 《毛泽东在七大的报告和讲话集》第140页，中央文献出版社1995年4月版。

《沁园春·雪》手眼通天，炼雪成玉，是毛诗的巅峰，也是毛泽东的精神高地。

有的人评价这首诗"有帝王气"。

不，不是帝王气，是"虎气"，是王者气。

是气也，"独立不惧，遁世不闷。狂澜滔滔，一柱屹立。醉乡梦梦，灵台昭然。泰山崩于前而色不动，猛虎蹄于后而魂不惊"。❶

是气也，"激厉奋迅，冲决罗网，焚烧荆棘，荡夷污泽"。❷

是气也，宛若"河出潼关，因有太华抵抗，而水力益增其奔猛；风回三峡，因有巫山为隔，而风力益增其怒号"。❸

"虎气"，贯穿于毛泽东的诗词文章之中。

> 原子弹是美国反动派用来吓人的一只纸老虎，看样子可怕，实际上并不可怕。……一切反动派都是纸老虎。看起来，反动派的样子是可怕的，但是实际上并没有什么了不起的力量。从长远的观点看问题，真正强大的力量不是属于反动派，而是属于人民。……蒋介石和他的支持者美国反动派也都是纸老虎。❹

---

❶ 《毛泽东早期文稿》第594页，湖南出版社1990年7月版。

❷ 毛泽东《讲堂录》引陆象山语，见《毛泽东早期文稿》第593页，湖南出版社1990年7月版。

❸ 《毛泽东早期文稿》第180—181页，湖南出版社1990年7月版。

❹ 《毛泽东选集》第4卷第1194—1195页，人民出版社1991年6月版。

赤橙黄绿青蓝紫

講堂錄

白沙申蒲評明儒學案。宋元多理學之士有宋
元學案。

與鄉愿人多貪鱼實行飲歡具一端也
群生日記言士要轉移世風當重兩義曰實
有昔勿忌人實則不說大話不好虛名不行架空之
事不陵邁高之理
不行架空之事 福澤諭吉有義慶應大學以格言
為民職不預歎於利。福氏於學擅累長有諸人

毛泽东把原子弹和美帝国主义比作"纸老虎"。只有老虎才能深刻地理解老虎。只有毛泽东这只"真老虎",才能说出"纸老虎"的真相,其他人说不出来。毛泽东提出的"纸老虎"思想,打破了"恐美症""恐核症"。他蔑视任何强大的对手,极大地激励了世界上被压迫的人民。如今"纸老虎"这个词语仍在全世界流行,这个"绰号"美帝怎么也甩不掉啦。

　　1955年,毛泽东在同芬兰首任驻中国大使孙士教谈话中再次谈到原子弹,毛泽东举重若轻,轻描淡写:"美国的原子讹诈,吓不倒中国人民。我国有六亿人口,有九百六十万平方公里的土地。美国那点原子弹,消灭不了中国人。即使美国的原子弹威力再大,投到中国来,把地球打穿了,把地球炸毁了,对于太阳系说来,还算是一件大事情,但对整个宇宙说来,也算不了什么。"他真的是"要将宇宙看秭米"。❶

　　"虎者"的价值观、时空观与寻常人是不一样的。

　　毛泽东的目光横扫一切,气质凌空蹈虚,常常超越"小小寰球"。

　　1936年7月,斯诺采访毛泽东时问道:很多人认为中国如果苏维埃化,中国将受到苏联的支配,内外政策将置于莫斯科控制之下。毛泽东回答:"如果这一切都属实,那末造一条铁路通往火星并向威尔斯先生买一张火车票也就全都可能了。"❷ 刚刚走完两万五千里长征、身在陕北山沟里的毛泽东令人意外地谈到赫伯特·乔治·威尔斯

---

❶ 《毛泽东诗词集》第161页,中央文献出版社1996年9月版。
❷ 陈晋:《毛泽东读书笔记精讲·战略卷》第2页,广西人民出版社2017年1月版。

（1866—1946）——这位写《时间机器》《星际大战》的英国科幻小说家。

1956年，毛泽东说："如果发现火星或者金星上有人，那个时候我们再来交涉关于团结他们，建立统一战线的问题。"❶ "坐地日行八万里"，毛泽东的视野超越地球，把火星、金星纳入视线。

人生不过百年。毛泽东的时间观是以"一万年"为单位。他说："世界上有好的东西，也有坏的东西，自古以来就是这样，一万年后也会是这样。"❷ "就是一万年以后，人类还会有矛盾。"❸ "取经是一万年都要取的，你取我的经，我取你的经。"❹ "我看一万年以后，还是有个依靠谁的问题，因为还有唯物论和唯心论，还有先进和落后，总还会有左、中、右。"❺ "物质是无限可分的。所以科学家有工作做，一万年以后也有工作做。"❻ "一万年"几乎成为毛泽东的口头禅。这是属于"王者"的宏大历史观。

王安石问道："万里昆仑谁凿破？"茫茫神州，九百年无人应答。毛泽东回答："把汝裁为三截，一截遗欧，一截赠美，一截还东国。"❼ 毛泽东裁剪昆仑。

---

❶ 《毛泽东文集》第7卷第90—91页，人民出版社1999年6月版。

❷ 《毛泽东年谱（1949—1976）》第2卷第589页，中央文献出版社2013年12月版。

❸ 《毛泽东年谱（1949—1976）》第2卷第640页，中央文献出版社2013年12月版。

❹ 《毛泽东年谱（1949—1976）》第4卷第385页，中央文献出版社2013年12月版。

❺ 《毛泽东年谱（1949—1976）》第5卷第219页，中央文献出版社2013年12月版。

❻ 《毛泽东年谱（1949—1976）》第5卷第389页，中央文献出版社2013年12月版。

❼ 《毛泽东诗词集》第60页，中央文献出版社1996年9月版。

地球够大，毛泽东视之为"小小寰球"。他对新华社说："把地球管起来，让全世界都能听到我们的声音。"❶口气大得很，气派大得很。

"世界上一切侵略者及其走狗，通通都要被埋葬掉，为期不会很远。他们一定逃不掉的。他们想躲到月球里去也不行。寇能往，我亦能往，总是可以抓回来的。一句话，胜利是全世界人民的。"❷不可阻挡，一往无前。

"笼天地于形内，挫万物于笔端。"毛泽东的许多诗文，谈吐宇宙，吞吐大荒，具有史诗般的气势。他的"虎气"，赞美也好咒骂也罢，可评说而不可及也。

---

❶《毛泽东新闻工作文选》第182页，新华出版社1983年12月版。
❷《毛泽东外交文选》第359页，中央文献出版社、世界知识出版社1994年12月版。

英雄气

"一不怕苦，二不怕死。"❶

"天不要怕，鬼不要怕，死人不要怕，官僚不要怕，军阀不要怕，资本家不要怕。"❷

"不怕压，不怕迫，不怕刀，不怕戟，不怕鬼，不怕魅，不怕帝，不怕贼。"❸

"不怕撤职，不怕开除党籍，不怕老婆离婚，不怕坐牢，不怕杀头。"❹

——天地英雄气，千秋尚凛然。

"我们中华民族原有伟大的能力！压迫愈深，反动愈大，蓄之既久，其发必速。我敢说一句怪话，他日中华民族的改革，将较任何民族为彻底。中华民族的社会，将较任何民族为光明。中

---

❶ 《建国以来毛泽东文稿》第13册第40页，中央文献出版社1998年1月版。

❷ 《毛泽东早期文稿》第292页，湖南出版社1990年7月版。

❸ 《毛泽东诗词集》第209页，中央文献出版社1996年9月版。

❹ 吴冷西：《忆毛主席》第157—158页，新华出版社1995年2月版。

华民族的大联合，将比任何地域任何民族而先告成功。诸君！诸君！我们总要努力！我们总要拼命的向前！我们黄金的世界，光华灿烂的世界，就在前面！"❶

——国族情绪，充满热血，一往无前，不可阻挡。

毛泽东具有英雄情结。

他少年读《水浒传》，梁山的英雄好汉给他留下深刻印象。他从同学那里借来《世界英雄豪杰传》，一遍读过，对华盛顿、林肯、拿破仑、彼得大帝等心驰神往，他对萧子璋（萧三）说："中国也要有这样的人物。"❷ 他组织新民学会，号召大家："我们要向前代英雄学习，使自己的思想丰富、意志坚强起来。"❸ 青年毛泽东已经具有英雄主义的人格气象。

"莫言马上得天下，自古英雄尽解诗。"毛泽东的英雄气体现在诗词文章中，健笔凌云，神采焕发，一扫八股之调，读来让人血脉偾张，激情澎拜。

神说传说中，共工与颛顼争夺帝位，共工一头撞向不周山，"天柱折，地维绝"。历代对共工的评价都是负面的。毛泽东一反传统，把共工升华为改造世界的革命英雄。他写下诗句"不周山下红旗乱"，自己还专门给这个诗句作了注释："共工是胜利的英雄。你看，'怒而触不周之山，天柱折，地维绝。天倾西北，故日

---

❶ 《毛泽东早期文稿》第393—340页，湖南出版社1990年7月版。

❷ 黄丽镛：《毛泽东读古书实录》第26页，上海人民出版社1994年6月版。

❸ 《新民学会资料》第506页，人民出版社1980年版。

月星辰移焉；地不满东南，故水潦尘埃归焉。'他死了没有呢？没有说。看来是没有死，共工是确实胜利了。"❶ 这是毛泽东有史以来第一次把共工称为英雄，这是英雄对英雄的认同和赞美。

西楚霸王，是与刘邦争夺天下的大英雄。毛泽东在抗大讲课说："楚霸王项羽在中国是一个有名的英雄，他在没有办法的时候自杀，这比较汪精卫、张国焘好得多。但是项羽尚有一个缺点，从前有一个人，在他的墓上做了一首诗，问他你为什么自杀，可以到江东去再召八千兵来打天下。我们不学汪精卫、张国焘，学项羽的英雄气节，但不自杀，要干到底。"❷ 毛泽东欣赏的是项羽"英雄气节"，批评他不能革命到底、英雄到死。

在延安时，毛泽东观看平剧《打渔杀家》，他评论戏中人物萧恩说："这人是一条英雄好汉，敢与压迫、剥削穷苦平民百姓的官府作斗争，敢于反抗，这是值得赞扬的。但是，只有他们父女二人，单枪匹马，力量就太单薄了。他要是能团结广大受苦受压迫的人民，来反抗官府的压迫剥削，那力量就大了。"毛泽东赞美英雄、崇尚英雄，同时希望英雄好汉联合受压迫的人民一起起来斗争。

英雄气发源于坚定的信念和坚强的意志，呈现为昂扬奋发的激情和刚健宏大的气魄，落实在敢作敢为、敢为人先和敢于胜利的行动上。

"夫以五千之卒，敌十万之军，策罢乏之兵，当新羁之马，如此而欲图存，非奋斗不可。"❸ 毛泽东的英雄气，最主要的是体现

---

❶ 《毛泽东诗词集》第35页，中央文献出版社1996年9月版。

❷ 齐得平：《我管理毛泽东手稿》第78页，中央文献出版社2015年1月版。

❸ 《毛泽东早期文稿》第585页，湖南出版社1990年7月版。

在战斗、奋斗精神上。"奋斗"成为贯穿毛泽东一生的关键词，也是他一生的精神写照。他经常说：艰苦奋斗，团结奋斗，努力奋斗，长期奋斗，英勇奋斗，合群奋斗，坚决奋斗，向前奋斗，为……而奋斗，一万年以后也要奋斗，永久奋斗。他在延安时说过："永久奋斗就是奋斗到五年，十年，四十年，五十年甚至到六十年，七十年，总之一句话，要奋斗到死。没有死就没有达到永久奋斗的目标。"❶ 毛氏奋斗，锋利，有攻击性，吐万丈气，展示其精神气质中较为强硬的一面，是一个健全的民族精神以及语言系统中不可或缺的，其间或有斗争过勇之弊，那奋斗精神却是不可须臾失去的。

钟嵘《诗品》中评诗人张华的诗为"下品"，原因是"犹恨其儿女情多，风云气少"。"风云气"近乎英雄气。毛泽东的诗词文章中洋溢着阳刚气，他的诗词被人誉为"雄奇"——高亨教授评价毛泽东的诗词"细检诗坛李杜，词苑苏辛佳什，未有此奇雄"；他的文章被称为"雄文"——郭沫若赞《毛泽东选集》"有雄文四卷，为民立极"。

阅读毛泽东著作，我们可以看到——

毛泽东推崇的愚公精神、长征精神，雄浑浩荡，是英雄骨格。

毛泽东的"与天奋斗，其乐无穷；与地奋斗，其乐无穷；与人奋斗，其乐无穷"，字字欲飞，是英雄豪情。

毛泽东的"下定决心，不怕牺牲，排除万难，去争取胜利"，

---

❶ 《毛泽东文集》第2卷第190—191页，人民出版社1993年12月版。

慷当以慨，是英雄意志。

毛泽东的"人不犯我，我不犯人，人若犯我，我必犯人"，纵横跌宕，是英雄之后发制人。

毛泽东的"可上九天揽月，可下五洋捉鳖"，上天入地，是英雄形象。

毛泽东的"这个军队具有一往无前的精神，它要压倒一切敌人，而决不被敌人所屈服，不论在任何艰难困苦的场合，只要还有一个人，这个人就要继续战斗下去"，❶ 意志雄健，是英雄誓言。

毛泽东为刘胡兰烈士题写的"生的伟大，死的光荣"，❷ 为天安门广场人民英雄纪念碑题写的"人民英雄永垂不朽"，可歌可泣，是英雄祭。

"第一个决心是要牺牲升官！第二是要牺牲发财！第三更要下一个牺牲自己生命的最后的决心！"❸ 风骨豪迈，是英雄的情操。

"成千成万的先烈，为着人民的利益，在我们的前头英勇地牺牲了，让我们高举起他们的旗帜，踏着他们的血迹前进吧！"❹ 惊动千古，是英雄不死的呐喊。

"粪土当年万户侯"，"敢叫日月换新天"，放歌嘹亮，这是英雄的胜利宣言。

天下英雄谁敌手？毛泽东的英雄气，挟山超海，天地与立。

---

❶《毛泽东在七大的报告和讲话集》第32页，中央文献出版社1995年4月版。
❷《建国以来毛泽东文稿》第6册第297页，中央文献出版社1992年1月版。
❸《毛泽东文集》第2卷第119页，人民出版社1999年6月版。
❹《毛泽东在七大的报告和讲话集》第96页，中央文献出版社1995年4月版。

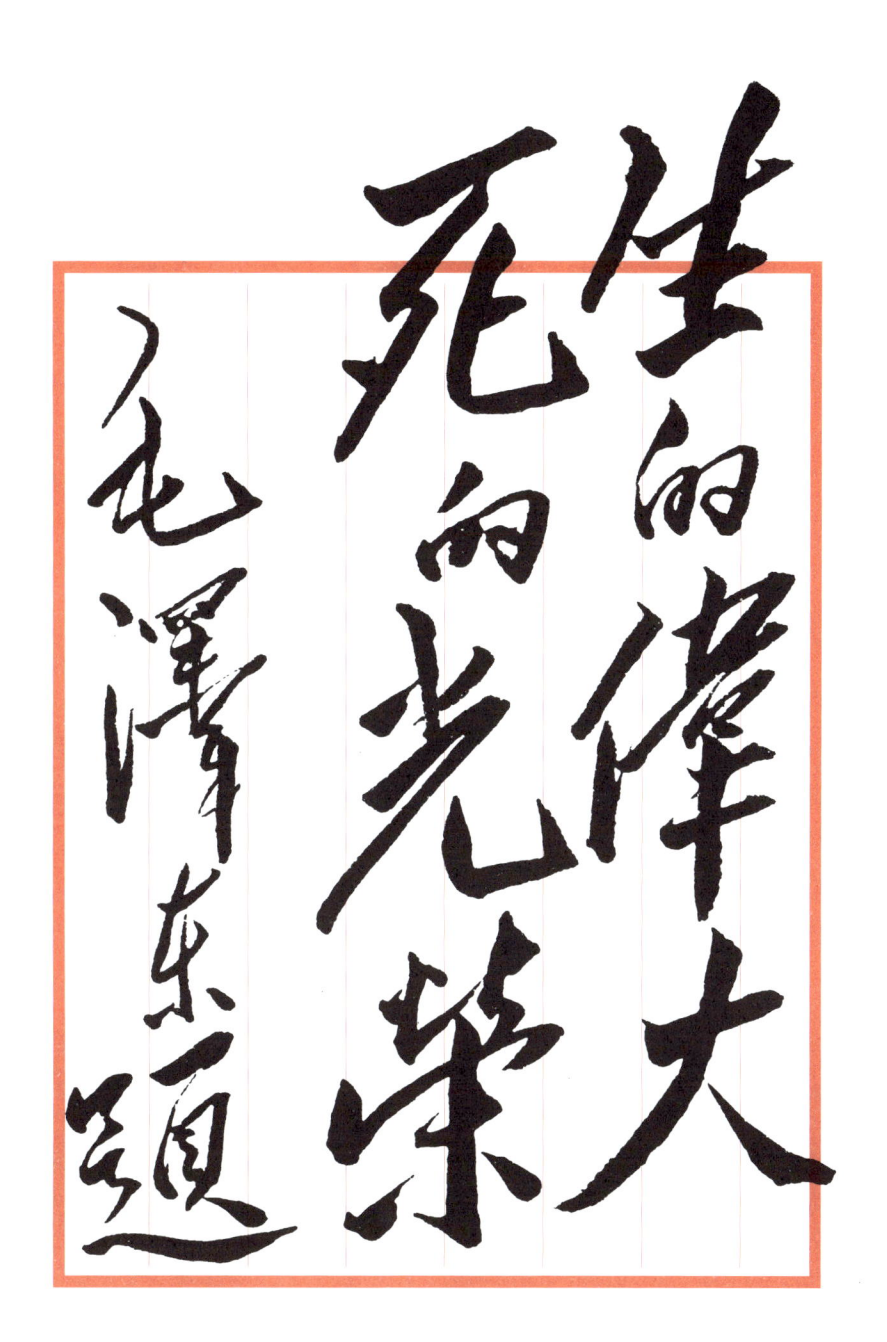

生的伟大,死的光荣

务实气

有论者称："毛泽东成功之道，简单地讲，还是那两个字：'务实'。……如果说毛泽东对中共革命有什么重要的理论贡献，那就是由此而形成的他再三再四讲的那个'从实际出发'的观点，那个'实事求是'的观点。"❶

毛泽东在湘楚学风的熏陶下成长。湘楚学风的特征就是务实。毛泽东继承了湘楚文化和中华文化中的实用理性精神，他的思想中，贯穿着强烈的务实学风。毛泽东的文章，也充满着务实的气息。

中国共产党成立初期，属于幼年的共产党，党的一些领导人空洞地引用经典的"本本"，盲目地指导中国革命。在幼年的中共"还不善于将马克思列宁主义的理论和中国革命的实践相结合"❷的时候，在别人"高调""空谈""耍花枪"的时候，毛泽东先着一

---

❶ 杨奎松：《谈往阅今——中共党史访谈录》第123页，九州出版社2012年3月版。

❷ 《毛泽东选集》第2卷第611页，人民出版社1991年6月版。

步，沉到乡村，深入革命一线，开始了马列主义与中国革命相结合的实践探讨。

翻开《毛泽东选集》，第一卷的前两篇文章都是调查报告。1927年，党内外对风起云涌的农民运动众说纷纭，毛泽东深入湖南农村作了32天的调查研究，写出了著名的《湖南农民运动考察报告》，驳斥了对农民运动的种种责难，提出中国革命继续深入发展必须依靠农民的根本问题。这个报告用事实说话，今天读起来，依然能够感受到毛泽东的务实作风。

毛泽东的文章都是紧贴中国革命的实际写作的。

1927年，中国共产党遭遇成立以来第一次全局性的失败。毛泽东拉起队伍，上了井冈山，造成武装割据，开辟出中国革命的第一块根据地。这在中共乃至全世界共产党中都没有先例。这个时期，毛泽东的《中国红色政权为什么能够存在？》《古田会议决议》《星星之火，可以燎原》《反对本本主义》等，开启中共的务实之风。

1927年至1934年毛泽东做了一系列调查，保存下来的调查报告有：《寻乌调查》《兴国调查》《东塘等处调查》《木口村调查》《赣西南土地分配情形》《分青和出租问题》《江西土地斗争中的错误》《分田后的富农问题》《长冈乡调查》《才溪乡调查》等。这当然不是毛泽东调查报告的全部。在残酷的战争年代中，他的许多调查报告没有保存下来。但仅仅这几个篇目，也是同时期领导人中最为丰富的。调查研究是毛泽东的一大法宝，是毛泽东务实学风文风作风的重要标识。

抗日战争刚开始的时候，共产国际派王明从苏联回到中国，王明的共产国际背景和一肚子"洋墨水"唬住了不少人。听过王明上课的同志回忆说："王明能说会道，讲起马列主义理论来滚瓜烂熟。延安一些高级干部也去听他讲马列主义理论课。他来上课时，后边常常跟着警卫员，捧着一大摞马列主义原著。讲起话来，什么甲乙丙丁、ABCD，引经据典，滔滔不绝。有时还留下一两个问题，告诉学员们，回去后查原著多少页，同学们回来一翻书，果不其然，连页码都不错。"❶ 王明这一招给人以知识渊博的印象，唬住了不少人。王明与毛泽东讨论问题时，王明总是说，这个问题，马克思怎么说的，列宁怎么说的。毛泽东问他："你说这些有什么用，能够解决中国的什么问题？光是书本知识是不能解决中国的什么问题的。"❷

延安时期，毛泽东批评一些人和一些文章"无实事求是之意，有哗众取宠之心"。他在《反对党八股》中说：共产党人靠实事求是吃饭。他还强调：共产党员应该是实事求是的模范。他要求，"按照实事求是精神，有则说有，无则说无，是则是，非则非"❸。毛泽东的"马克思主义中国化"的文章无不洋溢着实事求是的神韵。

你听他怎么说——

---

❶ 丁雪松：《中国第一位女大使丁雪松回忆录》第284页，江苏人民出版社2000年10月版。

❷ 《七大代表忆七大》第320页，上海人民出版社2006年7月版。

❸ 《毛泽东年谱（1949—1976）》第1卷第135页，中央文献出版社2013年12月版。

"什么问题最大？吃饭问题最大。"❶

"我在遵义会议上说过，教条主义一不懂得子弹会打死人，以弱小红军与强敌打阵地战，御敌人于国门之外，好像只有红军的子弹能打死人，白军的子弹打不死人。二不懂得人走路要用两只脚，几万人行军转移，照着地图下命令，连大炮、机器都要搬着跟上，好像人走路不要两只脚，可以直飞过去。三是不懂得人饿了要吃饭……"❷

毛泽东有一种语言本领，就是善于用务实而透彻的叙述抵达事物的本质。

"领导的阶级和政党，要实现自己对于被领导的阶级、阶层、政党和人民团体的领导，必须具备两个条件：（甲）率领被领导者（同盟者）向着共同敌人作坚决的斗争，并取得胜利；（乙）对被领导者给以物质福利，至少不损害其利益，同时对被领导者给以政治教育。没有这两个条件或两个条件缺一，就不能实现领导。"❸ 就是说，领导要带好队伍，必须给被领导者以成就感、获得感。这是地道的社会学、政治学的道理，揭示出领导的核心要义。

"一切空话都是无用的，必须给人民以看得见的物质福利。"有同志"或则是中了董仲舒们所谓'正其谊不谋其利，明其道不计其功'这些唯心的骗人的腐话之毒……我们不能饿着肚子去'正谊

---

❶《毛泽东早期文稿》第292页，湖南出版社1990年7月版。

❷《七大代表忆七大》第391页，上海人民出版社2006年7月版。

❸《毛泽东选集》第4卷第1273页，人民出版社1991年6月版。

明道'，我们必须弄饭吃，离开经济工作谈教育、学习，不过是多余的空话，我们必须重视经济工作。离开经济工作谈革命，不过是革财政厅的命，革自己的命"。他还告诫人们："食之者众，生之者寡，用之者疾，为之者舒，是要垮台的。"❶

"时间一变，你做的事便不能不变了。……了解这个，应用这个，便是辩证法，马克思主义会'变'的。""无论遇到什么困难，什么情况，如果走不通，我们就转一转弯。"❷毛泽东重视理论，更重视实践。他从不把理论当作僵死的教条，而是作为推动和指导实践的指南。

毛泽东把"实事求是"作为中国共产党的三大作风之一大力推行，这是中国共产党走向成功的关键。

陈云说：我仔细学习研究毛主席起草的文件、电报。当我全部读了毛主席起草的文件、电报之后，感到里面贯穿着一个基本指导思想，就是实事求是。那么，怎样才能做到实事求是？我的体会就是15个字：不唯上、不唯书、只唯实；交换、比较、反复。❸

在毛泽东的引领下，务实的作风成为中国共产党人气质中最重要的一部分。

解放战争时期，李先念给宣化店的学生讲话，要求学生们在突

---

❶ 《毛泽东文集》第2卷第465—467页，人民出版社1993年12月版。

❷ 齐得平：《我管理毛泽东手稿》第96、115页，中央文献出版社2015年1月版。

❸ 叶永烈：《他影响了中国——陈云全传》第374页，四川人民出版社、华夏出版社2013年4月版。

围时轻装前进，要跑得快，非急需的东西一样都不能带，包括书籍。学生代表说："我们不能不带书，那是马列的书啊。"李先念说："突围的时候，跑路跑得快就是马列。"❶你看，共产党人的思想多么务实、多么活泼。

"务实"这股气最难养成，一有风吹草动，稍微心浮气躁，就容易丢失。丢失之时，往往是跌跟斗之日。

邓小平说："实事求是是毛泽东思想的精髓。""我读的书并不多，就是相信毛主席的'实事求是'，过去我们打仗靠这个，今天我们搞建设搞改革还是要靠这个。"❷

---

❶ 李敦白口述、徐秀丽撰写：《我是一个中国的美国人——李敦白口述历史》第194页，九州出版社2014年6月版。

❷ 《邓小平文选》第3卷第382页，人民出版社1993年版。

哲学气

培根说：哲学使人深刻。马克思说：没有哲学，我就不能前进。

哲学亦是中华文化的主脑。

拨云见月，哲学使人深刻，也使诗词文章的境界更为深邃。"以智慧剑，破烦恼贼"，有了哲学，才能讲好故事，才能讲清道理。

一些文章之所以理论无力，无亮度无深味，一大原因是其中没有哲学。《金瓶梅》与《红楼梦》相比，它的最大差距就是缺乏哲学智慧。没有哲学，思之不透，言之不深。

毛泽东是人群中的精神中人，是党人军人中的哲人。在毛泽东心目中，哲学居于至高地位，哲学之外的其他著述不过是一些具体领域的总结和具体政策的表达，是哲学观点观察世界、结合实际的运用罢了。

毛泽东说："没有哲学家头脑的作家，要写出好的经济学来是不可能的。马克思能够写出《资本论》，列宁能够写出《帝国主义论》，因为他们同时是哲学家，有哲学家的头脑，有辩证法这个武

器。"❶ 毛泽东喜欢读《资治通鉴》，他说："《通鉴》写战争，真是写得神采飞扬，传神得很，充满了辩证法。"❷

毛泽东把哲学与政治融于一炉，形成自己的政治哲学。1966年2月，他同侄子毛远新聊天时说："你们青年人要学辩证法，学会用辩证法分析问题。比如我吧，我并不比别人聪明，但我懂辩证法，会用辩证法分析问题，不明白的问题用辩证法一分析就明白了，要好好学会用辩证法，这个作用很大。"

毛泽东先知觉后知，先觉觉后觉，哲学是他的武器。

毛泽东读谢灵运的《登池上楼》，批语道："通篇矛盾。进德智所拙，退耕力不任，见矛盾所在。此人一辈子矛盾着。想做大官而不能，'进德志所拙'也。做林下封君，又不愿意。一辈子生活在这个矛盾之中。晚节造反，矛盾达于极点。韩亡子房奋，秦帝鲁连耻。本自江湖人，忠义感君子，是造反的檄文。"❸ 用矛盾分析一篇诗文，分析一个人的一辈子，别开生面。

1957年1月，毛泽东说："水有水波，热有热浪。在一定意义上讲，走路也是起伏的，一步一步走就是起伏。唱戏也是起伏的，唱完一句再唱第二句，没有一口气唱七八句的。写字也起伏，写完一个字再写一个字，不能一笔写几百个字。这是事物矛盾运动

---

❶ 《毛泽东文集》第8卷第140页，人民出版社1999年6月版。
❷ 郭金荣：《毛泽东的晚年生活》第85页，教育科学出版社1993年2月版。
❸ 《毛泽东读文史古籍批语集》第3—4页，中央文献出版社1993年11月版。

的曲折性。"❶ 谁也没有想到，毛泽东前面那么多看似平常的铺垫，最后是为了说明一个哲学道理："事物矛盾运动的曲折性"。

"你要有知识，你就得参加变革现实的实践。你要知道梨子的滋味，你就得变革梨子，亲口吃一吃。你要知道原子的组织同性质，你就得实行物理学和化学的实验，变革原子的情况。你要知道革命的理论和方法，你就得参加革命。"❷ 从常识中求"理"，拿"梨子"等说哲学，《实践论》中的这一席话，生动地论述了认识与实践的关系。

"外因是变化的条件，内因是变化的根据，外因通过内因而起作用。鸡蛋因得适当的温度而变化为鸡子，但温度不能使石头变为鸡子，因为二者的根据是不同的。"❸ 用形象的小鸡与石头讲抽象的内因外因，老百姓一听就听懂了，就咧嘴笑了。

"我就把水的脾气研究了。水它是不淹死人的呀！水怕人，不是人怕水……。凡水皆可游的，这是个大前提。……除若干情况除外，比如说一寸之水就不能游，结了冰就不能游，有鲨鱼的地方不能游，有漩涡的地方如长江三峡也不能游。除若干情况外，凡水皆是可游的，这是大前提，从实践得来的大前提。比如武汉长江是水，结论是武汉长江是可以游的，比如汨罗江、珠江是水，是可游的，北戴河是可游的，它不是水吗？凡水皆是可游的。"用谁

---

❶ 《毛泽东文集》第7卷第200页，人民出版社1999年6月版。

❷ 《毛泽东选集》第1卷第287—288页，人民出版社1991年6月版。

❸ 《毛泽东选集》第1卷第302—303页，人民出版社1991年6月版。

都熟悉的"水"做例子，把演绎推理的"三段论"（大前提、小前提和结论），讲解得如此透彻。

"有生必有死，生、老、病、死，新陈代谢，这是辩证法的规律。人如果都不死，孔夫子现在还活着，该有两千五百岁了吧？那世界该成什么样子了呢？""我死了可以开个庆祝会。……你就讲，今天我们这个大会是个胜利的大会，毛泽东死了，我们大家来庆祝辩证法的胜利，他死得好。人如果不死，从孔夫子到现在，地球就装不下了。新陈代谢嘛，沉舟侧畔千帆过，病树前头万木春。这是事物发展的规律。"❶ 这里说的是生死辩证法。看破死亡，透着对生命的豁达与乐观。

毛泽东神识敏锐，呈"君师合一"之象，却不是皱着眉头当"导师"。他在诗文中常常把日常性、地方性的生活瞬间转换成为哲理道理，奇迹般地升华为形而上问题，微言大义，大义微言，既现实又超现实，既具体又抽象，散发着活泼泼的哲学气。这些触处机来、步步当下的文字，令人咀味不尽。

毛泽东看到一般群众听不懂哲学，不喜欢看哲学著作，就要求专家写大家看得懂、听得懂的哲学。毛泽东说："让哲学从哲学家的课堂上和书本里解放出来，变成群众手中的武器。"❷ "你们搞哲学的，要写实际的哲学，才有人看。书本式的哲学，难懂，写给谁看？……写哲学，能不能改变个方式。要写通俗的文章，要用

---

❶《毛泽东传》第 6 卷第 2748 页，中央文献出版社 2013 年 11 月版。
❷《人民日报》1966 年 9 月 11 日。

劳动人民的语言写。"❶

　　毛泽东把哲学从天上拉到地上，让它接上了地气，通上了人气。为了总结中国革命的经验教训，他写出《抗日游击战争的战略问题》，这是毛泽东军事思想的代表作之一，同时还是哲学著作，是用军事问题诠释哲学问题的范本。他的《实践论》和《矛盾论》，从哲学上分析革命的得失，从思想方法上解决对历史的认识，一下子牵住了问题的"牛鼻子"。李达写了一本通俗读物《〈实践论〉解说》，毛泽东赞扬说："这个《解说》极好，对于用通俗的语言宣传唯物论有很大的作用。""关于辩证唯物论的通俗宣传，过去做得太少，而这是广大工作干部和青年学习的迫切需要，希望你多多写些文章。"❷

　　毛泽东的名著《论十大关系》，"这十种关系，都是矛盾"。❸他的《关于正确处理人民内部矛盾的问题》，通篇仍是讲如何认识矛盾，处理矛盾。他把唯物辩证法贯彻到观察世界、分析问题和处理矛盾的具体实践中，运用娴熟，富有成效。

　　1964年8月24日，他同北大副校长周培源等人谈话，他说："一切个别的、特殊的东西都有它的发生、发展与灭亡。每一个人都要死，因为他是发生出来的。人类是发生出来的，因此人类也会灭亡。地球是发生出来的，地球也会灭亡。不过，我们说的人类灭亡、地球灭亡……是说有比人类更进步的东西来代替人类，是事物

---

❶ 《毛泽东年谱（1949—1976）》第5卷第548页，中央文献出版社2013年12月版。

❷ 《毛泽东书信选集》第407页，人民出版社1984年1月版。

❸ 《毛泽东文集》第7卷第44页，人民出版社1999年6月版。

发展到更高阶段。我说马克思主义也有它发生、发展与灭亡。这好像是怪话。但既然马克思主义说一切发生的东西都有它的灭亡，难道这话对马克思主义本身就不灵吗？说它不会灭亡是形而上学。当然马克思主义的灭亡是有比马克思主义更高的东西来代替它。"❶

他在《论十大关系》中还说："凡是历史上发生的东西，都要在历史上消灭。因此，共产党总有一天要消灭，民主党派也总有一天要消灭。……共产党，无产阶级专政，哪一天不要了，我看实在好。我们的任务就是要促使它们消灭得早一点。"❷

——看破人类，看见灭亡，看清任何文化都要经历生、老、病、死的过程。毛泽东看透了，并且清晰地说出来。他就是这样轻描淡写地讲出貌似"怪话"的哲学道理。

比如，在统一战线上，他提出"又联合又斗争""有理有利有节"的原则；在军事斗争中，提出"防御中的进攻，持久中的速决，内线中的外线"的方略；在斗争策略上，提出"在战略上藐视敌人，在战术上重视敌人"等，把握了主动权。

还有，毛泽东用"吃一堑长一智""不入虎穴，焉得虎子""知己知彼，百战不殆""眉头一皱，计上心来""无源之水，无本之木""一叶障目，不见泰山""一阴一阳之谓道""祸兮福所倚，福兮祸所伏""千里搭长棚，没有个不散的宴席"等，把中国传统的东西讲出了哲学新意。

---

❶ 《毛泽东文集》第8卷第391页，人民出版社1999年6月版。
❷ 《毛泽东文集》第7卷第35页，人民出版社1999年6月版。

还有,"失败是成功之母""前途是光明的,道路是曲折的""正义的事业一定胜利,我们的事业是正义的事业,所以我们的事业一定胜利"……充满了辩证法。在他的影响下,"实事求是""对立统一""一分为二"等辩证思想深入人心。

毛泽东讲哲学,于纷纷攘攘的世界和充满荆棘的革命道路上作"狮子吼",不仅仅在于使人增加积极的知识,还在于能够有效地解决革命中遇见的事理矛盾,更在于提高人们认识问题的能力和开启人们的精神境界。

骨气

　　骨气，是支撑一个人高昂头颅的气，是叫人挺直脊梁的气，是令人不弯曲膝盖的气，是奔腾在一个人血液中的不畏强暴、自尊自信自爱的气！

　　毛泽东有一身硬骨头，有一身傲霜雪的骨气。他的骨气与文气打成一片，造就出铁骨铮铮、骨气轩昂的文章。

　　"华人与狗，不得入内"，毛泽东目睹了半封建半殖民地的中国人民所受的压迫和歧视。他还痛心地看到，在外敌入侵、割地赔款、国势日蹙之下，一部分中国人自疑自贬、不断矮化，有"外国的月亮比中国的圆"的自卑气，精神上已经低人一头。以毛泽东为代表的共产党人闹革命，就是要让中国人民翻身得解放，把腰杆和头颅挺起来，活出中国人的尊严和自信。

　　"打掉自卑感，砍去妄自菲薄，破除迷信，振奋敢想、敢说、敢做的大无畏创造精神……"❶ "一切奴化的、封建主义和法西斯主

---

❶《建国以来毛泽东文稿》第 7 册第 236 页，中央文献出版社 1992 年 8 月版。

义的文化和教育，应当采取适当的步骤，加以扫除。"❶ 从毛泽东的话语中，我们经常可以感受到他在宣扬骨气，培植骨气，恢复和弘扬中华民族的骨气。

毛泽东热诚而敬重地歌颂中国人的民族气节。

他赞扬鲁迅："鲁迅的骨头是最硬的，他没有丝毫的奴颜和媚骨，这是殖民地半殖民地人民最可宝贵的性格。"

他评价柳亚子："像这样有骨气的旧文人，可惜太少，得一二个拿句老话说叫作人中麟凤……"❷

他赞扬闻一多、朱自清："我们中国人民是有骨气的。许多曾经是自由主义者或民主个人主义者的人们，在美帝国主义者以及其走狗国民党反动派面前站起来了。闻一多拍案而起，横眉怒对国民党的手枪，宁可倒下去，不愿屈服。朱自清一身重病，宁可饿死，不领美国的'救济粮'。"❸

毛泽东痛心而尖锐地批评一些国人身上存在的"奴才性格"。

"有些人做奴隶做久了，感觉事事不如人，在外国人面前伸不直腰，像《法门寺》里的贾桂一样，人家让他坐，他说站惯了，不想坐。"❹

"《法门寺》这个戏里有个角色叫贾桂，他是刘瑾的手下人。

---

❶ 《毛泽东选集》第3卷第1083页，人民出版社1991年6月版。
❷ 《毛泽东书信选集》第106页，人民出版社1984年1月版。
❸ 《毛泽东选集》第4卷第1495页，人民出版社1991年6月版。
❹ 《建国以来毛泽东文稿》第6册第104页，中央文献出版社1992年1月版。

刘瑾是明朝太监，实际上是个'内阁总理'，掌大权的人。有一次刘瑾叫贾桂坐下，贾桂说：'我站惯了。'不敢坐。这就是奴隶性。中国人当帝国主义的奴隶当久了，总不免要留一点尾巴。要割掉这个奴隶尾巴，要打倒贾桂的作风。"❶

"打倒贾桂！贾桂（即奴才）是谁也看不起的。"❷

在抗战最艰难的岁月，他说："我们中华民族有同自己的敌人血战到底的气概，有在自力更生的基础上光复旧物的决心，有自立于世界民族之林的能力。"❸ 铁骨铮铮。

在新中国即将成立的时候，他自豪地说："中国必须独立，中国必须解放，中国的事情必须由中国人民自己作主张，自己来处理，不容许任何帝国主义国家再有一丝一毫的干涉。"❹"我们有一个共同的感觉，这就是我们的工作将写在人类的历史上，它将表明：占人类总数四分之一的中国人从此站立起来了。""我们的民族将再也不是一个被人侮辱的民族了，我们已经站起来了。""让那些内外反对派在我们面前发抖吧，让他们去说我们这也不行那也不行吧，中国人民的不屈不挠的努力必将稳步地达到自己的目的。"❺ 掷地有

---

❶ 毛泽东1958年5月在八大二次会议上的讲话，参见陈晋《文人毛泽东》第463页，上海人民出版社1997年12月版。

❷ 《毛泽东外交文选》第315页，中央文献出版社、世界知识出版社1944年12月版。

❸ 《毛泽东选集》第1卷第161页，人民出版社1991年6月版。

❹ 《毛泽东选集》第4卷第1465页，人民出版社1991年6月版。

❺ 《毛泽东文集》第5卷第343—344页，人民出版社1999年6月版。

声,气冲云霄。中华民族1840年以来的屈辱历史从此宣告结束。

面对西方对中国最为严酷的技术封锁,毛泽东斩钉截铁地说:"多一点困难怕什么。封锁吧,封锁个十年八年,中国的一切问题都解决了。中国人死都不怕,还怕困难吗?"❶

新中国成立后,美国企图制造"两个中国"的事实,阻挠新中国恢复联合国的合法地位。毛泽东坚决维护祖国的统一,毫不动摇,他说:"我们决不上'两个中国'的贼船,不进联合国,中国照样生存,照样发展。我们下定决心,不管是喜鹊叫还是乌鸦叫,今年不进联合国。"❷ "不管是喜鹊叫还是乌鸦叫",神来之笔。

为了维护中国尊严和民族利益,以毛泽东为代表的共产党人不惜翻脸,敢于斗争。他说:"有人说美帝国主义是不好惹的,其实我们中国人民也是不好惹的。"❸ "现在中国人民组织起来了,是惹不得的。如果惹翻了,是不好办的。"❹

毛泽东是不好惹的。中国人民是不好惹的。毛泽东自豪地说:"中国人民将会看见,中国的命运一经操在人民自己的手里,中国就将如太阳升起在东方那样,以自己的辉煌的光焰普照大地,迅速

---

❶ 《毛泽东选集》第4卷第1496页,人民出版社1991年6月版。

❷ 乐畅:《毛泽东:到了联合国,要采取阿庆嫂的方针》,《光明日报》2012年10月28日。

❸ 《毛泽东年谱(1949—1976)》第1卷第566—567页,中央文献出版社2013年12月版。

❹ 《毛泽东年谱(1949—1976)》第2卷第163页,中央文献出版社2013年12月版。

地荡涤反动政府留下来的污泥浊水，治好战争的创伤，建设起一个崭新的强盛的名副其实的人民共和国。"❶

"我们战胜地球，建立强国，一定要如此！一定要如此！"❷

"请看今日之域内，竟是谁家之天下！"❸

"我们的目的一定要达到，我们的目的一定能够达到。"

毛泽东的骨气、中国共产党人的骨气和中国人民的骨气打成一片，铸就了有尊严、有操守、有力量的顶天立地的民族灵魂。

正如投身中国革命事业的美国人李敦白所说："毛泽东还做了一件很大的事情，就是恢复了中国的民气。我刚到中国的时候，做中国人不算一件特别好的事，不是一件令人自豪的事。中华人民共和国成立，中国人马上抬起头了，挺起胸了，宿命论受到了很大打击，改造了中国人的精神面貌，使人精神振奋。这其中，毛泽东个人起的作用最大。中国人民站起来了，世界的格局也因此而改变。"❹

毛泽东是改变中国国运的人。

---

❶ 《毛泽东选集》第4卷第1467页，人民出版社1991年6月版。

❷ 《建国以来毛泽东文稿》第8册第524页，中央文献出版社1993年1月版。

❸ 《毛泽东外交文选》第361页，中央文献出版社、世界知识出版社1994年12月版。

❹ 李敦白：《我是一个中国的美国人——李敦白口述历史》第298页，九州出版社2014年6月版。

辛辣幽默气

善于讽刺与幽默，是毛泽东文章的一大特色。

1965年7月，李宗仁夫妇回归祖国，毛泽东对他说："哈哈！德邻先生，你上当了！"李宗仁不禁为之一怔，只听毛泽东说："蒋介石骂我们做'匪'，你这次回来，岂不误上贼船了吗？"❶ 这是毛泽东的幽默。

> 车夫拉了一个整天，拉昏了，不识时宜的拉着乱跑。忽然背上飞到几个重拳，连忙叫"哎哟，了不得！"接着眼泪也下来了。本预备着吵嘴，一看，原来是他！就不敢说，拉着车飞也似的跑了。❷

这篇名为《原来是他》的文章写于1919年9月，71个字，字

---

❶ 林克：《我所知道的毛泽东——林克谈话录》第39页，中央文献出版社2000年2月版。

❷ 《毛泽东早期文稿》第407页，湖南出版社1990年7月版。

字消息，见人见物，见树见林。同情车夫，不动声色却异常尖锐地讽刺和揭露了那个"他"，那个霸道和欺负穷人的"他"。"他"没有露一面，没有一点声息，读者却看见了"他"的嘴脸。……我边读边叹边走神：毛泽东要是走上文学这条路，与他推崇的鲁迅有一比……

"可是国民党先生们啊，这些大好河山，并不是你们的，它是中国人民生于斯、长于斯、聚族处于斯的可爱的家乡。你们国民党人把人民手足紧紧捆住，敌人来了，不让人民自己起来保卫，而你们却总是'虚晃一枪，回马便走'。"这是毛泽东在《一切政治的关键在民众》一文中讽刺国民党不敢发动群众抗战时说的话。

"从十五日至二十五日十一天内，蒋介石三至沈阳，救锦州，救长春，救廖兵团，并且决定了所谓'总退却'，自己住在北平，每天睁起眼睛向东北看着。他看着失锦州，他看着失长春，现在他又看着廖兵团覆灭。总之一条规则，蒋介石到什么地方，就是他的可耻事业的灭亡。"❶ 毛泽东为新华社写的这则新闻叫《东北解放军正举行全线进攻》，是不是有点"眼看他起朱楼，眼看他宴宾客，眼看他楼塌了"的味道？

"蒋介石最近时期是住在北平，在两个星期内，由他经手送掉了范汉杰、郑洞国、廖耀湘三支大军。他的任务已经完毕，他在北平已经无事可做，昨日业已溜回南京。蒋介石不是项羽，并无

---

❶ 《毛泽东新闻作品集》第396页，新华出版社2014年10月版。

赤橙黄绿青蓝紫

'无面目见江东父老'那种羞耻心理。"❶ 在《评蒋傅军梦想偷袭石家庄》一文中，毛泽东以这样的黑色幽默来讽刺蒋介石军事指挥的无能。

"人民解放军横渡长江，南京的美国殖民政府如鸟兽散。司徒雷登大使老爷却坐着不动，睁起眼睛看着，希望开设新店，捞一把。司徒雷登看见了什么呢？除了看见人民解放军一队一队地走过，工人、农民、学生一群一群地起来之外，他还看见了一种现象，就是中国的自由主义者或民主个人主义者们也大群地和工农兵学生等人一道喊口号，讲革命。总之是没有人去理他，使得他'茕茕孑立，形影相吊'，没有什么事做了，只好夹起皮包走路。"❷ 这一段出自《别了，司徒雷登》，将国民党政府灭亡那一刻美国驻华大使形色仓皇的形态、心态、神态工笔刻画出来，情景跃然在眼前。

这种鞭辟入里的幽默文字在毛泽东著作中随处可见，读来令人捧腹叫绝。

毛泽东说："讽刺是永远需要的。"❸ 讽刺是文章的牙齿。没有讽刺，就没有力量。

"辣浪，风流爽快也。"（徐渭）毛泽东自称"辣党"，喜欢吃辣子，辣子投射到他的性格中，性格中就有些"辣"，"辣"的性

---

❶ 《毛泽东新闻工作文选》第261页，新华出版社1983年12月版。
❷ 《毛泽东选集》第4卷第1496页，人民出版社1991年6月版。
❸ 《毛泽东选集》第3卷第872页，人民出版社1991年6月版。

格投射到文章中，化为辣的思想观点、辣的创作笔法、辣的语言风格。

毛泽东笔法辛辣犀利，与他喜欢的鲁迅也有关系——鲁迅的文章异常辛辣。毛泽东赞扬鲁迅说："他用他那一支又泼辣、又幽默、又有力的笔，画出了黑暗势力的鬼脸，画出了丑恶的帝国主义的鬼脸，他简直是一个高等的画家。"[1]

毛泽东的辛辣讽刺，对敌人与同志是不一样的——

"所以我们常劝那些顽固分子，不要进攻八路军，不要反共反边区，如果他们一定要的话，那他们就应该做好一个决议案，在这个决议案的第一条写道：'为了决心消灭我们顽固分子自己和使共产党获得广大发展的机会起见，我们有反共反边区的任务。'"毛泽东替顽固分子"说话"，辛辣地画出了"反共反边区"的鬼脸，说出了他们忌讳的话——"消灭我们顽固分子自己和使共产党获得广大发展的机会"。

对敌人，讽刺是战士手中的匕首。对同志，讽刺乃至挖苦是医生治病救人的手术刀。讽刺幽默是语言艺术，当然也可以称之为斗争艺术。

曾志在回忆录中记载，井冈山时期，红四军政治部一位同志抄写布告时，漏写一个字，将"共产党"写成"共产"，毛泽东看到了生气地说："这不是一般性的错误，是原则性错误，国民党反动派不就是骂我们'共产'吗？！"毛泽东气得不愿见这位同志，他

---

[1]《毛泽东文集》第2卷第43页，人民出版社1999年6月版。

赤橙黄绿青蓝紫

说:"我不高兴看的人,我情愿看我的脚趾头!"[1]这话说得够狠,可能会伤害到同志。毛泽东说过:"对人民内部问题进行批评。锋芒也可以尖锐……文章要尖锐,刀利才能裁纸,但是尖锐得要帮了人而不是伤了人。"[2]

讥讽在毛泽东的文章中比较常见:

"听说去年评级的时候,就有些人闹得不像样子,痛哭流涕。人不是长着两只眼睛吗?两只眼睛里面有水,叫眼泪。评级评得跟他不对头的时候,就双眼长流。……他们是男儿有泪不轻弹,只因未到评级时。"[3]毛泽东批评一些同志闹个人名利时说。

"我们有些同志欢喜写长文章,但是没有什么内容,真是'懒婆娘的裹脚,又长又臭'。"[4]毛泽东批判党八股时说。

"墙上芦苇,头重脚轻根底浅;山间竹笋,嘴尖皮厚腹中空。"[5]毛泽东批判教条主义者时引用这副对联。

"一声不响,二目无光,三餐不食,四肢无力,五官不正,六亲无靠,七窍不通,八面威风,久(九)坐不动,十分无用。"毛泽东引用一首咏泥神诗为官僚主义画像,他说:"除了'三餐不食'这一点不像以外,官僚主义者的其他方面都很像一个泥塑木雕

---

[1] 曾志:《百战归来认此身——曾志回忆录》第103页,人民文学出版社2011年3月版。

[2] 《毛泽东文集》第7卷第265页,人民出版社1999年6月版。

[3] 《毛泽东文集》第7卷第284—285页,人民出版社1999年6月版。

[4] 《毛泽东选集》第3卷第833—834页,人民出版社1991年6月版。

[5] 《毛泽东选集》第3卷第800页,人民出版社1991年6月版。

神像。"❶

你看，毛泽东对同志的讽刺多么厉害，用了锋芒毕露的句子，有许多"苛刻"的话语，这是毛泽东文风的一大特点。为什么这样做？他曾多次解释：

"我写这些，言重了一些，但是我认为必须说，应该说。我必须在这种时候，不怕得罪一大批同志，否则事情不好办。"❷

"说理的首先一个方法，就是重重地给患病者一个刺激，向他们大喝一声，说：'你有病呀！'使患者为之一惊，出一身汗，然后好好地叫他们治疗。"❸

"我为什么要讲得这样厉害呢？是想讲得挖苦一点，对一些同志戳得痛一点，让这些同志好好地想一想，最好有两天睡不着觉。他们如果睡得着觉，我就不高兴，因为他们还没有被戳痛。"❹

"在气头上，说话有些过重，很不温文尔雅，因为不这样就不能使你们大吃一惊，三天睡不着觉。"❺

毛泽东还善于自嘲——

有个时期，全国各地到处竖立毛泽东塑像。毛泽东幽默地说："搞那么多塑像，大理石的、花岗岩的、不锈钢的。你们在家睡

---

❶ 毛泽东：《官僚主义的画像》，《中国青年》1949年第21期。
❷ 《建国以来毛泽东文稿》第8册第280页，中央文献出版社1993年1月版。
❸ 《毛泽东选集》第3卷第833页，人民出版社1991年6月版。
❹ 《建国以来毛泽东文稿》第10册第23页，中央文献出版社1996年8月版。
❺ 《毛泽东年谱（1949—1976）》第3卷第281页，中央文献出版社2013年12月版。

觉，让我在外边站岗，风吹日晒雨淋，好不残忍呀！"❶ "到处立像，日晒雨淋，可怜噢！"❷

毛泽东来到警卫战士宿舍，看见宿舍里挂着他的画像，就问："你们敬的是什么神啊？"❸

毛泽东在外地视察，遇到"五一""十一"，中央通知他赶回北京参加活动。他对身边人员说："五一、十一一到，就要回京'罚站'去了。"❹

一次，毛泽东在谈到和朱德的关系时，他风趣地说："朱毛啊，你是朱（猪），我是朱（猪）身上的毛。""你是红司令啊！人家讲你是黑司令，我总是批他们，我说是红司令。"❺ 幽默的笑谈，道出了两人之间的深情厚谊。

有时冷嘲，有时热讽；有的直接嘲讽，有的微文隐讽；或者讽刺人家，或者讽刺自己；幽人家一默，也幽自己一默。掌控讽刺幽默的气场，这是能力，也是自信，是在沧桑岁月的磨刀石上磨砺出来的练达与圆熟。

---

❶ 林克：《我所知道的毛泽东——林克谈话录》第40页，中央文献出版社2000年2月版。

❷ 《毛泽东年谱（1949—1976）》第6卷第399页，中央文献出版社2013年12月版。

❸ 谢静宜：《毛泽东身边工作琐记》第56页，中央文献出版社2015年1月版。

❹ 谢静宜：《毛泽东身边工作琐记》第95—96页，中央文献出版社2015年1月版。

❺ 《毛泽东年谱（1949—1976）》第6卷第513、514页，中央文献出版社2013年12月版。

书卷气

腹有诗书气自华。万卷书的精髓融入冰肌玉肤，涵养出高雅的气质和风度，此谓"书卷气"。

把采自他人书卷的精神，灌注到自家的文章中，开出自己的花朵，散发自己的芳香，是为文章中的"书卷气"。

艰难的长征路上，毛泽东一直带着文房四宝。身边工作人员说：文房四宝背着太沉了，把它扔了算了，到哪里找一个碗、弄一个缸不一样写吗？毛泽东说："文房四宝一定要背着。我要用我的文房四宝打败蒋介石、国民党。"❶ 我读毛泽东著作，每每被他的书卷气所吸引。

"书生意气，挥斥方遒。"李达在《中国共产党的发起和第一次、第二次代表大会经过的回忆》一文中回忆，书生出身的毛泽东，参加中共"一大"时，在"一个房子里，经常走走想想，搔首寻思。他苦心思索竟到这样的地步，同志们经过窗前向他打交道的时候，他都不曾看到，有些同志不能体谅，反而说他是个'书呆子'、'神经质'"。❷

---

❶ 朱向前：《经纶外 诗词余事 泰山北斗》，《光明日报》2020年9月4日。
❷ 《一大回忆录》第18页，知识出版社1980年版。

毛泽东弃文从武，惊心动魄的革命实践，将他身上的"书呆子气"洗涤一番，书生气带上了泥土香。毕竟是书生。他成为职业革命家之后，既读有字之书，又读无字天书，涵养精神，无愧于书生本色，平添了武人豪迈。

天地待见，中国共产党有一位每天读书的书香主席。《共产党宣言》他读了不下100遍，《红楼梦》至少通读5遍，皇皇二十四史篇篇都有他的圈点或批语……天生的诗人气质与后天的知识学养和丰富的革命实践相交融，形成毛氏著作中特有的书卷气。

毛泽东的文章在鲜明、准确、实用之余，缜密渊雅，文采自流，彰显出自家的见识和文气，冲决了党八股的枯槁之气；他的诗文中缥缈的缕缕书气、郁郁文气，令人着迷。

毛泽东在中共"七大"讲话中，说到如何对付国民党军队对解放区的进攻：

> 我们的原则是三条：第一条，不打第一枪，《老子》上讲"不为天下先"，我们不先发制人，而是后发制人。第二条，"退避三舍"，一舍是三十里，三舍是九十里，这是《左传》上讲晋文公在晋楚城濮之战中的事，我们也采取这样的政策。第三条，"礼尚往来"，这是《礼记》上讲的，礼是讲究往来的，"来而不往非礼也，往而不来亦非礼也"[1]。

---

[1] 《毛泽东在七大的报告和讲话集》第194页，中央文献出版社1995年4月版。

在浩瀚文献的深林密叶中拣择几枝，风轻云淡地阐明自家策略，残酷的战争之事通过文质彬彬的方式说出来，硝烟味儿与浓浓的书香味儿交织，别有一番趣味。

毛泽东日理万机，依然关注文史学术问题，常常阅读文史领域的学术争鸣文章，发表自己的意见。他关注《兰亭序》真伪问题的讨论，认为"笔墨官司，有比无好"。❶ 他对《红楼梦》研究更是格外关注，直把学术当政治，又把政治当学术，乃至学术问题以政治解决，别有意味。

1957 年 8 月，毛泽东阅读范仲淹的《苏幕遮》（碧云天）和《渔家傲》（塞下秋来风景异）后，写了一则批语：

> 词有婉约、豪放两派，各有兴会，应当兼读。读婉约派久了，厌倦了，要改读豪放派。豪放派读久了，又厌倦了，应当改读婉约派。我的兴趣偏于豪放，不废婉约。婉约派中有许多意境苍凉而又优美的词。范仲淹的上两首，介于婉约与豪放两派之间，可算中间派吧；但基本上仍属婉约，既苍凉又优美，使人不厌读。婉约派中的一味儿女情长，豪放派中的一味铜琶铁板，读久了，都令人厌倦的。人的心情是复杂的，有所偏但仍是复杂的。所谓复杂，就是对立统一。人的心情，经常有对立的成分，不是单一的，是可以分析的。

---

❶《毛泽东年谱（1949—1976）》第 5 卷第 511 页，中央文献出版社 2013 年 12 月版。

词的婉约、豪放两派，在一个人读起来，有时喜欢前者，有时喜欢后者，就是一例。❶

一支健笔拈出铢积寸累的学问。这段话胜义纷陈，既是对范仲淹两首词的评价，又是对中国诗词发表的重要意见，同时探讨了阅读心理。

1958年初，刘少奇在某个讲话中谈到贺知章的诗《回乡偶书》，"少小离家老大回，乡音无改鬓毛衰。儿童相见不相识，笑问客从何处来"，以此来说明唐人在外为官不带家眷。毛泽东听了，觉得不那么准确，回到自己的书房，翻阅了《全唐诗话》《旧唐书》等，对唐人在外为官带不带家眷进行考证。1958年2月10日上午，毛泽东写信给刘少奇，讲了自己考证的经过和所得出的看法，还随信给刘少奇送去了那本载有贺知章传的《旧唐书》，以供他参考。

少奇同志：

前读笔记小说或别的诗话，有说贺知章事者。今日偶翻《全唐诗话》，说贺事较详，可供一阅。他从长安辞归会稽（绍兴），年已八十六岁，可能妻已早死。其子被命为会稽司马，也可能六七十了。"儿童相见不相识"，此儿童我认为不是他自己的儿女，而是他的孙儿女或曾孙儿女，或第四代儿女，也当有别户人家的小孩子。贺知章在长安做了数十年太子宾客等官，同明皇有君臣而兼

---

❶ 《毛泽东文集》第7卷第304页，人民出版社1999年6月版。

友好之遇。他曾推荐李白于明皇，可见彼此惬洽。在长安几十年，不会没有眷属。这是我的看法。他的夫人中年逝世，他就变成独处，也未可知。他是信道教的，也有可能屏弃眷属。但一个九十多岁像齐白石这样高年的人，没有亲属共处，是不可想象的。他是诗人，又是书家（他的草书《孝经》，至今犹存）。他是一个胸襟洒脱的人，不是一个清教徒式的人物。唐朝未闻官吏禁带眷属事，整个历史也未闻此事。所以不可以"少小离家"一诗便作为断定古代官吏禁带眷属的充分证明。自从听了那次你谈到此事以后，总觉不甚妥当。请你再考一考，可能你是对的，我的想法不对。睡不着觉，偶触及此事，故写了这些，以供参考。

复寻《唐书·文苑·贺知章传》（《旧唐书·列传一百四十》，页二十四），亦无不带家属之记载。

近年文学选本注家，有说"儿童"是贺之儿女者，纯是臆测，毫无确据。❶

索引发微，左右参证，于无字缝中别立新解，分明是一篇考证小品，使的是"绣花针"功夫。一位政治家对一个学术问题的认真，比学者还学者，到了考据癖的程度。

1958年3月，中央召开成都会议，毛泽东六次即兴长篇讲话，

---

❶ 《毛泽东书信选集》第535—536页，人民出版社1984年1月版。

毛泽东给刘少奇的信（1958年2月10日）

属共产党，是断不可想像的。他是诗人，又是书画鉴赏家（他的草书尤精，至今珍贵。他又是胸杯磊落洒脱的人，决不是一个清教徒式的人物。唐终未闻李带眷属的，历史上更少一个历史也未闻此事。所以不可以小人部家言怀疑之。纯定古代官吏皆带眷属以充行证乎。闻之所，那次你们送到此了以后，继觉是不甚妥。请你再考一考，可改何呢？对的，我们想法改又可。睡不觉，偶触及此事，故写了这些，以供参改。

　　　　　　　毛泽东一九五八年二月十日上午十时

後尋唐书，文苑传，贺知章传（旧唐书列传一百四十页二十的），亦无不带家属之记载。

近年又迷本注家都有如此之说，必必为，感到意外意无所得。
纯

同时抽空选编了两本小册子，一是"唐宋人写的有关四川的一些诗和词"（47首）、一是"明朝人写的有关四川的一些诗"（18首），发给与会人员。他说："我们中央工作会议，不要一开会就说汇报，就说粮食产量怎么样，要务点虚，要虚和务实结合，我们可以解决钢铁的问题，煤的问题，同时我们也要拿出一点时间来谈谈哲学，谈谈文学，为什么不行呢？"❶ 只有毛泽东才能干出这么文学的事情。

1971年9月，林彪叛逃，用毛泽东的话说是"中央脸上无光，也是整个党无光"。❷ 毛泽东想起杜甫的"群山万壑赴荆门，生长明妃尚有村。一去紫台连朔漠，独留青冢向黄昏"，随口将"明妃"戏改为"林彪"："群山万壑赴荆门，生长林彪尚有村。一去紫台连朔漠，独留青冢向黄昏"。❸ 这一改，真是巧合无间，妙不可言。残酷的现实政治因为这一首诗变得生动活泼甚至"文气"起来。林彪事件之后，毛泽东反思，引用白居易的"周公恐惧流言日，王莽谦恭未篡时。向使当初身便死，一生真伪复谁知？"，来说识人难的道理。

一屋书，半床书，线装书青山乱叠，夹满纸条，毛泽东属于党内有学问的人。他在文章与谈话中，贯穿群籍，出入古今，那信

---

❶ 陈晋主编：《毛泽东读书笔记精讲》第4卷第259页，广西人民出版社2017年9月版。毛泽东选编的这两本小册子后来结集为《诗词若干首——唐宋明朝诗人咏四川》，由四川人民出版社1979年4月出版。

❷ 《毛泽东年谱（1949—1976）》第6卷第419页，中央文献出版社2013年12月版。

❸ 林克：《我所知道的毛泽东——林克谈话录》第51页，中央文献出版社2000年2月版。

手拈来、化为我用的功夫，让人惊叹他的脑子里得"储存"多少典籍啊。可是，他不卖弄学问，文章中没有文人腔和名人腔，他的大学问与工农兵的大质朴结合起来，达到了和谐的境地。

我读毛泽东著作，每每感到：口诛笔伐，破坏旧文化，他是中国封建文化的埋葬之人；燃灯续焰，建立新文化，他是中华传统文化的托命之人。

平民气

钱谦益说:"文章者,天地英淑之气,与人之灵心结习而成者也。与山水近,与市朝远;与异石古木哀吟清唳近,与尘埃远;与钟鼎彝器法书名画近,与世俗玩好远。"毛泽东的文字,近山水,近金瓯,近书卷,亦近市朝,近尘埃,近世俗。他的许多文字是钢铁铸成的,而那些泛着平民气、乡土气的文字则是肉做的。

毛泽东是农民的儿子,与平民跟乡土有天然的感情联系,他对普通民众有一种朴素的情感。他始终站在小人物这一边,彰显和发展小人物的优点,给地位最低下的人以自尊心,让小人物在树立自豪感中成长,掌握自己的命运。

有论者称:"毛泽东的经历及性格,使他往往自觉不自觉地把自己摆在了'小人物'、'下等人'、'穷人'和'被压迫者'的地位,并形成了一种对'大人物'、'上等人'、'富人'和'压迫者'的极端轻蔑与反感。"[1] 这个说法有一些道理。

---

[1] 杨奎松:《毛泽东与莫斯科的恩恩怨怨》第568页,广西师范大学出版社2012年7月版。

"卑贱者最聪明，高贵者最愚蠢。"毛泽东的革命，要把颠倒的历史再颠倒过来。当"高贵者"把底层人视为渣滓，向"卑贱者"投来异样的、鄙视的目光时，他反其道而行之，将"卑贱者"高高举起，称赞他们是推动历史发展的"风流人物"，让小人物当家作主人。这是他一贯坚持的平民本位思想而非精英本位立场。

贵族气、"上等人"气、官僚气，以及金满箱、银满箱的俗气，不属于毛泽东。毛泽东的思想和文章沾着泥香，富有深厚的乡土底蕴，贯穿着亲切的平民气。

平民气，就是"下里巴人"的气息，它接"地气"，是人间烟火气。毛泽东有平民情怀，凡事打底层着想。

延安时代，有一天下雨打雷，打死一位县长，还打死了农民的一头牛，有个老百姓说："雷公怎么不打死毛泽东。"有关部门要把这个人抓起来，毛泽东知道了，不许抓人。他想到的是：老百姓为什么说"雷公怎么不打死毛泽东"？共产党做了什么错事引起了老百姓的反感？经过调查发现，这一年公粮征多了。中共中央因此决定，减征公粮，精兵简政，开展大生产运动。❶

新中国成立后，有一段时间下面反映，农民存在"瞒产"问题。"瞒产"这在公家看来，显然是不对的，为的是少交公粮，给自己多留一点，私心杂念嘛。有人提出开展"反瞒产运动"。毛泽东说："我对隐瞒产量是寄予同情的。……为什么瞒产？有很多原因，最主要的原因是想多吃一点，值得同情。瞒产，除了不

---

❶《毛泽东在七大的报告和讲话集》第211页，中央文献出版社1995年4月版。

老实这一点以外，没有什么不好。隐瞒了产量，粮食依然还在。瞒产的思想要批判，但是对发展生产没有大不了的坏处。虚报不好，比瞒产有危险性。"❶ 他甚至说："我一听农民瞒产就高兴，藏粮于民，好啊！"❷ 听到这体贴心意的话，感觉说话人有个好心眼，好心眼说出来的道理具有淳朴人性的善良。如果没有草根经历，没有平民情怀，是不会对"瞒产"予以同情和理解的。

毛泽东在说到社会主义的优越性时说："无产阶级专政的国家，一定可以做到有菜吃，有油吃，有猪吃，有鱼吃，有菜牛吃，有羊吃，有鸡鸭鹅兔吃，有蛋吃。"❸ "搞社会主义，不能使羊肉不好吃，也不能使南京板鸭、云南火腿不好吃……在社会主义社会里，羊肉、鸭子应该更好吃，更进步，这才体现出社会主义比资本主义进步，否则我们在羊肉面前就没有威信了。"❹ 造语奇峻，匪夷所思，句子一个比一个惊人，且有烟火气。深邃的思想通过质朴的语言表达出来，这是老百姓听得懂、喜欢听的话语。

1956年11月，毛泽东讲到军队要艰苦奋斗时，针对有的同志拿解放军吃酸菜同资本家吃饭五个碗作比较而有怨言的现象，这样说道："你是五个碗，我们吃酸菜。这个酸菜里面就出政治，就出模范。解放军得人心就是这个酸菜，当然，还有别的。现在部

---

❶ 《毛泽东新闻工作文选》第211页，新华出版社1983年12月版。
❷ 谢静宜：《毛泽东身边工作琐记》第100页，中央文献出版社2015年1月版。
❸ 《毛泽东文集》第8卷第70页，人民出版社1999年6月版。
❹ 转引自梁衡的《文章大家毛泽东》。

队的伙食改善了，已经比专吃酸菜有所不同了。但根本的是我们要提倡艰苦奋斗，艰苦奋斗是我们的政治本色。"❶ 从"酸菜"里面讲出政治，讲出艰苦奋斗的本色。这样的话，没有平民情怀讲不出来。

毛泽东读宋玉的《风赋》，读出赋中有"贵族之风"与"贫民之风"；毛泽东读佛经，读出佛经中有"上层人的佛教"与"劳动人民的佛教"。他说："我不大懂佛经，但佛经也是有区别的。有上层人的佛经，有劳动人民的佛经，如唐朝时六祖（慧能）的佛经《六祖坛经》就是劳动人民的。"❷ 这种区分与评价，毛氏独创，反映出毛泽东看问题时的人民意识和平民视角。

毛泽东思想中的"平民气"，转化为为劳动人民服务的一系列方针和政策。

以文艺为例。《在延安文艺座谈会上的讲话》中，毛泽东褒"下里巴人"而贬"阳春白雪"，提倡文艺为工农兵服务的方向。文艺，曾经为宗教服务、为宫廷服务、为士大夫服务、为有钱人服务、为自己服务、为艺术而艺术，毛泽东鲜明地提出"为工农兵服务"。在毛泽东的推动下，工农兵的形象成为小说、舞台、诗歌、绘画中的主角——一改从前文艺作品中多是帝王将相、才子佳人、花花草草的传统局面；民歌、秧歌、剪纸这些向来野蛮生长、自生

---

❶《毛泽东文集》第7卷第162页，人民出版社1999年6月版。

❷《毛泽东西藏工作文献》第215页，中央文献出版社、中国藏学出版社2008年7月版。

自灭、不登大雅之堂的民间艺术，前所未有地上升到国家艺术的高度。

1944年1月9日晚上，毛泽东观看中央党校师生自编自演的平剧《逼上梁山》，当晚即给编剧和导演杨绍萱、齐燕铭写信，称赞他们的戏是"旧剧革命的划时期的开端"。他说："历史是人民创造的，但在旧戏舞台上（在一切离开人民的旧文学旧艺术上）人民却成了渣滓，由老爷太太少爷小姐们统治着舞台，这种历史的颠倒，现在由你们再颠倒过来，恢复了历史的面目，从此旧剧开了新生面，所以值得庆贺。"❶

以毛泽东为代表的共产党人创立一个人民当家作主的共和国。继儒释道三足鼎立的中华文化传统之后，共产党开启了一个新传统：工农兵传统。

与平民气相一致的是乡土气，这也是毛泽东文章中散发出来的"气"。

毛泽东的《湖南农民运动考察报告》中记录着这样的情景和细节："'我出十块钱，请你们准我进农民协会。'小劣绅说。'嘻！谁要你的臭钱！'农民这样回答。""反对农会的土豪劣绅的家里，一群人涌进去，杀猪出谷。土豪劣绅的小姐少奶奶的牙床上，也可以踏上去滚一滚。"❷透过这些反映农民革命的鲜活形象的文字，

---

❶ 《毛泽东年谱（1893—1949）》中卷第490—491页，中央文献出版社2013年12月版。

❷ 《毛泽东选集》第1卷第14、16页，人民出版社1991年6月版。

我们看到作者的立场——他的屁股跟农民坐在一张板凳上。

毛泽东在延安抗大的一次演讲中说："你们出去打游击，要学习，读的是无字书，一本'无字天书'，看到什么就跟着什么学习，如果我们跟房子学习，不跟石头学习，走得不好，就是一跤，把牙齿碰掉两只——石头反对你。所以我说，要跟山学，跟水学，跟树林学，还要跟茅厕里的大粪学。你说，大粪有什么学头！不学，它就请你一跤跌进去。"[1] 话粗理不粗。庄子说："道在瓦砾中，在屎尿间。"毛泽东这满满乡土气息的话语中，包含着他的世界观方法论。

美国总统乔治·布什在1975年10月陪同基辛格见到毛泽东，他发现毛泽东"在正常的外交谈话中常说一些中国的乡村土话，比如他在谈话中，他谈起中美关系中一个无关紧要的具体问题时，说其重要性不过是'放狗屁'"。(《布什自传》)

不避俗字俗语，这是毛泽东的风格。

---

[1] 齐得平：《我管理毛泽东手稿》第85—86页，中央文献出版社2015年1月版。

毛泽东给杨绍萱、齐燕铭的信（1944年1月9日）

历史的作用，因此应当开了祝生庆，所以值得庆贺。郭沫若在历史方面做了很多的工作，你们则在高度方面做了此種工作。你们这个开端很是好到鞭策到北方的開端，希望到此一发不可更兴，带者你们多编多写，蔚成风气，推向全國去！

敬礼！

毛泽东 敬复

「非学习语言不可」

毛泽东对语言的要求与实践

语言的秘密是最内在的秘密。历史上重大的社会变更往往和语言有关。西方的文艺复兴是一次思想的"换血",也是一场语言的"革命"。中国的五四运动开启白话文对文言文的革命。毛泽东的延安整风,一个重要内容是"反对党八股以整顿文风"。毛泽东致力于破坏党八股,用新的革命的语言讲述"马克思主义中国化"的故事,树立起一代新文风。

语言还是一个著作家最鲜明的风格和标识。

维特根斯坦说:"我语言的边界便是我世界的边界。"毛泽东的文章超越国土的边界,成为世界流行语,思想是内核,语言是"翅膀"。毛氏语言拍着自己的翅膀飞翔,把毛泽东的著作和思想带向四面八方。

毛泽东上接孔孟,下连工农,立足中国,放眼世界,汲古今中外语言之精髓,形成独特的语言风格。

毛泽东的言语所在,即为毛泽东的疆土所在。

如何学习语言

语言是学来的。

毛泽东在《反对党八股》中说:

> 为什么语言要学,并且要用很大的气力去学呢?因为语言这东西,不是随便可以学好的,非下苦功不可。
>
> 第一,要向人民群众学习语言。人民的语汇是很丰富的,生动活泼的,表现实际生活的。我们很多人没有学好语言,所以我们在写文章做演说时没有几句生动活泼切实有力的话,只有死板板的几条筋,像瘪三一样,瘦得难看,不像一个健康的人。
>
> 第二,要从外国语言中吸收我们所需要的成分。我们不是硬搬或滥用外国语言,是要吸收外国语言中的好东西,于我们适用的东西。因为中国原有语汇不够用,现在我们的语汇中就有很多是从外国吸收来的。例如今天开的干部大会,这"干部"两个字,就是从外国学来的。我们还要多多吸收外国的新鲜东西,不但要吸收他们的进

步道理，而且要吸收他们的新鲜用语。

第三，我们还要学习古人语言中有生命的东西。由于我们没有努力学习语言，古人语言中的许多还有生气的东西我们就没有充分地合理地利用。当然我们坚决反对去用已经死了的语汇和典故，这是确定了的，但是好的仍然有用的东西还是应该继承。

现在中党八股毒太深的人，对于民间的、外国的、古人的语言中有用的东西，不肯下苦功去学，因此，群众就不欢迎他们枯燥无味的宣传，我们也不需要这样蹩脚的不中用的宣传家。什么是宣传家？不但教员是宣传家，新闻记者是宣传家，文艺作者是宣传家，我们的一切工作干部也都是宣传家。比如军事指挥员，他们并不对外发宣言，但是他们要和士兵讲话，要和人民接洽，这不是宣传是什么？一个人只要他对别人讲话，他就是在做宣传工作。只要他不是哑巴，他就总有几句话要讲的。所以我们的同志都非学习语言不可。❶

如何学习语言？从哪里学习语言？

毛泽东说，要学习老百姓的语言，学习外国的语言，学习古人的语言。民间语、外来语和古汉语，是现代汉语的三大块资源，毛泽东全讲到了，在没有见到外星人语言之前，主要是这三个方

---

❶ 《毛泽东选集》第 3 卷第 837—838 页，人民出版社 1991 年 6 月版。

面。毛泽东说："我讲过一个'古今中外法'，就是：屁股坐在中国的现在，一手伸向古代，一手伸向外国。"用好三种语言资源，给自己的语言接元气，接地气，接"洋气"，就得到了活气，这是语言行家里手的经验之谈。

古人的语言，主要是指古代诗文中的语言，那是少数天才、大师和巨匠在漫长的写作中建立起来的语言王国，是语言的大雅之堂，是语言的根基所在。1910年下半年，毛泽东在湘乡东山高等小学读书，一度喜欢上梁启超的文章，并仿效梁的文笔作文。他的老师袁仲谦不喜欢梁的文章，让毛泽东去钻研韩愈的文章，改写古文。毛泽东从旧书摊买了一套《韩昌黎全集》，仔细阅读，还摘抄到《讲堂录》中。1936年毛泽东在同斯诺谈话时说："我不得不改变我的文风，去钻研韩愈的文章，学会了古文的用字。所以，多亏袁大胡子，今天我如果需要的话，仍然能够写出一篇过得去的古文。"[1]对经史诸子的大量阅读，对古典诗文的反复研习，使毛泽东练就一手作文吟诗的功夫。

外来的语言，自有其不同于汉语的异质的文法，是吹向汉语的新风。毛泽东的文章中也有一些欧化的句子，也使用了许多佛教的词汇。像"瞎子摸象""猛击一掌""放下屠刀，立地成佛""隔靴搔痒""同床异梦""无事不登三宝殿""引玉之砖""一厢情愿""回头是岸""一丝不挂""对牛弹琴""一知半解""做天和尚撞天钟""闭门造车"等，都是佛教词汇，毛泽东在这些出自佛典

---

[1]《毛泽东自述》第26页，人民出版社1993年2月版。

的词语中装进了新思想。

民间的老百姓语言,是日常生活中使用的语言,根植于原生语言,来自于身体、生活和大地,生生不息,是活的语言。民间有语言的暗河,是语言宝库的富矿。毛泽东喜欢民歌,曾经收集民歌,这是他学习和汲取民间语言的一个渠道。他在《反对党八股》中批评有些人"语言无味,像个瘪三"。"瘪三"是吴语词,是个民间词汇。毛泽东的文章中有人间烟火,跟他善于学习民间语言有关。

1951年6月,经过毛泽东修改的《人民日报》社论《正确地使用祖国的语言,为语言的纯洁和健康而斗争》一文中,有这样一段话:"我们的语言经历过多少千年的演变和考验,一般地说来,是丰富的,精练的。我国历史上的文化和思想界的领导人物一贯地重视语言的选择和使用,并且产生过许多善于使用语言的巨匠。他们的著作是保存我国历代语言的宝库,特别是白话小说,现在仍旧在人民群众中保持着深刻的影响。我们应当继续发扬我国语言的光辉传统。"

学习群众语言,这是现实的;

学习外国语言,这是横向的;

学习古人语言,这是纵向的。

这是学习语言的三大通道。贫乏的语言无法表达丰富的世界,总有词语无法表达的部分。语言越是丰富,越是能够抵达更为精密和活泼的精神境界。

语言学家罗莘田说:"尝欲恢宏词汇,约有四途:蒐集各行各业之惯语,一也;容纳方言之新词,二也;吸收外来语之借字,三也；董理话本语录戏曲小说中之恒言，四也。四术虽殊，归趋则一。""罗氏四途"与"毛氏三要"，含义相近，都是学好语言的真经。

毛泽东善于使用群众语言

老百姓的语言中，保存着中国五千年历史的老传统，保有着历代先民日常使用的活生生、水灵灵的言语，许多是从书本上看不到的。那溪流河汊、渔樵杂处的方言土语，有真精神。仲尼有言"礼失而求诸野"，语言也需要求诸乡野，需要向民间学习，从老百姓那里取经，为白话文"招魂"。

毛泽东批评说："现在我们有许多做宣传工作的同志，也不学语言。他们的宣传，乏味得很；他们的文章，就没有多少人喜欢看；他们的演说，也没有多少人喜欢听。"他提倡深入群众，熟悉和学习人民的语言："要打成一片，就应当认真学习群众的语言。如果连群众的语言都有许多不懂，还讲什么文艺创造呢？英雄无用武之地，就是说，你的一套大道理，群众不赏识。"❶

毛泽东的文章大家爱看爱听，一大因素是他的语言生动活泼，生动活泼的一大原因是他善于用群众语言说话，用得恰到好处。

"有人说美帝国主义是不好惹的，其实我们中国人民也是不好

---

❶ 《毛泽东选集》第3卷第851页，人民出版社1991年6月版。

惹的。""现在中国人民组织起来了,是惹不得的。如果惹翻了,是不好办的。""不好惹"这是群众语言,用得活灵活现。

毛泽东善于学习和使用民间语言、老百姓的语言。他的文章中,一方面用大词高蹈于意识形态的天空,另一方面采用了许多群众语言,特别是俚语俗语,接上了地气。灵活地使用民间语言,是毛泽东对革命白话文的一大贡献。

比如,他文章中使用的"夹紧尾巴做人""害怕得要死""搅得稀烂""闹得乌烟瘴气""忙得不可开交""打烂坛坛罐罐""搬起石头砸自己的脚""要把官僚主义这个极坏的家伙抛到粪缸里去"等,这些个都是群众语言。他用民间语言及其日常化的句子,解释和阐述大关节的问题。

再比如,他用"叶公好龙"的故事来比喻一些假革命者,用"不入虎穴,焉得虎子"来比喻认识之依赖于实践,用"放下包袱"来说明不要骄傲也不要自弃,用"开动机器"来引导大家多用脑子,用"洗脸扫地"来形容经常作自我批评的必要,用"有的放矢"来解释理论应当结合实际。他说国民党"挂了统一这个羊头,卖他们的一党专制的狗肉,死皮烂脸,乱吹一顿,不识人间有羞耻事",一派生动活泼,一扫八股气息。

现在大家都知道毛泽东在《反对党八股》中使用的一句俗语"懒婆娘的裹脚,又长又臭",这其实是毛泽东改造过的俗语。相声表演艺术家侯宝林说:"毛泽东非常讲究语言艺术,他使用语言可贵之处就在于变化。比如一句俏皮话,过去是这样说的:'老太太的裹脚条子——又臭又长。'这句话的打击面太大了,把所有老太太都得罪了。毛主席就把这话改为：'懒婆娘的裹脚，又长又臭。'前边加一个'懒'字，就给'又臭又长'定了性。"❶ 侯宝林敏锐地发现毛泽东使用和改造民间俗语的妙处。

毛泽东使用的民间语言，是大众化的语言，是民族化的语言，是他继承性吸收、学习后消化和改造后重构的语言，是文化重心下沉的语言。所以，工人、农民、士兵听了他的讲话不以为深，教授、文人、学者听了不以为浅。

毛泽东把俗话、谚语、方言、乡村口语乃至民间的野词儿，用于政治论文和政治演说，用于动员革命和打击敌人，开创了革命白话的新境界。

1965年1月，印度尼西亚宣布退出联合国，在国际上引起强烈反响。当时我国不是联合国成员。毛泽东提出，中国政府要发个声明支持印尼。外交部把声明写好了，送毛泽东审阅。毛泽东加写了一句话："有人说联合国老虎屁股摸不得！苏加诺总统就是摸了这个老虎屁股……"当时外交部长助理乔冠华一看到毛泽东加写的这句话，连声赞叹："主席真高！主席真高！"当翻译人员担心"屁股"这个词太直露时，乔冠华说"怎么就这样害怕'直露'！你们要晓得，主席加的话，妙就妙在这个'形'上！'形'之不在，'神'将焉附？"❷

---

❶ 侯鑫主编：《一户侯说——侯宝林自传和逸事》，五洲传播出版社2007年8月版。

❷ 李景贤：《给毛主席当"高翻"》，《秘书工作》2016年第4期。

毛泽东的句子

一篇文章，一张报纸，如果没有让人眼睛一亮的句子，总会让人失望。记得有一次连着开几天会，没有听到一句让人难忘的话——除了念错字。会场沉闷，我亦郁闷，一位"笔杆子"对我耳语道：念稿子的人和写稿子的人真笨，不是一般的笨，简直是太笨了，比笨还笨，连一个好句子都弄不出来……

"为人性僻耽佳句，语不惊人死不休。"诗人杜甫曾问："佳句法如何？"

美国作家海明威说，创作的诀窍之一是"寻找属于自己的句子"。

好句子，靠思想支撑，靠文采装点。

毛泽东的每篇文章中，差不多都有脍炙人口的句子，还有一些亮晶晶的精彩段落，即便是那些大家熟悉的道理，经他之口，说出来往往更加漂亮，叫人眼前一亮。这是毛泽东文章吸引人的地方——他的文本美学。

孔子说"不学诗，无以言"，不学习《诗》，无有文采，就不会说话，说出来的话干巴巴的，不好听。

佛经中有个句子叫"不二法门"。什么叫不二法门？南怀瑾说："不二就是一嘛，你说'一个法门'，好不好听？讲'不二法门'，文学味道就好多了，这就是文字般若，文字好，可以把境界提高。"（南怀瑾：《维摩诘的花雨漫天》）

毛泽东说："不搞一点文学，言之无文，行而不远。"[1]文学作品里有文学那是必需的，政治论文以及公文等也需要一些文学形式及文学化的表达。老子、孔子、孟子、庄子、荀子、韩非子……诸子的著述都有很强的文学性，《左传》《国语》《战国策》，特别是《史记》，也把故事、思想托于文学。文学这个"酒瓶"，可以装各种内容的"酒"。

文字的长河中大浪淘沙，那些轻浮的文章被冲洗得无影无踪，能够留下来的大多是文质彬彬者、雅义丽辞者。譬如那晋代书法家多多，传下来的唯有王羲之和《兰亭集序》。那些思想美、文字美、表达美的句子，流淌在人的心中，滋养着人的生命。

在政治论文、政治言说中使用文学化的语言，写文采飞扬的句子，是毛泽东文章的一大特色。他曾经毫不客气地批评说："你们是文学家，文也不足。不足以唤起读者注目。……用字太硬，用语太直，形容词太凶，效果反而不大，甚至使人不愿看下去。"[2]他的意思是要人们锤炼句子，在文章中写出让人眼睛一亮的东西来。

---

[1] 《毛泽东年谱（1949—1976）》第3卷第291页，中央文献出版社2013年12月版。

[2] 《毛泽东年谱（1949—1976）》第3卷第285页，中央文献出版社2013年12月版。

毛泽东的一些句子非常出色，成为流行的警句与格言。顾随说："读书要看警句，必有与一己之心相合者。"毛泽东自具手眼，制造了许多朗朗上口、掷地有声的政治言论和标语口号，多有佳构，时有谠言，成为众口交赞的妙语。网友有许多对毛泽东"金句"（即"警句"）的总结归纳，比如：

最写意的一句话：江山如此多娇！

最让女子自豪的一句话：妇女能顶半边天。

最具奥运精神的一句话：文明其精神，野蛮其体魄！

最体现体育本质的一句话：友谊第一，比赛第二。

最具胸怀的一句话：古为今用，洋为中用，百花齐放，推陈出新。

最有鼓动性的一句话：哪里有压迫，哪里就有反抗！

最有凝聚力的一句话：军民团结如一人，试看天下谁能敌！

最管用的兵法：你打你的，我打我的，打得赢就打，打不赢就跑。

最具有挑战性的一句话：要扫除一切害人虫，全无敌！

最充满希望的一句话：世界是你们的，也是我们的，但是归根结底是你们的。你们青年人朝气蓬勃，好像早晨八九点钟的太阳。希望寄托在你们身上。

最高瞻远瞩的一句话：中国人民有志气有能力，一定能在不远的将来赶上和超过世界先进水平！

最具爱情观的一句话：世界上没有无缘无故的爱，也没有无缘无故的恨。

最无奈又最神秘的一句话：天要下雨，娘要嫁人，由他去吧！

最悲壮的一句话：苍山如海，残阳如血！

最震撼世界的一句话：中国人民从此站起来了！

最傲气的一句话：一切反动派都是纸老虎！

最谦虚的一句话：夺取全国胜利，这只是万里长征第一步。

最鼓舞人心的一句话：星星之火，可以燎原。

最正气凛然的一句话：人不犯我，我不犯人；人若犯我，我必犯人！

最自信的一句话：自信人生二百年，会当水击三千里！

最刻骨铭心的一句话：枪杆子里面出政权！

最清醒的一句话：在战略上要藐视敌人，在战术上要重视敌人！

最惊心动魄的一句话：让人讲话，天不会塌下来，自己也不会垮台。不让人讲话呢？那就难免有一天要垮台。

最揭示真理的一句话：人民，只有人民，才是创造世界历史的动力！

最有哲理的一句话：凡是敌人反对的，我们就要拥护；凡是敌人拥护的，我们就要反对！

最有志气的一句话：自己动手，丰衣足食！

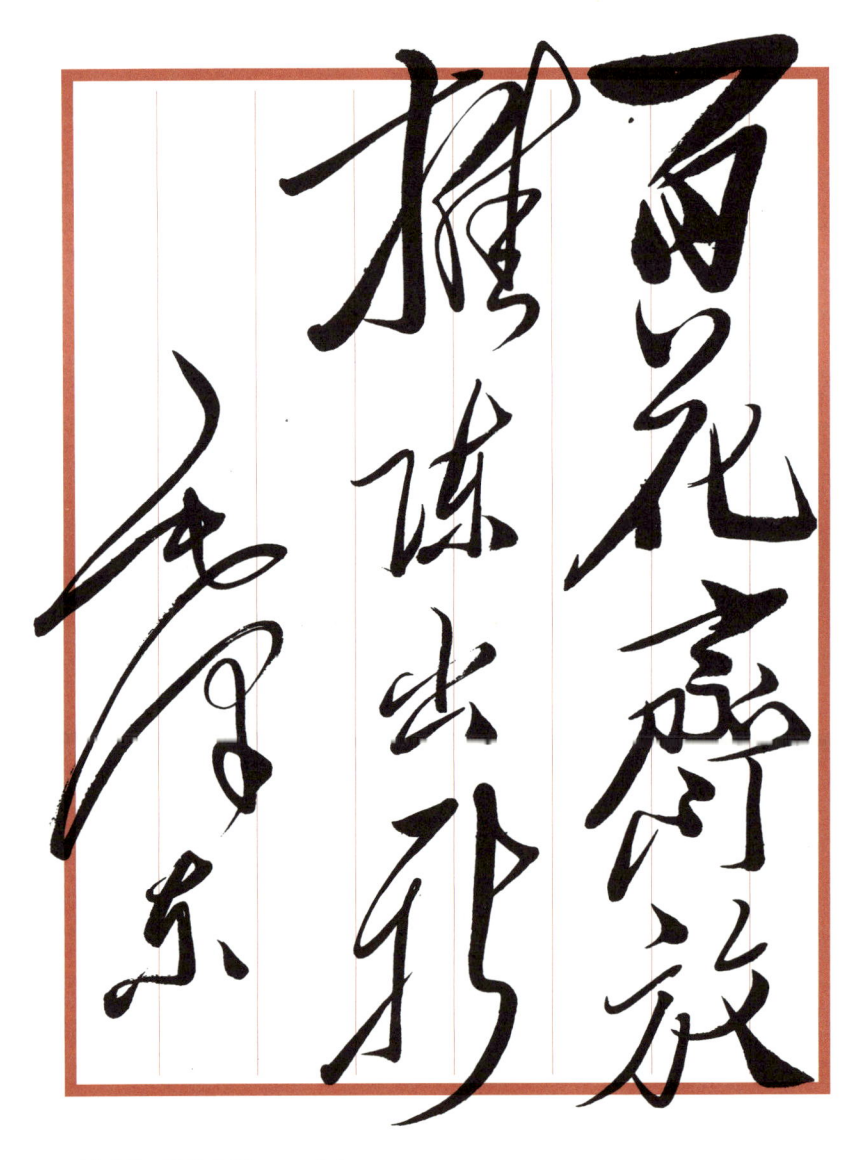

百花齐放，推陈出新（1951年）

最豪迈的一句话：与天奋斗，其乐无穷！与地奋斗，其乐无穷！与人奋斗，其乐无穷！

最有自尊的一句话：封锁吧！封锁它十年、八年，中国的一切问题都解决了！

最激励人克服困难的一句话：下定决心，不怕牺牲，排除万难，去争取胜利！

……

这些句子，或许因为毛泽东政治文化地位而被放大，归根结底，在于它的警策与精彩，在于善用修辞而成佳构，在于它的妙夺天工。

毛泽东的句子，有的是涵盖乾坤句，一句话概括一切；有的是截断众流句，自己独辟新境；有的是启发警示句，给人以悠长回味。有的以力量取胜，有的以文采闪耀，有的文质并美，有的简直是天成之作，难道是天壤之间的好句子被毛泽东拾得？

毛泽东的箴言佳句，被称为"语录"，被铭记，被引用，成为人们论说作文的引证资源。往往是，一句"毛泽东说"，足以带来心照不宣的权威性。令人惊叹的是，他的一些文章一些观点随着时代的变迁或许有的"陈旧"了，但是他的许多句子抵抗住了时空的磨损，度越沧桑，保持不坏，没有老化，无有皱纹，在新时代仍然耀眼明亮，宛如自历史深处照射当下的光。

毛泽东的格言，影响中国，流行世界——全世界的人们用不同的文字来读他的文章。《毛泽东选集》由多种文字出版。选录毛泽东警句的《毛主席语录》从 1964 年到 1972 年 12 月，出版过 37 种文字，是世界上发行量最大的书，据说超过了《圣经》。毛泽东身后，全世界的人们用不同发音来念他的句子。

2013 年 12 月，澳大利亚矿业富商克莱夫·帕尔默（Clive Palmer）担任议员后首次演讲，引用了毛泽东的"妇女能顶半边天"这句名言。

2017 年 1 月 22 日，华盛顿、伦敦等地的妇女反川普大游行，打出了"妇女能顶半边天"的标语。

2013 年 3 月 22 日，美国教育部国家教育统计中心网站"每日语录"栏目贴出毛泽东的"对自己，'学而不厌'；对人家，'诲而不倦'"的名言。一时间，被称为"名言事件"。

2015 年 11 月 25 日，英国工党影子财政大臣麦克唐奈在英国议会拿出"小红书"《毛主席语录》，他说："让我来引述一下中国前国家领导人毛泽东主席的话。""我们必须向一切内行的人们（不管什么人）学经济工作。拜他们做老师，恭恭敬敬地学，老老实实地学。不懂就是不懂，不要装懂。"

至于"纸老虎""三个世界"等词语在全世界就更为流行了。

"毛氏格言"融合创新的思想、独特的词语和丰富的意象，成为"文眼"，使人过目难忘，反复引用。

"句法天难秘，工夫子但加。"（杨万里《和李天麟二首》）毛泽东的精妙语录，有的是精研细磨的雕章琢句，挥毫落墨，点化而生，一字不可更改；有的是临场发挥，随手拈来，脱口而成莲花，虽不经意为之，却如有神助，达到了反复雕镂也达不到的境地。这是一个语言天才长期内修的结果。

  文章中得有好句子和好段落，这是写好文章的"秘诀"。许多人在写作中缺少这样的语言自觉，也不着意为之，或者是费尽吃奶的力气、想疼脑壳也做不出来。毛泽东文章中的妙语把人引入妙境，这是阅读他的文章如登春台、如临盛宴的一个重要原因。有些文学家转过头来明里暗里套用毛泽东政治语言中的句子，倒也让人眼睛一亮。

评说"半文半白"之文

中国革命得益于白话文。如果不是新文化运动对白话文的提倡，如果马列著作不是用白话文而是用文言文翻译过来，可以想象它是无法走向群众、动员群众的。中国的革命是用大白话发动的，一听就懂，一懂就干，干出了一番惊天动地的事业。

五四运动前后，有文言文与白话文之争。随后，白话文成为主流，文言文也没有死绝，半文半白之文夹在两者中间，崎岖生长。

"半文半白"不符合毛泽东关于语言"大众化"的要求，因此他多次批评"半文半白"风格的文章。

1955年10月，毛泽东在中共七届六中全会扩大会议上批评说："你们的文章写得不错……主要的缺点就是古文多，半文半白的味道很大。""现在的文章，古文多，半文半白，'应该'只写'应'，'并且'只写'并'，'时候'只写'时'，'贯彻执行'只写'贯彻'。写文章，要讲逻辑（文章结构有内部关系，前后不冲突），要讲文法修辞（文字紧密，语言生动），应该请文章专家帮

忙。"❶

1955年12月，毛泽东给《合作社的政治工作》一文写的按语中说："我们的许多同志，在写文章的时候，十分爱好党八股，不生动，不形象，使人看了头痛。也不讲究文法和修辞，爱好一种半文言半白话的体裁，有时废话连篇，有时又尽量简古，好像他们是立志要让读者受苦似的。……哪一年能使我们少看一点令人头痛的党八股呢？"❷

1959年3月26日，毛泽东在一份文件上再一次批评"半文半白"之文："用口语，使人一看就明白，较之现在相当流行的半古半今、半文半白、使人硬是看不懂，或者勉强懂了但是过眼即忘得干干净净的那种文体，要好得多。"❸

所谓"半文半白"，是指行文造句中，文言与白话夹杂的语言现象。毛泽东批评的"半文半白"指的是文章中"夹着一些生造出来的和人民的语言相对立的不三不四的词句"，❹矛头对准的是语言夹生饭，夹生饭不好吃。他批评"半文半白"，主要是从文章通俗易懂方面考虑的。他曾经说："调查工作的纵断法和横断法，这两个名词我只用了一次，写出这篇文章之后我自己也没有再用过。我也不希望同志们以后写文章、讲话再用它，因为不好懂。"❺

---

❶ 参见《毛泽东著作专题摘编》第1547页，中央文献出版社2003年11月版。
❷ 《建国以来毛泽东文稿》第5册第539页，中央文献出版社1991年2月版。
❸ 《建国以来毛泽东文稿》第8册第160页，中央文献出版社1993年1月版。
❹ 《毛泽东选集》第3卷第851页，人民出版社1991年6月版。
❺ 《毛泽东文集》第8卷第258页，人民出版社1999年6月版。

文言文与老百姓之间有条鸿沟。艰深难明、佶屈聱牙的文言以及偏僻词语、偏僻典故，一般读者看不明白，对于文化程度不高的工农兵来说更是阅读困难。领导者和宣传者说老百姓听不懂的话，等于白说，还不如不说。做政治工作的人，必须用通俗的语言作文说话，使人一读一听就懂。所以，毛泽东强调反对写些老百姓看不懂的"半文半白"之文。

1954年3月23日，毛泽东说到宪法草案的文字，强调要尽量通俗，便于群众掌握。他说："把什么什么'时'都改为'的时候'。讲话一般不说'我们在讨论宪法时'，而说'我们在讨论宪法的时候'。'为'字老百姓不懂，都改成了'是'字。什么'规定之'，'之'字在一句话的末尾，只是重复了上面的，毫无用处，也都去掉了。"❶

不可否认，半文半白之文自有其妙处。《水浒传》的语言是白话的，《红楼梦》的语言则是半文半白。毛泽东推崇的鲁迅的很多文章也是半文半白。毕竟，"白"几乎是人人具备的语言能力，"文"则是需要修炼才能达到的语言层次。"白"得明明白白，再用"文"火淡淡熏染，文味更佳。或文或白，可文可白，或文白夹杂，需要依据文体等具体情形而定。许多文章文白相宜，神出鬼没，读起来不觉得是文是白，《红楼梦》第一回里的《好了歌》，一气唱罢，没有痕迹地抹平了文白边界。

毛泽东怕旧体诗词"谬种流传，贻误青年"，提倡"诗当然应

---

❶ 《毛泽东年谱（1949—1976）》第2卷，中央文献出版社2013年12月版。

以新诗为主体"，❶他写的都是旧体诗。毛泽东批评"半文半白"之文，同时经常制造并且善于创造一些半文半白、韵散同体的句子，引车卖浆者流都能明白。比如，他批评那些"官样文章"说：

> 讲一万次了，依然纹风不动，灵台如花岗之岩，笔下若玄冰之冻。哪一年稍稍松动一点，使读者感觉有些春意，因而免于早上天堂，略为延长一年两年寿命呢！❷

文言与白话各就其位，新的旧的相互衔接，既不晦涩也不寡淡，正是"装点此关山，风景更好看"。像这样文采飞扬的段落在毛泽东的文章中比较常见，而且这往往是他政论文章中最为精彩和生动的部分。

毛泽东的文字之所以有力，文白相间正是特色之一。他的许多文章中，既用日常口语又用文言词汇，新旧语言交相辉映，建立了文言与白话之间新的关系，为现代汉语展示出一个新的可能性。他的那些半文半白之文，缝合"文"与"白"的分裂，抹平雅与俗的界限，"文"与"白"相互靠拢，水乳交融，雅驯与通俗完美结合，朗朗上口，具有摇动人心的力量。

---

❶ 《毛泽东诗词集》第224—225页，中央文献出版社1996年9月版。
❷ 《毛泽东年谱（1949—1976）》第3卷第431页，中央文献出版社2013年12月版。

毛泽东批评"学生腔"

毛泽东在《反对党八股》一文中批评了"学生腔","一篇文章,一个演说,颠来倒去,总是那几个名词,一套学生腔","没有一点生动活泼的语言","语言无味,面目可憎"。❶

早在瑞金时期,毛泽东对负责群众工作的刘英说:"你嘴巴子很伶俐,能说会道,不过当了宣传部长,讲话的对象不同了,可要注意通俗化啊。你宣传的对象是农民,长篇大论不灵,学生腔也要不得。就是湖南人的腔口也要变一变,要向江西老表学说话呐。"❷

"学生腔"的问题在于:词语量小而窄,语言套路化,内容空洞,不会说"人话",没有灵性也没有野性,特别是不会使用群众语言,无法跟老百姓对话。

毛泽东批评的"学生腔",作家赵树理在《也算经验》一文中也说过:"有时候从学校回到家乡,向乡间父老兄弟们谈起话

---

❶ 《毛泽东选集》第 3 卷第 837 页,人民出版社 1991 年 6 月版。
❷ 刘英:《刘英自述》第 48 页,人民出版社 2005 年 10 月版。

来，一不留神，也往往带一点学生腔，可是一带出那等腔调，立时就要遭到他们的议论。碰惯了钉子就学了点乖，以后即使向他们介绍知识分子的话，也要设法把知识分子的话翻译成他们的话来说……"❶

萧三的短诗《我的宣言》说："只希望，读下去，顺口顺眼。不敢说大众化和通俗化，但求其，读下去，像人说话……"说的也是要克服"学生腔"。

1965年12月21日，毛泽东在杭州说："写哲学的能不能改变个方式，要写通俗文章，要用劳动人民的语言来写。我们这些人都是'学生腔'。"陈伯达赶紧插话说："主席除外。"毛泽东说："我做过农民运动、工人运动、学生运动、国民党运动，做过二十几年的军事工作，所以稍微好一些。"❷

与"学生腔"相似的还有"知识分子腔"，都是读书读出来的怪腔调，堕入末流空谈，不那么像"人话"。顾炎武说"以为文人，便不足观"，哪些地方不足观？腔调是其一。苏东坡在一首诗中含蓄地批评一些诗僧诗中的"蔬笋气""酸馅气"，也是对其腔调与气味的不满意。

毛泽东对"知识分子腔"也有说法。他曾经表扬一篇文章"脱去了知识分子腔，使人高兴看下去"，同时又指出，有些"文

---

❶ 赵树理:《也算经验》,《人民日报》1949年6月26日。
❷ 参见《毛泽东年谱》第5卷第548页，中央文献出版社2013年12月版。

章和新闻报道，知识分子腔还是不少，需要改造"❶。

毛泽东看不起"书呆子"。他批评历史上的"书生治国"，现实中也一再批评"书生办报"。那些只有书本知识却不能实用到做人做事上去的迂腐子，被称为"书呆子"。书生论政，纸上谈兵，毛泽东看不起他们，他看得起的是那些把书本知识与实践结合起来的人。

毛泽东曾批评苏联《政治经济学教科书》的写法："教科书的写法，不是高屋建瓴，势如破竹，没有说服力，没有吸引力，读起来没有兴趣，一看可以知道是一些只写文章、没有实际经验的书生写的。这本书说的是书生的话，不是革命家的话。他们做实际工作的人没有概括能力，不善于运用概念、逻辑这一套东西；而做理论工作的人又没有实际经验，不懂得经济实践。两种人，两方面——理论和实践没有结合起来。同时作者们没有辩证法。"❷他还说："有些人是书生，最大的缺点是多谋寡断。"❸

1967年夏天，毛泽东严厉批评几个"笔杆子"："膨胀起来了，会写几篇文章，膨胀起来了，要消肿，王（力）的错误大，我的看法此人书生气大些，会写几篇文章，不大懂政治……"❹

毛泽东的这些话，是给队伍中的"秀才"而不是纯粹在书斋

---

❶ 《建国以来毛泽东文稿》第7册第302页，中央文献出版社1992年8月版。
❷ 《毛泽东文集》第8卷第139—140页，人民出版社1999年6月版。
❸ 《毛泽东新闻工作文选》第215页，新华出版社1983年12月版。
❹ 陈晋：《读毛泽东札记》二集第193页，三联书店2020年6月版。

丰衣足食

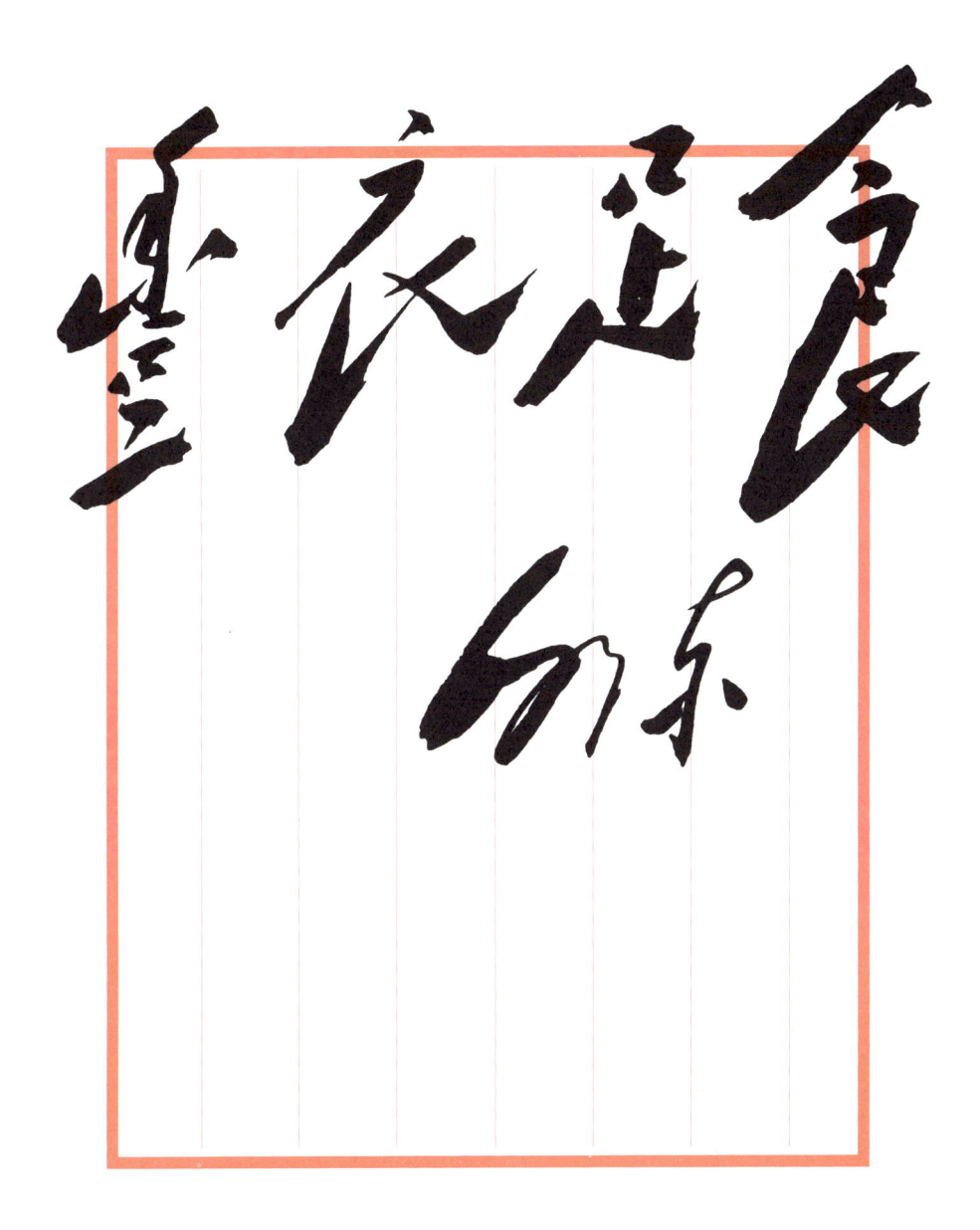

里做学问的"秀才"讲的,其中包含着克服"学生腔""知识分子腔""书生气"的办法:要深入实际,不要与社会实践脱节。

毛泽东期望立志革命的知识分子走出书斋,走出书本到书本的循环,走出自己的小圈子,深入到民众中去,特别是要学习老百姓的语言,增加政治历练,把书斋知识化为认识世界改造世界的实际能力,从而克服懦弱化,防止变成一个博览群书而孤陋寡闻的书呆子,成为人情练达、社情练达、党情练达的革命者。

王充的《论衡·自纪》中有句话:"为世用者,百篇无害;不为用者,一章无补。"读书人得树立"世用"观念,不然真的是"百无一用是书生"了。

《文心雕龙》中说,"摛文必在纬军国,负重必在任栋梁",毛泽东批评"学习腔""书生气",着眼点也在于理论与实践相结合,以便达成"纬军国""任栋梁"的致用效果。

在政治家和领导人中,像毛泽东这样重视语言腔调的还不多见,像他这样从语言入手转换人的思想立场,也是独到法门。尽管他谈语言的话语许多时候并不是专门讲语言的,却也深入到了语言的本质问题,显示出他对语言的深入思考和熟练的实践运用。

善说"闲话",不避俗话

有一种语言叫"闲话",有一种笔法叫"闲笔"。

闲话、闲笔,指的是那些在主题叙事之间出现的与主题关联不大甚至无关主题的话。

天下文章,闲处蹩出奇景,闲最难得。文章中,善于说闲话使闲笔,闲而有趣,是学问,是趣味,是智慧过剩的流露,也是语言的艺术,体现了文章的"漂亮性"和"游戏性"。闲话可以破闷,可以烘托气氛,活泼文气。闲笔好玩,既是跟自己玩,又是跟文字玩,玩出花样来,可见语言的艺术,自己写着高兴,读者读起来也高兴。

毛泽东深味笔墨的快感,他的文章和讲话,不尽是主义、精神、道德、理想之类的大词,他常常在命题上立稳脚跟之后大开大阖,潇潇洒洒地纵笔驰骋,把远的拉近,把凉的暖热,把大词揉碎,或旁逸斜出,或自说自话,知之者谓之奇峰飞来,不知者以为离题万里,莫名其妙然——他实在是,通过说闲话的形式,增加文章的生动性。

毛泽东在政治言语中,在说"正事"、说"有意义"的话的同时，每用逸笔，说些与"正事"无关的话，说些"无意义"的话，也就是说，说一些"闲话""闲辞"。他的"闲话"讲得好，"闲辞"用得妙。

且看几例——

20世纪60年代初，中苏在意识形态领域进行论战，有人说这样公开论战不好，毛泽东说："打打笔墨官司有什么了不起呢？第一，天不会塌下来；第二，山上草木照样长；第三条，女人照样生孩子；第四，河里的鱼照样游，不信，你到河边去看看。"[1]毛泽东的意思是说，争论不是打仗，没什么大不了的。他一口气讲了四条表现，一条接着一条，每一条都有画面感。从表面上看，这四条与论战没有什么直接关系，都是"废话"，但是没有这些"废话"你就记不住，如果仅说一句这是"笔墨官司"，给人印象也不深刻。毛泽东通过几句"闲话"说出了论战的实质，举重若轻的话语中显现出绝版的政治智慧，让人过耳难忘。

毛泽东在讲到红军长征中千方百计克服困难时说："什么叫千方百计呢？千方者，就是九百九十九方加一方，百计者，就是九十九计加一计。"[2]这些貌似"废话"的闲话，属于语言学上的同语反复，调和了公文的呆板，增加了文章的趣味，正是《庄子·逍遥游》所谓的"无用之用大矣"。

"文革"中，毛泽东说："全国的无产阶级文化大革命形势大

---

[1] 《毛泽东文集》第8卷第359页，人民出版社1999年6月版。
[2] 《毛泽东文集》第7卷第187页，人民出版社1999年6月版。

好，不是小好。整个形势比以往任何时候都好。"[1] 其实，一句"形势大好"就已经把他要表达的意思表达清楚，但是他接着又说"不是小好"，这是"闲辞"；"整个形势比以往任何时候都好"，这基本上是"废话"。但是，正是有了这番"废话"，便成奇句。这一席话，如果没有后面的那两句"无意义"话，就是一句平常大家都说过的话、大家都记不住的话。特别是他"硬造"的"小好"一词，给人的印象格外深。

不能不承认，口语中的闲话，文章中的闲笔，容易为耳朵听进去，容易记在心里头，当然，这需要游刃有余的语言功力，还得有七分认真之外的三分率性气质。

朱自清在《论废话》里说："得有点废话，我们才活得有意思。"文章中也得有些"废话"，才有意味。鲁迅《秋夜》开头就是"废话"："在我的后园，可以看到墙外有两株树，一株是枣树，还有一株也是枣树。"这是文学的、有意味的"废话"，彰显出"废话"的"无用之用"。

政治家著作家会说"闲话"、会用"闲笔"是功夫，说好闲话、用好"闲笔"大不易。许多政治家的文章不好看，一大因素是不会说"废话"，不会使"闲笔"。毛泽东在政论文章中使用"闲笔"，说些"闲话"，避免了学生腔，调解了干巴巴的气氛，防止了党八股，这是他的语言艺术和政治艺术。

语言中的粗话俗话，也是人间少不得的话。比如说，逼急了

---

[1] 《建国以来毛泽东文稿》第12册第385页，中央文献出版社1998年1月版。

脱口而出的粗口，有一种脏兮兮的快乐。实在是，语言得与这个世界的某些部分保持平衡。毛泽东喜欢诙谐，或者以俗为雅，或者化俗为雅，有时驱雅为俗，有时寓庄于谐。他在文章和讲话不忌讳俗语俗字，敢于用大家不敢用的字句去写诗作文，留下了许多"名句"，这尽管让一部分人皱眉摇头，却也让另一部分人听起来很是来劲。

毛泽东在"整顿学风党风文风"的演讲中说："那些将马列主义当宗教教条看待的人，就是这样蒙昧无知的人。对于这种人，应该老实的对他说，你的教条没有什么用处，说句不客气的话，实在比屎还没有用。我们看，狗屎可以肥田，人屎可以喂狗。教条吗？既不能肥田，又不能喂狗，有什么用处呢？"❶ 这段话跟于右任的"学无用之学，等于痴人吃狗粪"一样，是从拯救天下的认识中来的。毛泽东后来可能感到这段话不那么雅驯，在收入《毛泽东选集》时删掉了，这篇文章的题目也更名为《整顿党的作风》。

1942年3月9日《解放日报》发表胡乔木撰写、毛泽东修改的社论《教条和裤子》。其中用了"脱裤子、割尾巴"。"脱裤子"就是把教条主义的尾巴露出来，"割尾巴"，就是把主观主义宗派主义党八股之类的毛病割除掉。"脱裤子、割尾巴"两个词很形象、很通俗。有人认为，这篇社论大胆使用粗俗文字于政治斗争，开创了中共文宣语言的新范式，堪称中国言论史之奇文。其实，

---

❶ 解放社编:《整风文献》第16页，新华书店（上海福州路679号）1949年6月版。

"脱裤子、割尾巴"是共产党人进行自我批评自我革命的形象化的表达。

毛泽东写于1965年的《念奴娇·鸟儿问答》，最后一句颇奇："不须放屁，试看天地翻覆。"❶ "放屁"一词入诗，"诗胆大于天"（"诗胆"一词出自刘叉的《自问》）。有人评价说"大俗"，有人赞扬说"大俗大雅"。其实这一句的要害是：民间话语，痛快直接，充满力量！以"力"救俗，野蛮而有活力，这句子不俗，但是不美。正如庄子的"道在屎溺"，说道在场很好，但表述不美。

英国首相丘吉尔说过一句话："人犯了什么错误都可以原谅，但文章写得狗屁，却罪无可逭。"只要文章写得好，"狗屁"词都可以用；文章写得"狗屁"，再雅致的词儿都不行，都是"狗屁"。

---

❶《毛泽东诗词集》第153页，中央文献出版社1996年9月版。

「注意修辞」

毛泽东是文法高手

讲究文法与修辞，是毛泽东的文章出神入化的一大法门。

汉语中的修辞手法有60多种，最常用的修辞手法有8种：比喻、拟人、夸张、对偶、排比、反复、设问、反问等。文章必须讲究修辞之美，做到音律和谐，结构严整，体现出艺术性和审美性。修辞之要，宛如古典建筑中的殿堂厅馆、桥亭廊榭、塔台楼阁、轩舫肆关装点美丽园林一样，是文章不可或缺的"部件"。

鲁迅《书信集·致李桦》中说："正如作文的人，因为不能修辞，于是也就不能达意。"修辞，"修"是修饰的意思，"辞"的本来意思是辩论的言词，后引申为一切的言词。修辞就是修饰言论，就是在使用语言的过程中，利用多种语言手段以收到尽可能好的表达效果的一种语言活动。

毛泽东在自己的文章中娴熟地使用了几乎所有的修辞手法，装点出大块文章。

一段美文中的修辞

我们说，长征是历史纪录上的第一次，长征是宣言书，长征是宣传队，长征是播种机。自从盘古开天地，三皇五帝到于今，历史上曾经有过我们这样的长征吗？十二个月光阴中间，天上每日几十架飞机侦察轰炸，地下几十万大军围追堵截，路上遇着了说不尽的艰难险阻，我们却开动了每人的两只脚，长驱二万余里，纵横十一个省。请问历史上曾有过我们这样的长征吗？没有，从来没有的。长征又是宣言书。它向全世界宣告，红军是英雄好汉，帝国主义者和他们的走狗蒋介石等辈则是完全无用的。长征宣告了帝国主义和蒋介石围追堵截的破产。长征又是宣传队。它向十一个省内大约两万万人民宣布，只有红军的道路，才是解放他们的道路。不因此一举，那么广大的民众怎会如此迅速地知道世界上还有红军这样一篇大道理呢？长征又是播种机。它散布了许多种子在十一个省内，发芽、长叶、开花、结果，将来是会有收获的。总而言之，长征是以我们胜利、敌人失败的结果而告结束。谁使长征胜利的呢？是共产党。没有共产党，这样的长征是不可能设想的。中国共产党，它的领导机关，它的干部，它的党员，是不怕任何艰难困苦的。谁怀疑我们领导革命战争的能力，谁就会陷进机会主义的泥坑里去。长征一完结，新局面就开始。直罗镇一仗，中央红军同西北红军兄弟般的团结，粉碎了卖国贼蒋介石向着陕甘边区的"围剿"，给党中央把全国革命大本营放在西北的任务，举行了一个奠基礼。[1]

这一段选自毛泽东的《论反对日本帝国主义的策略》，单抽出来，就是一篇精妙的散文。至今为止，写长征的文章多多，没有比这一段更精妙的了。如果没有毛泽东这段"长征叙事"，如果长征的记忆仅仅是跟着走，"长征"的样子可能在人们的心中就不是现在的这个样子了。这里要说的是，这一段话中，使用了多种修辞格——

"长征是历史纪录上的第一次，长征是宣言书，长征是宣传队，长征是播种机。"既是排比，又是警策；"宣言书""宣传队""播种机"又是比喻，这连续的比喻又叫"博喻"。

"自从盘古开天地，三皇五帝到于今，历史上曾经有过我们这样的长征吗？""谁使长征胜利的呢？"设问格，胸中早有定见，故意设问，引人注意。"历史上曾经有过我们这样的长征吗？"一句

---

[1] 《毛泽东选集》第 1 卷第 149—150 页，人民出版社 1991 年 6 月版。

话，使用两次，这是反复格。

"没有，从来没有的"，这是感叹格。

"天上每日几十架飞机侦察轰炸，地下几十万大军围追堵截，路上遇着了说不尽的艰难险阻，我们却开动了每人的两只脚，长驱二万余里，纵横十一个省。"把过去的事情讲得如见如闻，如在眼前，这是示现格。

"红军是英雄好汉，帝国主义者和他们的走狗蒋介石等辈则是完全无用的。"是映衬格中的对衬，"英雄好汉"对"走狗"；"走狗"又是比喻。

"它散布了许多种子在十一个省内，发芽、长叶、开花、结果"，是比喻；"种子……发芽、长叶、开花、结果"，还是双关。

"不因此一举，那么广大的民众怎会如此迅速地知道世界上还有红军这样一篇大道理呢？""一篇大道理"是借代，借代红军以及红军的作用和价值。

"长征是以我们胜利、敌人失败的结果而告结束。""我们胜利"与"敌人失败"，对衬格。

"直罗镇一仗，中央红军同西北红军兄弟般的团结，粉碎了卖国贼蒋介石向着陕甘边区的'围剿'，给党中央把全国革命大本营放在西北的任务，举行了一个奠基礼。""围剿"是国民党剿灭共产党的用词，毛泽东直接拿过来使用，这是引用格；"大本营""奠基礼"都是比喻。

没有良好的技巧，就不能表现丰富的内容

毛泽东明确地说：

> 写文章要讲逻辑。就是要注意整篇文章、整篇说话的结构，开头、中间、尾巴要有一种关系，要有一种内部的联系，不要互相冲突。还要讲文法。许多同志省掉了不应当省掉的主词、宾词，或者把副词当动词用，甚至于省掉动词，这些都是不合文法的。还要注意修辞，怎样写得生动一点。总之，一个合逻辑，一个合文法，一个较好的修辞，这三点请你们在写文章的时候注意。[1]

文章是传达思想感情的工具。为了更好地传达思想感情，使之入耳入脑，就得讲究语言艺术，讲究文法，讲究逻辑和修辞。

---

[1] 《毛泽东著作专题摘编》第1547页，中央文献出版社2003年11月版。

文法说的是语言的自然规律，讲的是语言通不通的规律。毛泽东说："文字结构必须学会合乎文法，禁止省略主词、宾词及其他必要的名词，形容词和副词要能区别其性质，等等。"❶

修辞讲的是如何把话说得更好的问题。古人说："修辞立其诚。"修是调整，辞是语言，就是说写文章的时候，要通过调整语言，把适当的语言放在适当的位置，从而把话说得比较完善。

逻辑讲的是正确的推理过程，是分清真相与非真相的过程。逻辑的力量表现在说明一个问题、解决一个问题的时候，条理分明，无懈可击。毛泽东说："形式逻辑是讲思维形式的，讲前后不相矛盾的。它是一门专门科学，任何著作都要用形式逻辑。"❷ 逻辑不通，大煞风景。毛泽东曾经批评林彪的"名言""一句顶一万句"，他说："一句就是一句，怎么能顶一万句？不设国家主席，我不当国家主席，我讲了六次，一次就算讲了一句吧，就是六万句，他们都不听嘛，半句也不顶，等于零。"❸ 逻辑的力量，胜于一篇大道理。

写文章得讲技巧，得按章法来。毛泽东说："清代桐城派作文章讲文法，用现在的术语来说，就是讲技巧，这也是要学的。因

---

❶ 《毛泽东书信选集》第390页，人民出版社1984年1月版。

❷ 《毛泽东年谱（1949—1976）》第5卷第548页，中央文献出版社2013年12月版。

❸ 《建国以来毛泽东文稿》第13册第246页，中央文献出版社1998年1月版。

为没有良好的技巧，就不能表现丰富的内容。"[1]

　　毛泽东是遣词造句的大师。读毛泽东的选集文集可以看出来，他的文章，一合逻辑，二合文法，三有比较好的修辞，生动而准确地传达了他要表达的内容。

---

[1] 陈晋：《文人毛泽东》第16页，上海人民出版社1997年12月版。

精妙的比喻

比喻是把一种事物比作另一种事物,是用本质不同而又有相似点的事物描绘事物或说明道理,又叫譬喻、打比方。奇妙的比喻令人如见。

毛泽东是比喻的高手。

"为人民利益而死,就比泰山还重;替法西斯卖力,替剥削人民和压迫人民的人去死,就比鸿毛还轻。"[1] 这句话中,交替使用强喻和弱喻。作者先以"泰山"为喻体,从正面极言"为人民利益而死"的意义比"泰山"还重;又从反面用"鸿毛"设喻,替法西斯卖力,替剥削人民和压迫人民的人去死,就比"鸿毛"还轻。两相对照,全面深刻地阐明和褒贬了两种生死观。

"射箭要看靶子,弹琴要看听众,写文章做演说倒可以不看读者不看听众吗?"[2] 隐喻。用射箭、弹琴等日常之事物,阐明写文章做演说一定要看对象的道理。

---

[1] 《毛泽东选集》第 3 卷第 1004 页,人民出版社 1991 年 6 月版。
[2] 《毛泽东选集》第 3 卷第 836 页,人民出版社 1991 年 6 月版。

"世界是你们的，也是我们的，但是归根结底是你们的。你们青年人朝气蓬勃，正在兴旺时期，好像是八九点钟的太阳，希望寄托在你们身上。"❶用"八九点钟的太阳"比喻朝气蓬勃的青年，阳光、向上、充满力量。

"调查就像'十月怀胎'，解决问题就像'一朝分娩'。调查研究就是解决问题。"❷用民间谚语"十月怀胎、一朝分娩"作比喻，形象贴切。

"我们决不能一见成绩就自满自足起来。我们应该抑制自满，时时批评自己的缺点，好像我们为了清洁，为了去掉灰尘，天天要洗脸，天天要扫地一样。"❸这样的比喻，老百姓也能听得明白。

"我劝人们学细菌那种从容不迫、坚决进攻的精神。它在庞大物体面前，毫不在乎。它那么小，但可以穿透很厚的瓷缸，很厚的钢板，在沸水和零下三百度可以生存。"❹用细菌比喻人的进攻精神，出人意料。

"一颗脑袋落地，历史证明是接不起来的，也不像韭菜那样，割了一次还可以长起来，割错了，想改正错误也没有办法。"❺把割头与割韭菜类比，一个割了不可再生，一个割了可以再生，类比奇

---

❶ 《建国以来毛泽东文稿》第6册第650页，中央文献出版社1992年1月版。

❷ 毛泽东1958年3月在成都会议上的讲话。

❸ 《毛泽东选集》第3卷第935页，人民出版社1991年6月版。

❹ 林克：《我所知道的毛泽东——林克谈话录》第40页，中央文献出版社2000年2月版。

❺ 《毛泽东文集》第7卷第38页，人民出版社1999年6月版。

特,角度新颖且充满哲理。1959年底至1960年初,毛泽东读苏联《政治经济学教科书》下册时,用稻子、儿子的比喻,说明深奥的哲学道理:

> 生物的代代相传,就有而且必须有保守和进步的两重性。稻种改良,新种比旧种好,这是进步,是变革。人生儿子,儿子比父母更聪明粗壮,这也是进步,是变革。但是,如果只有进步的一面,只有变革的一面,那就没有一定相对稳定形态的具体的生物和植物,下一代就和上一代完全不同,稻子就不成其为稻子,人就不成其为人了。保守的一面,也有积极作用,可以使不断变革中的植物、动物,在一定时期内相对固定起来,或者说相对地稳定起来,所以稻子改良了还是稻子,儿子比父亲粗壮聪明了还是人。但是如果只有保守和稳定,没有进步和变革一方面,植物和动物就没有进化,就永远停顿下来,不能发展了。❶

毛泽东最著名的比喻是"纸老虎"。

1946年8月6日那天,毛泽东在延安杨家岭接受美国记者安娜·路易斯·斯特朗采访,毛泽东说:"原子弹是美国反动派用

---

❶ 《毛泽东文集》第8卷第107页,人民出版社1999年6月版。

来吓人的一只纸老虎，看样子可怕，实际上并不可怕。"[1]毛泽东的"纸老虎"之说，从此诞生。

诗人伊沙有首诗《纸老虎》，咏叹毛泽东的"纸老虎"："中国当代最优秀的／古典诗人毛泽东／革命现实主义加／革命浪漫主义的／始作俑者／指点江山／激扬文字的大师／写下了无数／伟大的篇章／而他所用过的／最漂亮的意象／却不在诗歌里／而在其散文中／他说：苏修美帝／和一切反动派／都是纸老虎／既是结构的／亦是解构的／我想：即使／把它译成／英语和俄语／或者其他什么鸟语／这个意象／也不会失其漂亮。"

"纸老虎"，俄文"Ъумажный тигр"，英文"paper tiger"。

20世纪70年代初期，中美握手，毛泽东对来访的基辛格说："我发明了一个英语词汇，纸老虎paper tiger。"基辛格接过话头说："paper tiger，对了，那是指我们。"

"纸老虎"成为世界语言，是为数不多的挤进世界政治核心圈的汉词之一。

---

[1] 《毛泽东选集》第4卷第1194—1195页，人民出版社1991年6月版。

充满张力的设问与反问

设问是"假设问答以寄意耳",有问有答;反问是有问无答,寓答于问。这两种修辞格,可以增强文章的气势和说服力,为文章奠定一种思辨与激昂的基调,同时激发读者感情,发人深思,加深读者印象。

毛泽东的文章与演讲中,几乎篇篇有反问与设问。或设问作答,或问而不答,或先问后答,或先答后问,或一问一答,或连问连答……他常常在众人有疑问处设问,在最关键时设问,问在最要紧的地方,如此一问,截断众流,受众精神一振,都会瞪起眼睛、竖起耳朵期待他的答案。毛泽东则在问答之间讲述自己的思想,抒发自己的豪情,把人们头脑中的一个个问号拉直。

凡设问处,皆成名句,这是毛泽东文章的一大特色。

且看——

"世界什么问题最大?吃饭问题最大。什么力量最强?民众联合的力量最强。什么不要怕?天不要怕,鬼不要怕,死人不要怕,

学习

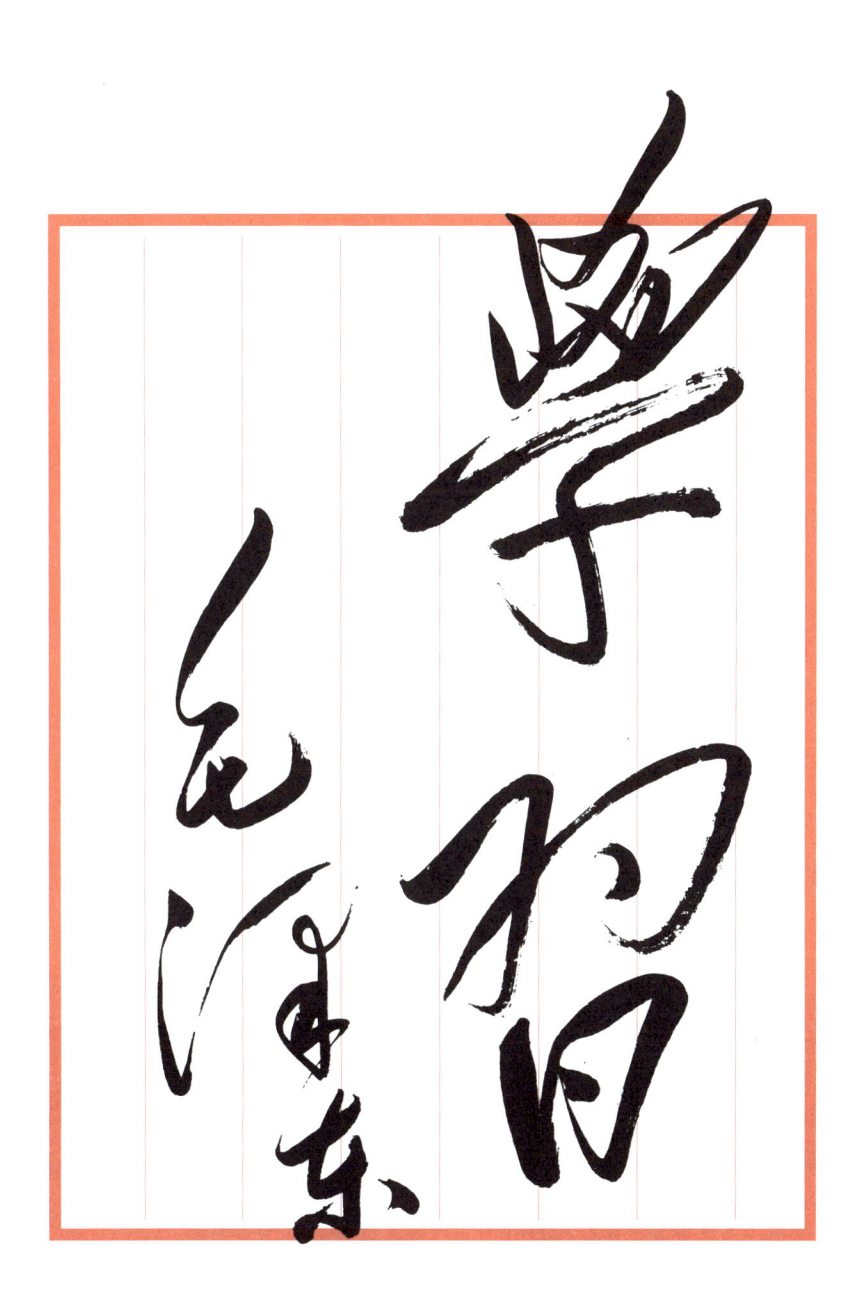

毛泽东

官僚不要怕，军阀不要怕，资本家不要怕。"❶

"什么是上帝？人民就是上帝。"❷

"什么是哲学？哲学就是认识论。"❸

"什么叫工作？工作就是斗争。那些地方有困难、有问题，需要我们去解决。我们是为着解决困难去工作、去斗争的。"❹

"蒋介石……他手里拿的是什么？是刀。刀有什么用处？可以杀人。他要拿刀杀谁？要杀人民。"❺

"什么叫左倾？什么叫右倾？好像妇女生娃娃，七个月就压出来，就是左了。过了九个月不准出来，就是右了。"❻

"政府是什么东西呢？国家是什么东西呢？马克思和恩格斯认为，国家是一个阶级压迫另一个阶级的机关，是个机器，是个工具。我们的政府是什么呢？是压迫反革命的工具。反革命的政府是什么呢？是压迫革命的工具。"❼

"什么叫政权？主要是军队。没有军队，就没有政权。什么叫独立？就是军队。没有军队，就没有独立。什么叫自由？自由也

---

❶ 《毛泽东早期文稿》第292页，湖南出版社1990年7月版。
❷ 《毛泽东年谱（1949—1976）》第5卷第480页，中央文献出版社2013年12月版。
❸ 《毛泽东文集》第8卷第390页，人民出版社1999年6月版。
❹ 《毛泽东选集》第4卷第1161页，人民出版社1991年6月版。
❺ 《毛泽东选集》第4卷第1126页，人民出版社1991年6月版。
❻ 毛泽东在七届六中全会扩大会议上的总结讲话。
❼ 《毛泽东文集》第3卷第373页，人民出版社1999年6月版。

是军队。没有军队，就没有自由，人家就要压迫你们。什么叫平等？没有军队，谁同你们讲平等。"❶

"我们中央干什么？出主意，用干部。出主意要对，用干部要正派。"❷

"什么叫长期？就是共产党的寿命有多长，民主党派的寿命就有多长。如何监督？就是用批评、建议的方法来监督。"❸

"我们的权力是谁给的？是工人阶级给的，是贫下中农给的，是占人口百分之九十以上的广大劳动群众给的。我们代表了无产阶级，代表了人民群众，打倒了人民的敌人，人民就拥护我们。共产党基本的一条，就是直接依靠广大革命人民群众。"❹

"为什么种牛痘？就是人为地把一种病菌放到人体里面去，实行'细菌战'，跟你作斗争，使你的身体里头产生一种免疫力。"❺

"牛为什么要长两只角呢？牛之所以长两只角，是因为要斗争，一为防御，二为进攻。我常跟同志们讲，你头上长'角'没有？你们各位同志可以摸一摸。"❻

---

❶ 《毛泽东年谱（1949—1976）》第5卷第341页，中央文献出版社2013年12月版。

❷ 《七大代表忆七大》第970页，上海人民出版社2006年7月版。

❸ 《毛泽东年谱（1949—1976）》第3卷第88页，中央文献出版社2013年12月版。

❹ 《建国以来毛泽东文稿》第12册第581页，中央文献出版社1998年1月版。

❺ 《毛泽东文集》第7卷第196页，人民出版社1999年6月版。

❻ 《毛泽东文集》第6卷第406页，人民出版社1999年6月版。

"人的正确思想是从哪里来的？是从天上掉下来的吗？不是。是自己头脑里固有的吗？不是。人的正确思想，只能从社会实践中来，只能从社会的生产斗争、阶级斗争和科学实验这三大实践中来。"❶

这些问答，生动，准确；这些叩问，充满智慧。

1938年5月26日至6月3日，毛泽东在延安抗日战争研究会发表了《论持久战》的演讲。演讲以"问题的提起"小标题开篇，毛泽东采用设问的手法，接连提出七个问题：

> 身受战争灾难、为着自己民族的生存而奋斗的每一个中国人，无日不在渴望战争的胜利。然而战争的过程究竟会要怎么样？能胜利还是不能胜利？能速胜还是不能速胜？很多人都说持久战，但是为什么是持久战？怎样进行持久战？很多人都说最后胜利，但是为什么会有最后胜利？怎样争取最后胜利？这些问题，不是每个人都解决了的，甚至是大多数人至今没有解决的。

毛泽东开篇七个设问，是全篇演讲的着力点，是对"论持久战"演讲内容高屋建瓴的提炼。这七个问题，正是自1937年7月全面抗战十个月来大家最关心的问题，也是思想上时常困惑和经常

---

❶ 《建国以来毛泽东文稿》第10册第299—300页，中央文献出版社1996年8月版。

打架的问题。毛泽东问题抓得准，提得尖锐，因此一下子抓住了现场的听众。

毛泽东像是一位洞悉未来战争进程中所有情节的预言家，又像一位掌控历史剧如何一幕一幕演下去的天才导演，他对中日双方的特点进行详细对比，对"持久战"三个阶段进行推演，对抗战的结果进行判定，像自然科学家进行精确计算一样。这是抗战打了十个月的总结以及对战争前景的全方位展望。他回答了人们最关心而又看不清楚的问题，点亮了硝烟弥漫中的信心，叫人一读而明亮，再读而叹服，三读而奋不顾身投身于战火。《论持久战》在国内外产生了重大影响，成为社会各界争相阅读的抗战"宝典"，增强了全民的抗战信心。

恰到好处的引用与用典

"引用"和"用典"没有列入八种常用修辞,却也属于常用修辞。

这是毛泽东喜欢使用的两种修辞手法。

毛泽东的文章之所以生动活泼,还源于他广采名流燕语,典故征引巧妙。他常常在行文中和讲话中,用精准的引文和典故作为论据,说明自家道理,增加文采,增添趣味。

引用和用典,是指在说话或写作中引用现成的话,如诗句、格言、成语及典故等,以表达自己思想感情的修辞方法。这是对历史资源的借鉴和借助,是借力借光。用典忌讳的是,生搬硬套,罗列故实,堆砌成文,以显摆自己的学问。这是"獭祭鱼",此为引用者的末流。

李商隐写过一首《风俗》:"户尽悬秦网,家多事越巫。未曾容獭祭,只是纵猪都。点对连鳌饵,搜求缚虎符。贾生兼事鬼,不信有洪炉。"诗里面的"獭祭"说的是,獭捕到鱼后,不急着吃,一一陈列面前,如同陈列供品祭祀。李商隐写诗,喜欢把一堆书摆在面前,检阅书册,拣择典故与词语,编织自己的诗文。人们给他起个绰号：獭祭鱼。宋代吴炯的《五总志》说："唐李商隐为文，多检阅书史，鳞次堆集左右，时谓为獭祭鱼。"从此，用"獭祭鱼"比喻那些罗列故实、堆砌而成的酸文章。

毛泽东说："我写文章，不大引马克思、列宁怎么说。报纸老引我的话，引来引去，我就不舒服。应该学会用自己的话来写文章。列宁就很少引人家的话，而用自己的话写文章。当然不是说不要引人家的话，是说不要处处都引。"❶

毛泽东的确不经常引用马列的话，他的常态是，每每穿越时空，引来诸子的雄辩史实，引用古书的典故文句，借来史家叙事的笔力和气量，来说明一个政治问题，或者阐述一个哲学道理，或者论证一个策略思想，或者总结一个历史经验。

毛泽东采摘孔翠，芟夷繁芜，化人为己，铺陈老练。他的引用既是"我注六经"，又是"六经注我"，撒豆成兵，灵活用兵，生动地散发他的新思想。"祸兮福所倚，福兮祸所伏""惩前毖后，治病救人""知无不言，言无不尽；言者无罪，闻者足戒""兼听则明，偏听则暗""三个臭皮匠，顶个诸葛亮""千里搭凉棚，没有不散的宴席""凡事预则立，不预则废""实事求是""有的放矢""百花齐放，百家争鸣""不是东风压倒西风，就是西风压倒东风"……这些古老的格言被他化来讲述革命道理。

据统计，《毛泽东选集》四卷中引自中国经典的有：《左传》48

---

❶ 《毛泽东年谱（1949—1976）》第5卷第303页，中央文献出版社2013年12月版。

条、《史记》42条、《孟子》26条、《论语》22条、《汉书》22条、《战国策》18条、《后汉书》18条、《礼记》14条、《尚书》13条、《诗经》10条。

毛泽东的用典，不是简单地照抄照搬，搬进文章中了事，而是把旧典变成新的可资利用的文史资源，借力发力，用这些古老的典故，表达新的思想。

翻新经典为我所用，他用活了。

1936年12月，毛泽东在陕北的红军大学作《中国革命战争的战略问题》讲演时，为了说明战略退却的必要性，他举出《水浒传》第九回"柴进门招天下客，林冲棒打洪教头"中林冲和洪教头比武的故事。他说："谁人不知，两个拳师放对，聪明的拳师往往退让一步，而蠢人则其势汹汹，劈头就使出全副本领，结果却往往被退让者打倒。《水浒传》上的洪教头，在柴进家中要打林冲，连唤几个'来''来''来'，结果是退让的林冲看出洪教头的破绽，一脚踢翻了洪教头。"❶毛泽东借用这个故事说明了先让一步、后发制人的道理。

毛泽东在《矛盾论》中，讲了"三打祝家庄"的故事："《水浒传》上宋江三打祝家庄，两次都因情况不明，方法不对，打了败仗。后来改变方法，从调查情形入手，于是熟悉了盘陀路，拆散了李家庄、扈家庄和祝家庄的联盟，并且布置了藏在敌人营盘里的伏兵，用了和外国故事中所说木马计相像的方法，第三次就打了胜仗。《水浒传》上有很多唯物辩证法的事例，这个三打祝家庄，就

---

❶ 《毛泽东选集》第1卷第203页，人民出版社1991年6月版。

是最好的一个。"❶ 毛泽东还提议延安平剧研究院把《三打祝家庄》搬上舞台。当时，满延安找不到一部《水浒传》，主创人员只好向毛泽东借书。直到《三打祝家庄》演出之后，才把《水浒传》还给毛泽东。

1939年7月，毛泽东给即将上前线的抗大师生讲话时引用了《封神演义》中的典故："当年姜子牙下昆仑山，元始天尊赠了他杏黄旗、四不象、打神鞭三样法宝。"大家听得出神，毛泽东接着说："现在你们出发上前线，我也赠给你们三样法宝，这就是统一战线、武装斗争、党的建设。"聆听这次讲话的人，一辈子都不会忘记"三大法宝"。

1962年1月30日，毛泽东在中共扩大的中央工作会议（即七千人大会）上的讲话中使用了"霸王别姬"的典故，他说："从前有个项羽，叫做西楚霸王，他就不爱听别人的不同意见。他那里有个范增，给他出过些主意，可是项羽不听范增的话。""我们现在有些第一书记，连封建时代的刘邦都不如，倒有点像项羽。这些同志如果不改，最后要垮台的。不是有一出戏叫《霸王别姬》吗？这些同志如果总是不改，难免有一天要'别姬'就是了。"❷ 用"霸王别姬"的故事，提醒革命者发扬民主、联系群众，令人印象深刻。

---

❶《毛泽东选集》第1卷第313页，人民出版社1991年6月版。
❷《毛泽东文集》第8卷第295—296页，人民出版社1999年6月版。

其他修辞手法举例

毛泽东著作中，随处可见各种修辞手法的灵活运用——

"墙上芦苇，头重脚轻根底浅；山间竹笋，嘴尖皮厚腹中空。"这是毛泽东在《改造我们的学习》中说的一副对子。对子是对偶格。对偶的句式，看起来整齐醒目，听起来铿锵悦耳，读起来朗朗上口，便于吟诵，易于记忆，为人们喜闻乐见。

毛泽东的题词"抗美援朝，保家卫国"，句中自对，又两句相对。"抗美"与"援朝"，形成对偶，是句中自对；"抗美援朝，保家卫国"是两句相对。

"这里叫教条主义休息，有些同志却叫它起来。"把"教条主义"这个抽象概念当作人来描写，赋予它一些人的动作和思想感情，使得文章更加生动、形象。"《人民日报》的评论不如光明（按：指《光明日报》）的评论有力，一个是女孩子，一个是青壮年，我有这种感觉。"[1]也是拟人。毛泽东的文字感觉真好，说得真是生动活泼。

---

[1]《毛泽东年谱（1949—1976）》第4卷第29页，中央文献出版社2013年12月版。

《改造我们的学习》（局部）（1941年5月19日）

"五岭逶迤腾细浪，乌蒙磅礴走泥丸。"这是夸张。夸张是为了达到某种表达效果，对事物的形象、特征、作用、程度等方面着意夸大或缩小的修辞方式。夸张分为扩大夸张、缩小夸张、超前夸张等。毛泽东《七律·长征》中的这一诗句属于缩小夸张，把"五岭"当"细浪"，把"乌蒙"当"泥丸"，表现出革命英雄主义情怀。

排比句在毛泽东的文章中最为常见。"我们的党是伟大的党，我们的人民是伟大的人民，我们的革命是伟大的革命，我们的建设事业是伟大的建设事业。"❶ 调查研究"没有满腔的热忱，没有眼睛向下的决心，没有求知的渴望，没有放下臭架子、甘当小学生的精神，是一定不能做，也一定做不好的"❷。都是排比。"我们的目标，是想造成一个又有集中又有民主，又有纪律又有自由，又有统一意志、又有个人心情舒畅、生动活泼，那样一种政治局面"，❸ 毛泽东用排比的句子阐述他所期望看到的"党性与个性"交映生辉、美美共生的局面。

"从历史上看，过去的服从现在的，现在的服从将来的，将来的服从下一代。因为你不在了，他们说了算。……你干得怎样，后人自有评说。"❹ 这句话的前半截运用了顶真格，又名顶针、联珠。"指挥员的正确的部署来源于正确的决心，正确的决心来源于正确的判断，正确的判断来源于周到的和必要的侦察，和对各种侦

---

❶《毛泽东文集》第 7 卷第 88 页，人民出版社 1999 年 6 月版。
❷《毛泽东选集》第 3 卷第 790 页，人民出版社 1991 年 6 月版。
❸《毛泽东文集》第 8 卷第 293 页，人民出版社 1999 年 6 月版。
❹《七大代表忆七大》第 871 页，上海人民出版社 2006 年 7 月版。

察材料的联贯起来的思索。"❶ 也是顶针格，把指挥员的决策步骤讲得清清楚楚。还有毛泽东引用过的俗话"走马观花不如驻马看花，驻马看花不如下马看花"，❷ 亦是顶真。

"我们的事业就是拆房子、盖房子。推翻了蒋介石政权，推翻了帝国主义和封建主义，这就是拆房子。"❸ 毛泽东用"拆房子"借代"推翻了蒋介石政权，推翻了帝国主义和封建主义"。借代这种修辞方法是指不直接把所要说的事物名称说出来，而用跟它有关系的另一种事物的名称来称呼它。

跳脱的修辞方法，主要表现在折断语路。思维跳脱，有些像电影中的"蒙太奇"。

"老叟坐凳/嫦娥奔月/走马观花。"美国人罗斯·特里尔在《毛泽东传》中说，这是毛泽东1972年2月写给美国总统尼克松的。

毛泽东这首心绪缥缈的"朦胧诗"，使用"跳脱"修辞格，信手拈来成语，重新组合，生割不化，表达的意思峰断云连，含蓄混茫，意态忽忽，让人无法聚焦。

注重修辞和文法，是毛泽东文章枝叶并茂、花影扶疏的一大"秘诀"。

---

❶《毛泽东选集》第1卷第179页，人民出版社1991年6月版。
❷《毛泽东文集》第2卷第124页，人民出版社1999年6月版。
❸《毛泽东年谱（1949—1976）》第2卷第605页，中央文献出版社2013年12月版。

毛泽东的"四字诀"

许多事物不好记、记不住,音韵节奏整齐一些,口诀化一些,就容易记住了。比如八卦口诀、玉钥匙歌诀、珠算口诀、乘法口诀、四角号码口诀……口诀是一种方便的修辞。

格言式的"十六字诀"是毛泽东喜欢使用的表达方式,或者叫修辞方式。仿照汉译佛经的说法,或称之为"四句偈"。

1928年,他总结出"游击战十六字诀":"敌进我退,敌驻我扰,敌疲我打,敌退我追。"❶ 形式上像民谣,内容是教人怎样打仗的,讲得从容不迫,端的是好记、好传、好用、好操作,几乎无须思考,没有多少文化的士兵一听就记住了,一学就会用了。

毛泽东在《实践论》中提出"去粗取精,去伪存真,由此及彼,由表及里",❷ 概括了从感性认识到理性认识的基本方法。这十六个字可谓"认识事物十六字诀",既是认识论,又是一分为二的方法论。

---

❶《毛泽东文集》第1卷第56页,人民出版社1999年6月版。
❷《毛泽东选集》第1卷第291页,人民出版社1991年6月版。

1939年1月，毛泽东提出"人不犯我，我不犯人；人若犯我，我必犯人"❶这十六字，更像四言诗。

1945年6月11日，毛泽东在七大闭幕词《愚公移山》中说："下定决心，不怕牺牲，排除万难，去争取胜利。"❷这四句话，组成一则完整的格言，是愚公移山精神的核心内容。如此简短好记、内容又好的声音，想不流传都不可能，必然风行。

"文革"中又传出毛泽东的四句话："党外无党，帝王思想；党内无派，千奇百怪。"❸这十六个字是从陈独秀的诗句改造来的，像异端之花，流传很广。这十六个字，令人想起脂砚斋在《石头记》第七十六回上的批语："云行月移，水流花放，别有机括，深宜玩索。"

毛泽东的"四字决"还有——

"皮之不存，毛将安附；国既丧亡，身与何有？"❹说个人与国家关系。

"存人失地，人地皆存；存地失人，人地皆失。"❺说人地关系。

---

❶《毛泽东年谱（1893—1949）》中卷第105页，中央文献出版社2013年12月版。

❷《毛泽东选集》第3卷第1101页，人民出版社1991年6月版。

❸《毛泽东年谱（1949—1976）》第5卷第612页，中央文献出版社2013年12月版

❹《毛泽东文集》第1卷第383页，人民出版社1999年6月版。

❺《毛泽东年谱（1893—1976）》下卷第176页，中央文献出版社2013年12月版。

"以一当十，是我精神；以十当一，是我实力。"❶ 说团结抗战。

"利用矛盾，争取多数，反对少数，各个击破。"❷ 说斗争策略。

"团结人民，教育人民，打击敌人，消灭敌人。"❸ 说文艺功能。

"百花齐放，百家争鸣，长期共存，互相监督。"❹ 说的是促进艺术发展和科学进步的方针。

"群众生产，群众利益，群众经验，群众情绪。"❺ 说的是领导要时刻注意的事项。

"有所发现，有所发明，有所创造，有所前进。"❻ 说的是总结经验。

"手中有粮，心中不慌，脚踏实地，喜气洋洋。"❼ 说储存粮食。

"流水不腐，非流水腐；户枢不蠹，非户枢蠹。"❽ 说内因外因。

还有前面说的："各求各志，各行各路，离凡离圣，离因离果。"浓浓的禅味，可谓是毛泽东的禅诗、哲学诗。

如此等等，有诗的节奏，散文的韵致，几乎不用形容词，活泼通透，别开生面。

---

❶《毛泽东文集》第 1 卷第 383 页，人民出版社 1999 年 6 月版。

❷《毛泽东年谱（1949—1976）》第 5 卷第 490 页，中央文献出版社 2013 年 12 月版。

❸《毛泽东选集》第 3 卷第 848 页，人民出版社 1991 年 6 月版。

❹《毛泽东文集》第 7 卷第 229 页，人民出版社 1999 年 6 月版。

❺《毛泽东著作专题摘编》第 273 页，中央文献出版社 2003 年 11 月版。

❻《毛泽东文集》第 8 卷第 325 页，人民出版社 1999 年 6 月版。

❼《毛泽东文集》第 8 卷第 84 页，人民出版社 1999 年 6 月版。

❽《毛泽东哲学批注集》第 106 页，中央文献出版社 1988 年 3 月版。

毛氏"四句偈"，四字一句，四句一组，构成十六字结构。这个句式跟结构与古老的《诗经》相呼应，读起来朗朗上口，方便好记。

"四句偈"在中国有其光荣传统。《诗经》自不必说。

民间流行的"善有善报，恶有恶报，不是不报，日子未到"，不入学校课本，不入诗词选本，老师没教过，报刊没宣传，也没人要求背诵，却口口相传。

儒家的"人心惟危，道心惟微，惟精惟一，允执厥中"，被称为儒家心法十六字箴言。

唐代玄奘法师翻译的《心经》中的"色不异空，空不异色，色即是空，空即是色"，众口传诵。

《红楼梦》第一回中的"因空见色，由色生情，传情入色，自色悟空"，几乎是《红楼梦》的哲学纲领，让人印象深刻。

孙中山先生的"世界潮流，浩浩荡荡，顺之则昌，逆之则亡"，也为人们所熟知。

十六字的"四句偈"，这种句式灿然流行，是最好的道理遇到了最好的表达形式，如同桃子的内容遇到了桃子的形式，如同葡萄串这种形式最大限度地装载了葡萄的内容。

十六字结构，可能体现了语言学的某个规律，包含着天地之间玄之又玄的奥秘。

毛泽东的节缩句

积极修辞中有一种叫"节缩"。节短语言文字，叫作节；缩合语言文字，叫作缩。节缩可以克服繁冗拖沓，符合语言经济学的原则。比如，把"五四青年节"节缩为"五四"，把"七一建党节"节缩为"七一"，把"八一建军节"叫"八一"，说起来、写起来都比较简便。

毛泽东喜欢使用节缩的句子，喜欢缩略词。比如：

把工人、农民、官兵节缩为"工农兵"；

把共产党、政府、军队节缩为"党政军"；

把左派、中间派、右派节缩为"左中右"；

把老年人、中年人、青年人节缩为"老中青"；

把帝国主义、修正主义、反动派节缩为"帝修反"……

这些节缩词为人们所接受，成为熟语和常用词。

以"工农兵"为例——

毛泽东在《在延安文艺座谈会上的讲话》中说："我们的文学艺术都是为人民大众服务的，首先是为工农兵的，为工农兵而创作，为工农兵所利用的。"[1] 他反复强调"工农兵"，给与会者留下深刻记忆。

《八路军大合唱》的词作者公木参加了延安文艺座谈会。他说："经过座谈会，'工农兵'顿时成了一个熟语，'兵'字缀于'工农'后面，构成一个复合词，这是以往所不曾听见过的。"[2]

诗人艾青在文艺座谈会后说："我第一次听到了为工农兵的论点。"[3]

美术家王朝闻参加了延安文艺座谈会，他说："我在上海画画的时候，只晓得为革命，不晓得为工农兵，我是想一个空头的革命，不晓得具体的工农兵，从这一点上，我的脑子打开了。"[4]

参加文艺座谈会的作家舒群说："在文艺座谈会以后，我们才认识到另一个道理，到底什么叫作'面向工农兵'"，"当我们从'亭子间'来到工农兵群众中间，面临新的人物、新的事件的时候，真好像从另一个星球掉在地球上来似的。"[5]

以《兄妹开荒》《拥军花鼓》闻名的李波说："'面向工农兵'这个口号，当时在我们脑子里特别新鲜，我们把这几个字写在自己

---

[1] 《毛泽东选集》第 3 卷第 863 页，人民出版社 1991 年 6 月版。

[2] 公木：《回忆与断想》，《诗刊》1990 年第 5 期。

[3] 艾青：《漫忆延安诗歌运动》，《延安文艺档案·延安文论·延安文论家（三）》第 682 页，太白文艺出版社 2013 年 12 月版。

[4] 张军锋：《我与延安文艺老人的一些接触》，《延安文艺座谈会的台前台后》下册第 233 页，陕西师范大学出版社 2014 年 10 月版。

[5] 舒群：《必须改造自己》，《解放日报》1943 年 3 月 31 日。

的笔记本上，作为座右铭。"❶

"工农兵"的概念开启了新时代。"工农兵"这个词也成为毛泽东时代的生动写照。

毛泽东的节缩词还有许多——

"整风"是节缩词。延安整风主要是整顿三风："反对主观主义以整顿学风，反对宗派主义以整顿党风，反对党八股以整顿文风。"毛泽东的这句话简称为"整顿三风""整三风"，最终精炼为"整风"。

毛泽东把"打得稳，打得准，打得狠"节缩为"稳准狠"。毛泽东说，"对镇压反革命分子，请注意打得稳，打得准，打得狠"。❷他解释说："所谓打得稳，就是要注意策略。打得准，就是不要杀错。打得狠，就是要坚决地杀掉一切应杀的反动分子。"❸

还有"逼供信"。1943年7月，毛泽东说："不要搞逼供信，你逼他，他没有办法，就乱讲，讲了你就信。然后，你又去逼他所供出来的人，那些人又讲，结果越搞越大。我们过去在肃反中有很沉痛的教训。我们这次无论如何不要搞逼供信，要调查研究，要重证据，没有物证，也要有人证。不要人家一说，你就信以为真，要具体分析，不要轻信口供。对于有问题的人，一个不杀，

---

❶ 李波：《片段的回顾》，《新文化史料》1985年第2期。
❷ 《毛泽东年谱（1949—1976）》第1卷第263页，中央文献出版社2013年12月版。
❸ 《毛泽东年谱（1949—1976）》第1卷第283页，中央文献出版社2013年12月版。

大部不抓。杀人一定要慎重,你把人杀了,将来如有证据确实是搞错了,你虽然可以纠正,但人已死了,死者不能复生,只能恢复名誉。"❶这一席话,把"逼、供、信"的含义说清楚了。

还有"斗批改"。1966年8月8日,经毛泽东审定、中共中央下发的《十六条》指出:"我们的目的是斗垮走资本主义道路的当权派,批判资产阶级的反动学术'权威',批判资产阶级和一切剥削阶级的意识形态,改革教育,改革文艺,改革一切不适应社会主义经济基础的上层建筑,以利于巩固和发展社会主义制度。"❷这段话简称"一斗二批三改",又节缩为"斗批改"。"文革"中的"斗批改"很快演变为一场乱战。毛泽东批评道:"文化大革命搞了两年了,你们现在是一不斗,二不批,三不改。斗是斗,你们是搞武斗。"❸在民间,"斗批改"被老百姓解读为"逗(斗)孩子,劈(批)烧柴,改毛衣",这是群众对运动的幽默和嘲讽。同时,也反映出节缩词的缺点,就是容易引起歧义。

毛泽东的有些节缩词,则不那么工整和准确。比如,1954年4月他提出《报纸上的批评要实行"开、好、管"的方针》,内容是:

关于报纸上的批评,要实行"开、好、管"的方针。

---

❶ 《毛泽东年谱(1893—1949)》中卷第460页,中央文献出版社2013年12月版。

❷ 《人民日报》1966年8月9日刊登了《十六条》全文。

❸ 《毛泽东年谱(1949—1976)》第6卷第175页,中央文献出版社2013年12月版。

开，就是要开展批评。不开展批评，害怕批评，压制批评是不对的。

好，就是开展得好。批评要正确，要对人民有利，不能乱批一阵。什么事应指名批评，什么事不应指名，要经过研究。

管，就是要把这件事管起来。这是根本的关键。党委不管，批评就开展不起来，开也开不好。❶

这段话的意思没有问题，我偏见：把它节缩为"开、好、管"，修辞不那么严谨，教人不敢恭维。"工农兵""左中右""帝修反""逼供信""稳准狠"，都成为一个时代或一个领域的流行词，而"开、好、管"没有流行开来，正说明它节缩得不那么成功。如是我闻，毛泽东的文字中也有可以挑剔之处。

---

❶《毛泽东新闻工作文选》第177页，新华出版社1983年12月版。

毛泽东为什么说"不学修辞"

修辞，是对语言的修饰，也是对语言的限制。

一方面，毛泽东要求文章讲修辞，另一方面，毛泽东还说过"不学修辞"的话：

> 至于修辞学，学也可以，不学也可以，伟大的文学家并不学什么修辞学的。我就是不理修辞学的，我看过修辞学，但是不理他。照修辞学上说的办法是写不出好文章的，清规戒律太多。❶

这段话令人"吃惊"，也值得玩味。

中国的禅宗说法传道，扬弃逻辑、实证、概念和范畴，反复强调说"不立文字"。其实禅宗的语录、偈子和公案中，还是有文字与文法，有修辞，有自家逻辑的。

---

❶ 毛泽东1964年8月29日与外宾的谈话，见新华社1968年11月编印的《毛主席对新闻工作的重要指示》。

颜习斋曰："试观天下秀才晓事否？读书人便多愚，多读更愚。"毛泽东说得更为明确："书是要读的，但读多了会害死人的。""书是靠不住的，主要是要创造自己的经验。"❶他是读书种，常患人不读书，提倡多读书，又警惕死读书、读死书而脱离实际带来的危害，这是毛泽东的读书法，是毛泽东说"法"。

修辞的运用，需要学问的积累，需要见识和趣味，需要生活的经验，更多的是在生活中学，在写作中历练，不一定非要从《修辞学》之类的本本上去学。毛泽东说"不学修辞"，是极而言之，他是怕清规戒律太多，记忆太繁，陷进去出不来，使知识学问变成黏牙嚼舌的工具，或者玩修辞游戏，使人丧失悟性乃至丢了灵魂。吕叔湘、朱德熙有本书叫《语法修辞讲话》，写得真好，影响颇大。有人看了说，看了这本书，再也不敢说话写文章了。为什么？就是被书中列举的众多语病给吓住了。陶行知先生有首诗："书呆子烧饭，一锅烧四样：生、焦、硬、烂。"说的是学傻了，学成了书呆子。

毛泽东是认认真真学过修辞与逻辑的。延安时期，他认真阅读了潘梓年的《逻辑与逻辑学》，新中国成立初期他阅读了斯特罗果维契的《逻辑》，1956 年他注意到了《新建设》2 月号上周谷城的《形式逻辑与辩证法》。1959 年 7 月，他在一封信中说："我有兴趣的，首先是中国近几年和近数年来关于逻辑的文章、小册子和

---

❶《毛泽东年谱（1949—1976）》第 5 卷第 576 页，中央文献出版社 2013 年 12 月版。

某些专著（不管内容如何），能早日汇编印出，不胜企望！"❶ 不久，中央政治研究室编出一套《逻辑丛书》共11本，由三联书店出版。章士钊的《逻辑指要》也受到毛泽东赞扬。毛泽东还要求把苏联巴·谢·波波夫的《近代逻辑史》印成大字本。毛泽东几乎把新中国成立后出版的各种逻辑学书收集全了。

实践证明，照修辞学上说的办法写不出好文章好句子，不讲究修辞也写不出好文章好句子；伟大的文学家并不学什么修辞学，但伟大的文学家肯定懂得修辞。毛泽东就是运用修辞的高手，所以毛泽东才敢于说"不学修辞"。

毛泽东的想象力与文字力如天马行空，绝非逻辑所能控制也。他说的"不理修辞学"，包含着对逻辑游戏的警惕，以及对语言疆界规矩的突破与创新。

禅宗有句"但参活句，莫参死句"。读毛泽东的句子，不可死于他的句子之下。

---

❶ 《毛泽东书信选集》第564页，人民出版社1984年1月版。

"要造新词"
毛泽东创造创新的汉语词汇

毛泽东的文章好看，有个重要"密码"就是，他有一套自己的词汇。如果把毛泽东的文章比作一棵参天大树，他创造创新的词语是繁茂的叶子和花朵；如果把毛泽东的著作比作通天神树"建木"，他那丰富多彩的词语组成神树上的天梯。

青年毛泽东在湖南第一师范求学时说："丈夫要为天下奇，即读奇书，交奇友，创奇事，做个奇男子。"同学给他起了个外号"毛奇"。❶罗章龙在回忆录《椿园载记》（三联书店1984年版）中说，同学们评价毛泽东："润之气质沉雄，确为我校一奇士"，"观其所为诗文，夐夐独造"。

毛泽东走上历史舞台后，盘坐在历史的风云中，创造自己的词汇，演说革命的理念，宣传新的世界观。

中共创建之后，使用的词汇大多来自苏联和共产国际，基本上没有自己原创性的词汇，多是照本宣科。空洞的、僵硬的词汇走上政治舞台，空话老话套话拿腔拿调，排列成"党八股"的"奇观"。毛泽东尖锐地嘲讽道："如果一篇文章，一个演说，颠来倒去，总是那几个名词，一套'学生腔'，没有一点生动活泼的语言，这岂不是语言无

味，面目可憎，像个瘪三吗！"❷

正如胡适在《文学改良刍议》中所说："今之学者，胸中记得几个文学的套语，便称诗人，其所为诗文处处是陈言滥调，'蹉跎''身世''寥落''飘零''虫沙''寒窗''斜阳''芳草''春闺''愁魂''归梦''鹃啼''孤影''雁字''玉楼''锦字''残更'之类，累累不绝，最可惜厌。其流弊所至，遂令国中生出许多似是而非、貌似而实非之诗文。"

毛泽东拿起笔，深切地感受到了"中国原有的语汇不够用"❸。

怎么办？

他自觉地创造创新词语，更新语言。他说："要造新词。天堂、霓裳之类，不可常用。"❹

马克思主义的词语，儒佛道典籍中的词汇，老百姓那里的俗语谚语，被毛泽东熔为一炉。新词语新概念在毛泽东的文章里茁壮成长。崭新鲜活的"毛氏词语"在历史的岩石上留下深深划痕，在革命队伍中掀起词语风暴。朝气蓬勃的修辞凝集革命者，赢得中间派，击败敌对者。

毛泽东率领一群汹涌的革命词语攻城略地，占据理论的制胜点、语言的制高点。再看毛泽东的对手蒋介石，他基本上无力创造新词语新概念，没有新语言新叙事，他几十年来说来说去就是"礼义廉耻""四维八德""知行合一""致良知"，几乎没有注入时代性的新内容。

"不破不立，不塞不流，不止不行"，这是毛泽东在《新民主主义论》中的话。他善于大破大立、破旧立新，在社会文化领域是这样，在语言词汇上亦复如是。

每个经典作家都有自己的说话方式，都有自己的专用词语。《论语》《道德经》《金刚经》这些经典文本，都有自己的概念和自己独特的语言方式。毛泽东也是这样，他自铸新词并通过一个个属于他的词语建构他的思想体系，通过他的词语给我们说话，通过他的词语宣示革命的思想。

词语曜党，文章华国。毛泽东让庞大的群体掌握了与自己利益相关的共同语言和共同观念。毛泽东的胜利，是意识形态的胜利，也是革命词语的胜利。

"问苍茫大地，谁主沉浮？"毛氏词语，是毛泽东按在大地、按在革命者大脑中的"大手印"。

❶《毛泽东传》第1册第37页，中央文献出版社2013年11月版。
❷《毛泽东选集》第3卷第837页，人民出版社1991年6月版。
❸《毛泽东选集》第3卷第837页，人民出版社1991年6月版。
❹《建国以来毛泽东文稿》第11册第451页，中央文献出版社1996年8月版。

毛泽东创造的词语

空手捕风，拈花在手。毛泽东是新词汇、新概念的创造者，他的许多词语具有原创性。

对于词语，毛泽东有求新的欲望、创新的本事、制造的技巧。他将许多深奥的政治语言、意识形态的大词、官方的专业术语，与中国古代的、民族的、农民的语言结合起来，揉搓一番，幽深者曲折以明之，微妙者譬喻以形之，"横空盘硬语"，捏出一个又一个敲打世界的词、引人上进的词、清理思想的词、直指人心的词、自我游戏与游戏人间的词。这些崭新的词语承载着他的思想和思想方法。

"朝气蓬勃"是毛泽东创造的青春之词。1938年4月2日，毛泽东在对抗大学员的讲话中说："要有朝气，就是要有蓬蓬勃勃向上发展之气。"❶ 这是毛泽东创造的"朝气蓬勃"一词的最初形态。1939年12月，毛泽东在延安的一次集会上说："满堂青年，朝气蓬勃。"❷ "朝气蓬勃"一词就此诞生。朝气蓬勃，这四个字放

---

❶ 《毛泽东年谱（1893—1949）》中卷第63页，中央文献出版社2013年12月版。
❷ 《毛泽东文集》第2卷第250页，人民出版社1993年12月版。

在一块就让人喜欢。创造这个词的人，一定是个朝气蓬勃的人；诞生这个词的时代，一定是个朝气蓬勃的时代；流行这个词的社会，一定是个朝气蓬勃的社会。毛泽东还用"朝气蓬勃"造句："你们青年人朝气蓬勃，正是兴旺时期，好像早晨八九点钟的太阳。希望寄托在你们身上。"❶ 好句子！好气象！

"纸老虎"是毛泽东创造的具有世界性影响的词语。1946年8月6日，毛泽东在延安杨家岭接受美国记者安娜·路易斯·斯特朗的采访时，发明了"纸老虎"一词："原子弹是美国反动派用来吓人的一只纸老虎"，"蒋介石和他的支持者美国反动派也是纸老虎"❷。将原子弹、强大的敌人比作"纸老虎"——纸做的老虎，举重若轻，生动形象。毛泽东在一个恰当的时间、恰当的地点，通过一位恰当的人和恰当的传播手段，将"纸老虎"有力地推向全国乃至英语世界。"纸老虎"的命名，是一个象征，一个符号，它像一个容器把反动派装进去了，又是一种力量，一种世界观，为全世界的弱者提供了强大的精神动力学。

毛泽东把距离间隔很远的"炮弹"和"糖衣"两个词捏在一起，造就一个新词"糖衣炮弹"。在中国共产党即将取得胜利的时刻，在即将远离炮弹、远离死亡，走进城市、走向歌舞升平的执政红地毯的时候，毛泽东创造出"糖衣炮弹"："可能有这样一些共产党人，他们是不曾被拿枪的敌人征服过的，他们在这些敌人面前

---

❶ 《建国以来毛泽东文稿》第6册第650页，中央文献出版社1992年1月版。
❷ 《毛泽东选集》第4卷第1194—1195页，人民出版社1991年6月版。

不愧英雄的称号；但是经不起人们用糖衣裹着的炮弹的攻击，他们在糖弹面前要打败仗。"❶ 毛泽东清醒地认识到，革命成功之后，革命者掌握权力、行使权力，周围都是权力的捧场者，革命者面临四方无事、天下太平、马放南山、意志松懈的危险，他鲜明地提出"糖弹"——"糖衣炮弹"这个词，警示党内同志。对此，他提出："夺取全国胜利，这只是万里长征走完了第一步。……中国的革命是伟大的，但革命以后的路程更长，工作更伟大，更艰苦。这一点现在就必须向党内讲明白，务必使同志们继续保持谦虚谨慎、不骄不躁的作风，务必使同志们继续地保持艰苦奋斗的作风。"❷ 这段话后来节缩为"两个务必"，"两个务必"一直响彻在党人耳畔。

毛泽东在"八股文"这个老词的基础上，采取仿词法，造出"党八股""洋八股"，借鉴"阴谋"造出"阳谋"。

"北京有两个司令部，一个是以我为首的司令部，叫做刮阳风，烧阳火，一个是以别人为司令的司令部，叫做刮阴风，烧阴火……"❸ 这段话中的"阴风""阴火"两个词是从《西游记》里化来的，"阳风""阳火"则是新创了。

还有，"为人民服务""枪杆子里面出政权""支部建在连上""三大作风""好好学习""天天向上""解剖麻雀""又红又专""一穷二白""坦白从宽，抗拒从严"……这些新词都是毛泽东的原创，不

---

❶ 《毛泽东选集》第4卷第1438页，人民出版社1991年6月版。

❷ 《毛泽东选集》第4卷第1438—1439页，人民出版社1991年6月版。

❸ 《毛泽东年谱（1949—1976）》第2卷第211页，中央文献出版社2013年12月版。

沁园春

独立寒秋,
湘江北去,
橘子洲头。
看万山红遍,
层林尽染;
漫江碧透,
百舸争流。
鹰击长空,
鱼翔浅底,
万类霜天竞自由。
怅寥廓,
问苍茫大地,
谁主沉浮?

携来百侣曾游,
忆往昔峥嵘岁月稠。
恰同学少年,
风华正茂;
书生意气,
挥斥方遒。
指点江山,
激扬文字,
粪土当年万户侯。
曾记否:
到中流击水,
浪遏飞舟。

沁园春·长沙(之二)

袭陈言，独家炮制。

毛泽东擅长诗词，他在诗词中创造的词语累累可观。

1925年，一首《沁园春·长沙》，连绵不断地打造出一串成语、熟语：万山红遍，百舸争流，谁主沉浮，峥嵘岁月，风华正茂，书生意气，挥斥方遒，指点江山，激扬文字，粪土当年万户侯……真是：词词新造，字字珠玑，充满青春元气，像是词语的交响乐。

一首《忆秦娥·娄山关》，推出"雄关漫道真如铁，而今迈步从头越""苍山如海，残阳如血"等名句，将革命者的豪情，用诗性表达出来。

1935年10月，毛泽东在长征胜利之时，写下的《念奴娇·昆仑》是一首"裁截昆仑"的大词，"太平世界""寰球同此凉热"等新词"横空出世"。

据统计，源于《诗经》300篇的成语有150多条，平均每2首诗中就生长出一条成语。毛泽东的诗词中长成成语模样的句子比例更高一些，像《沁园春·长沙》《沁园春·雪》《念奴娇·昆仑》等，每首都制造出多个成语，在古今诗词中比较稀见。

毛泽东颠覆的词语

毛泽东与一些老词语搏斗一番,"俘虏"它们,"生擒"回来,给它们换衣换帽,改换门庭,变成自家的词语。

"土匪""山大王"这类词,在历朝历代都是贬义词。1927年9月,秋收起义失败后,毛泽东果断地把队伍拉上了井冈山,当"山大王",建立了中国革命的第一块根据地——井冈山革命根据地,走上了"农村包围城市,武装夺取政权"的道路。毛泽东在"八七会议"上说:"我现在担任土匪工作,土匪问题是非常大的问题,我们搞土地革命,就要设法领导他们,把他们当作自己的弟兄。搞湖南暴动,如果失败了,不要去广东,而应该上山。"[1] "八七会议"后,瞿秋白提议毛泽东到上海中央去工作。毛泽东回答:"我不去跟你们住高楼大厦,我要去当绿林好汉。"[2] 毛泽东化贬为褒,深刻地改变了"土匪""山大王"这些个老词的内涵。后来,国民党称中国共产党为"共匪",称毛泽东为"毛

---

[1] 陈晋:《文人毛泽东》第75页,上海人民出版社1997年12月版。

[2] 陈晋:《读毛泽东札记》第35页,三联书店2009年9月版。

匪",毛泽东欣然接受。他领导的共产党就是要做"山大王""土匪",让穷人翻身,为穷人打天下。

"斗争哲学"这个词,由国民党人创造,用来骂我们共产党。国民党人说:共产党的哲学是斗争哲学。不少共产党人很反感"斗争哲学"这个词。毛泽东把它拿来用了,作为自己的哲学。他说:"有人说我们党的哲学叫'斗争哲学',……我说'你讲对了'。自从有了奴隶主、封建主、资本家,他们就向被压迫的人民进行斗争,'斗争哲学'是他们发明的。被压迫人民的'斗争哲学'出来得比较晚,那是斗争了几千年,才有马克思主义。"❶这好比,直面对手射来的一支利箭,潇洒地接过来,顺手掉转方向,投向对方,置对方于死地。毛泽东的"斗争哲学"影响全党、深入人心,固化为一种性格,内化为一种思维方式,外化为一种习惯。

"上帝"在基督教教义中,是唯一的最高的神圣的真神,是天地万物的主宰。赞美诗曰:"上帝是人千古保障,是人将来希望,是人居所,抵御风雨,是人永久家乡。"太平天国领导人洪秀全向西方借来一个上帝,组织了拜上帝教。毛泽东词典中也有个词"上帝"。"上帝不是别人,就是全中国的人民大众","上帝就是人民,人民就是上帝"❷。这是被他颠倒的"上帝"。毛泽东终其一生,把人民当"上帝",相信人民这个"上帝",忠于人民这个

---

❶ 《毛泽东在七大的报告和讲话集》第119页,中央文献出版社1995年4月版。
❷ 《毛泽东年谱(1949—1976)》第5卷第480页,中央文献出版社2013年12月版。

"上帝"，他反复言说的"为人民服务"就是为人民这个"上帝"服务。

　　"造反有理"这个词，是毛泽东的创造，也是他对"造反"一词的颠覆。"造反"本来是贬义词。历代统治者都认为"造反有罪"。造反是要杀头的，代价太大——这个可怕后果，平息了许多人的造反冲动。毛泽东反其道而行之，发明了"造反有理"这个新词。1939年12月21日，毛泽东在庆祝斯大林六十寿辰大会上说："马克思主义的道理千头万绪，归根结底，就是一句话：造反有理。几千年来总是说，压迫有理，剥削有理，造反无理。自从马克思主义出来，就把这个旧案翻过来了。这是一个大功劳。根据这个道理，于是就反抗，就斗争，就干社会主义。"❶ 马克思主义中包含有"造反有理"的内容，不过不是全部，但是用"造反有理"一词来概括马克思主义的理论，这个说法很简练，很好记，喊出了普天下被压迫者的心声。"造反""造反有理"成为革命的正义的词汇。

　　毛泽东常常使用一些老百姓喜欢的世俗语言，来通俗地说明他的思想。"革命不是请客吃饭，不是做文章，不是绘画绣花，不能那样雅致，那样从容不迫，文质彬彬，那样温良恭俭让。革命是暴动，是一个阶级推翻一个阶级的暴烈的行动。"❷ 革命的词语也

---

❶ 《毛泽东年谱（1893—1949）》中卷第152页，中央文献出版社2013年12月版。

❷ 《毛泽东选集》第1卷第17页，人民出版社1991年6月版。

是一样，有的可能不那么雅致，不那么文质彬彬，但具有巨大的力量。

1942年5月2日，毛泽东在《在延安文艺座谈会上的讲话》中指出："最干净的还是工人农民，尽管他们手是黑的，脚上有牛屎，还是比资产阶级和小资产阶级知识分子都干净。"❶ 经他这么一说，"牛屎"就成为标志性的政治符号。

毛泽东号召人们改正缺点错误，用了两个比喻："脱裤子""割尾巴"。毛泽东用这样触目惊心的词汇来刺激人们的神经。他还说，"有话就讲，有屁就放"，鼓励人们大胆讲话；他提倡"摸老虎的屁股"，说的是敢于对坏人坏事以及大人物作斗争；他骂敌人是"不齿于人类的狗屎堆"……如此等等，显示了毛泽东使用"群众语言"时的生动活泼与无所顾忌。

---

❶《毛泽东选集》第3卷第851页，人民出版社1991年6月版。

毛泽东救活的词语

毛泽东说："我们坚决反对去用已经死了的语汇和典故，这是确定了的，但是好的仍然有用的东西还是应该继承。""古人语言中还有许多有生气的东西我们就没有充分地合理地利用。"他还说："要学习古人语言中有生命的东西。"[1]

毛泽东从历史的河流里打捞上来一些词语，把死了的救活，化古典为今典，化古语为新语，在词语的变化与创造中为语言"招魂"，为时代立心。

"实事求是"是一句古语，最早见之于《汉书·河间献王传》。河间献王刘德是汉景帝之子，他一生唯好研究古籍，收藏了许多善书，"修学好古，实事求是。从民得善书，必为好写与之，留其真，加金帛赐以招之"。《汉书》之后，"实事求是"这个词在儒家著作中时常出现，但在朝野文书中、在民间话语中，并没有流传开来。1916年，湖南岳麓书院的主事者把"实事求是"这四个字写成硕大的横匾挂在讲堂正门。青年毛泽东求学时，曾在岳麓书

---

[1]《毛泽东选集》第3卷第837—838页，人民出版社1991年6月版。

院就读，多次从"实事求是"横匾下经过，"实事求是"一词给他留下了深刻印象。走上政坛的毛泽东，面对一些党人唯上、唯书、崇洋的行为，把"实事求是"这个词拿过来，给它注入新的精气神，表达他的新思想。1941年5月，他在《改造我们的学习》中号召中国共产党人学习和践行"实事求是"的精神。他说："'实事'就是客观存在着的一切事物，'是'就是客观事物的内部联系，即规律性，'求'就是我们去研究。我们要从国内外、省内外、县内外、区内外的实际情况出发，从其中引出其固有的而不是臆造的规律性，即找出周围事物的内部联系，作为我们行动的向导。"❶ "实事求是"成为中国共产党的思想路线，成为中国共产党最宝贵的思想品质之一。

"愚公移山"是个深藏于故纸堆里的故事。中国历史长，文献多，典故也多。《列子·汤问》中"愚公移山"这个寓言，和大多数寓言一样，很精彩，但鲜为人知。毛泽东在中共"七大"闭幕词《愚公移山》中，用白话文讲述了"愚公移山"这个寓言，赋予这个故事以新的内涵，把它升华为共产党人的精神、中华民族的精神。旧典重生！愚公重生！经过两千多年的漫长成长，"愚公移山""愚公精神"长大成词，走出书本，进入大众。"愚公移山"这个深藏于故纸堆里的故事流传全国，一个时期比"四大民间传说"（牛郎织女、孟姜女哭长城、白蛇传、梁山伯与祝英台）的知名度还高，捎带着，连愚公"移"的那两座"山"——太行山、王屋

---

❶ 《毛泽东选集》第3卷第801页，人民出版社1991年6月版。

山，也鼎鼎大名，广为人知。

"赶考"一词也是毛泽东救活的。1905年中国废除了科举，"进京赶考"这个词也随之被废弃。1949年3月23日上午，毛泽东率中共中央机关和解放军总部从西柏坡前往古都北平。临上车，毛泽东对周恩来说："今天是进京的日子，进京赶考去。"周恩来笑着说："我们应当都能考试及格，不要退回来。"毛泽东说："退回来就失败了。我们决不当李自成，我们都希望考个好成绩。"❶ 毛泽东把共产党入主北京面临的执政考验，称为"进京赶考"。旧词复活。毛泽东以九百六十万平方公里乃至整个地球为考场，以建立一个防范外国侵略和摧毁封建势力的现代化人民民主国家为试卷，以人民民主专政为笔墨，以工农兵为考官，在一个具有五千年历史的多民族大一统的国家里，开启了一个政党的"赶考"之路。

老瓶新酒，旧词活用，借尸还魂，起死回生。毛泽东给许多已经固化或死亡、毫无生气的词语进行"铸魂""立魄"，在扬弃中使之获得新的活力。

---

❶《毛泽东年谱（1893—1949）》下卷第470页，中央文献出版社2013年12月版。

毛泽东挪动的词语

挪动，也就是位移，是指一个物体的位置变化。许多老词经过毛泽东的挪动，运动方向被改变了，保有原本形式，装入新的内容，获得新的含义。脱胎换骨之后的老词语，词义被大大拓展延伸，增添了别样的风姿与神韵。

——长征

王昌龄的《出塞》中，有"秦时明月汉时关，万里长征人未还"的名句。《宋史》里也有"长征"一词。但"长征"一词成为"世界语"，成为"英雄创世纪"，得益于毛泽东。长征"创造"了毛泽东，使毛泽东走上领袖地位；毛泽东也"创造"了长征，使"长征"成为一种精神象征。

毛泽东的《七律·长征》为长征放歌。他的《论反对日本帝国主义的策略》以诗的语言描述"长征"："长征是历史纪录上的第一次，长征是宣言书，长征是宣传队，长征是播种机……"[1]毛泽东使"长征"一词成为一个包含伟大精神、伟大事业和伟大意

---

[1]《毛泽东选集》第 1 卷第 149—150 页，人民出版社 1991 年 6 月版。

义的专用名词。

毛泽东是中国共产党人中将文学语言成功引入政治语言的第一人。政治语言得到文学语言的帮助，更为生动，更有味道了。

——鱼水

与诸葛亮"隆中一对"，玄德公慨然叹曰："吾得孔明，犹鱼之得水也。"

毛泽东把"鱼水"的话拿过来，用于比喻军队与人民、党与人民的关系。

秋收起义时，毛泽东说："军队与人民群众如鱼之于水，失去了群众就像鱼失去了水，与群众结合，在群众中生了根，就能够得到广大群众拥护，就能取得胜利。"[1] 以后的岁月里，毛泽东经常使用"鱼水"这个比喻："农村是海洋，我们红军好比鱼，广大农村是我们休养生息的地方。"[2] "我党没有人民，便等于鱼没有水，便没有生存的必要条件。"[3]

"鱼水关系"的比喻很形象、很中肯，它提醒革命者一刻也不能脱离群众，有力地促进了党与群、官与民、军队与百姓的关系。

---

[1] 何长工：《井冈山的星星之火》，《星火燎原》第11集第110页，解放军出版社2010年6月版。

[2] 《毛泽东年谱（1893—1949）》上卷第425页，中央文献出版社2013年12月版。

[3] 《毛泽东年谱（1893—1949）》中卷第369页，中央文献出版社2013年12月版。

——"王道""霸道"

这是中国传统政治中一对重要概念。

毛泽东用这一对老词，来解说他的思想与主张。他说："纪律是霸道，路线是王道，这两者都不可少。"❶"用霸道对敌人是正确的，对敌人就是要狠，但用霸道对人民、对党、对政府则是错误的，对人民用王道。我们要有两种态度，对敌人用霸道，对人民用王道，这一条要记得非常牢固。"❷

这是毛泽东创造的新王道、新霸道。

——"班长"

部队中最小的"官"是班长。1949年3月13日毛泽东在中共七届第二次会议上讲话说："党委书记要善于当'班长'。"从此，"班长"这个词在中国共产党的词典里就多了一个义项：统领班子的人。

——"弹钢琴"

钢琴大家都熟悉。毛泽东赋予"弹钢琴"以不同于"弹钢琴"之新义。他说："党委的同志必须学好'弹钢琴'。"❸从此"弹钢琴"成为一种思想方法和工作方法。

——"看齐"

这个词原本是军队的口令。1945年，毛泽东在党的七大预备

---

❶ 《毛泽东文集》第2卷第374页，人民出版社1999年6月版。
❷ 《毛泽东文集》第3卷第69页，人民出版社1999年6月版。
❸ 《毛泽东选集》第4卷第1442页，人民出版社1991年6月版。

会议上说：“要知道，一个队伍经常是不大整齐的，所以就要常常喊看齐，向左看齐，向右看齐，向中看齐。我们要向中央基准看齐，向大会基准看齐。看齐是原则，有偏差是实际生活，有了偏差，就喊看齐。”❶ 毛泽东把一个军事用语挪用于政治领域。一个军事口令变成了政治口令，一个在操场上游弋的词语获得思想加冕。

比较典型的是"孺子牛"这个词。

"孺子牛"一词最早见于《左传·哀公六年》，说的是：齐景公溺爱儿子，自己四肢着地，做牛状，让儿子骑在上面，口里还衔着一根绳子，让儿子像牵牛一样牵着，儿子不小心从他背上掉下来，绳子一紧，把他的老牙扯断了。这个典故，说的是如何疼爱儿女。

鲁迅在1932年10月5日哼成名句"横眉冷对千夫指，俯首甘为孺子牛"，将一个沉默一千多年的"孺子牛"牵到当代人面前。

毛泽东在《在延安文艺座谈会上的讲话》中引用了鲁迅的这两句诗，并且夺胎换骨，把它推向更加辽阔的境界。毛泽东说："鲁迅的两句诗，横眉冷对千夫指，俯首甘为孺子牛，应该成为我们的座右铭。'千夫'在这里就是说敌人，对于无论什么凶恶的敌人我们决不屈服。'孺子'在这里就是说无产阶级和人民大众。一切共产党员，一切革命家，一切革命的文艺工作者，都应该学鲁迅的榜

---

❶ 《毛泽东在七大的报告和讲话集》第13页，中央文献出版社1995年4月版。

样，做无产阶级和人民大众的'牛'，鞠躬尽瘁，死而后已。"❶

"孺子牛"从大户人家左丘明府里出生，经大手笔鲁迅调养，由驾车人毛泽东御笔点睛，神鞭赶出。于是乎，这头两千多岁的牛成为"为人民服务"的牛、"鞠躬尽瘁死而后已"的牛，成为一种精神象征。

还有"星星之火，可以燎原""惩前毖后，治病救人""解剖麻雀""钦差大臣""霸王别姬""香花、毒草""东风、西风"等，都是对老词语的挪用。

毛泽东擅长政治修辞，既创造新词，又勇于"词汇夺舍"——在词汇的大家族中"打土豪分田地"，这使得"毛氏语言"具有独特的风向标。这些词语在改造中国、改造社会、改造思想的同时，也成为亿万人中的流行语。

---

❶ 《毛泽东选集》第 3 卷第 877 页，人民出版社 1991 年 6 月版。

小超同志：

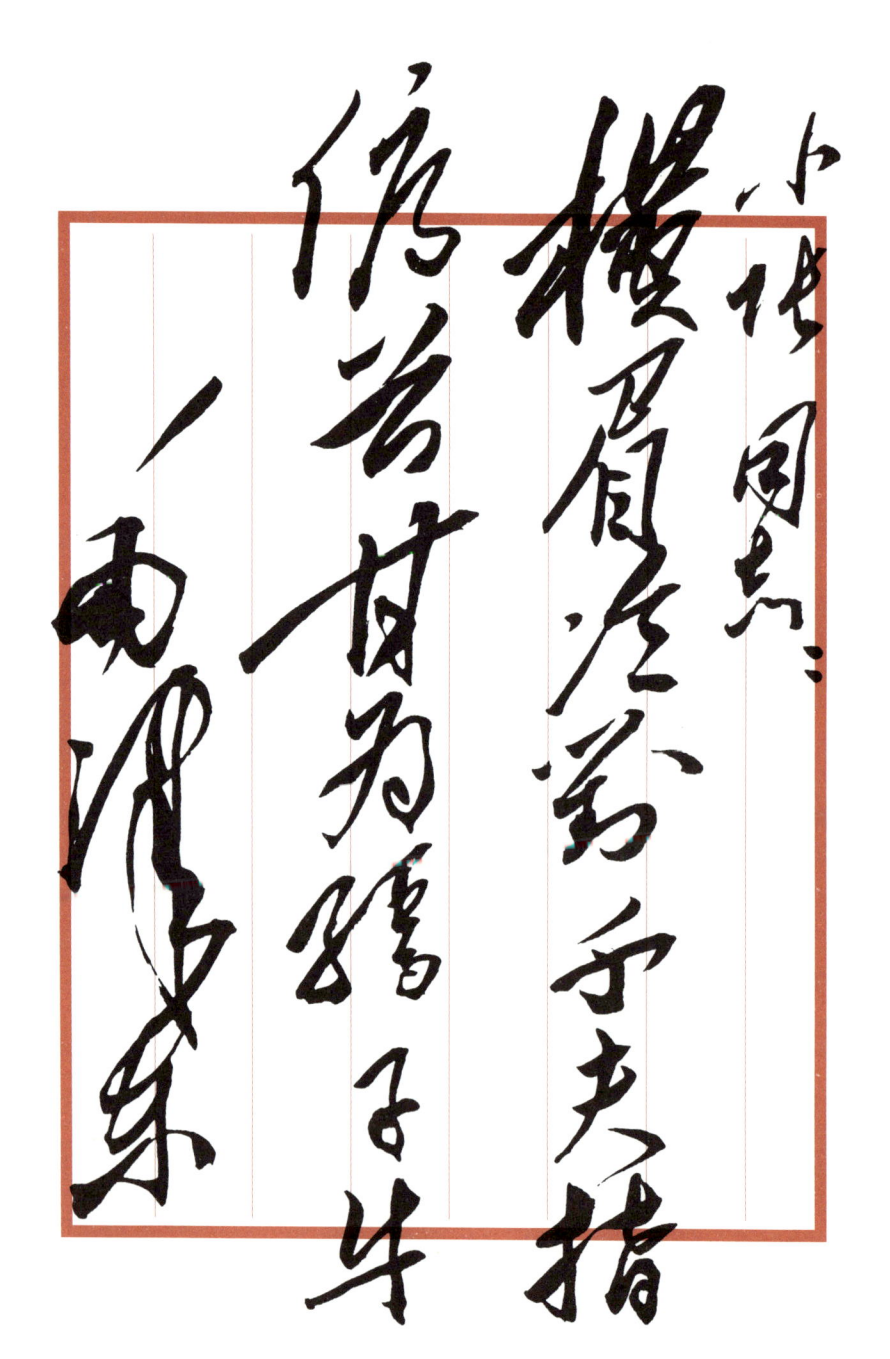

横眉冷对千夫指
俯首甘为孺子牛

毛泽东

横眉冷对千夫指　俯首甘为孺子牛

毛泽东妙解老词语

创造新词语是毛泽东的强项，拓展或改变词语的含义，他也得心应手。毛泽东在《古田会议决议》里提出"说话通俗化（新名词要释俗）"[1]。一些老成语被他点化，翻出一番新意——这也是一种写作技巧和语言艺术。

矫枉过正。毛泽东说："矫枉必须过正，不过正不能矫枉。"[2]

千方百计。毛泽东说："什么叫千方百计呢？千方者，就是九百九十九方加一方，百计者，就是九十九计加一计。"[3]

团结。毛泽东说："所谓团结，就是团结跟自己意见分歧的，看不起自己的，不尊重自己的，跟自己闹过别扭的，跟自己作过斗争的，自己在他面前吃过亏的那一部分人。至于那个意见相同的，已经团结了，就不发生团结的问题了。"[4]

---

[1] 《毛泽东文选》第 1 卷第 104 页，人民出版社 1999 年 6 月版。
[2] 《毛泽东选集》第 1 卷第 17 页，人民出版社 1991 年 6 月版。
[3] 《毛泽东文集》第 7 卷第 187 页，人民出版社 1999 年 6 月版。
[4] 《毛泽东文选》第 7 卷第 92 页，人民出版社 1999 年 6 月版。

拼命。毛泽东说:"什么叫拼命?《水浒传》上有那么一位,叫拼命三郎石秀,就是那个'拼命'。我们从前干革命,就是有一种拼命精神。"❶

夜郎自大。毛泽东说:"永远限于本地区本单位这个狭隘世界,不能打开自己的眼界,不知还有别的新天地,这叫做夜郎自大。"❷

有的放矢。毛泽东说:"'矢'就是箭,'的'就是靶",放箭要对准靶。……马克思列宁主义之箭,必须用了去射中国革命之的。"❸

革命。毛泽东说:"革命一词起源于拉丁语,是由天文学上的用词变来的,意思是变换位置。"❹

不破不立。毛泽东说:"不破不立。破,就是批判,就是革命。立,就是讲道理,讲道理就是立。破字当头,立也就在其中了。"❺

吐故纳新。毛泽东说:"一个人有动脉、静脉,通过心脏进行血液循环,还要通过肺部进行呼吸,呼出二氧化碳,吸进新鲜氧

---

❶ 《毛泽东文集》第7卷第285页,人民出版社1999年6月版。
❷ 《毛泽东文集》第8卷第347页,人民出版社1999年6月版。
❸ 《毛泽东选集》第3卷第819—820页,人民出版社1991年6月版。
❹ 《毛泽东年谱(1949—1976)》第5卷第353页,中央文献出版社2013年12月版。
❺ 《建国以来毛泽东文稿》第12册第41页,中央文献出版社1998年1月版。

气，这就是吐故纳新。"❶

问题。毛泽东说："什么叫问题？问题就是事物的矛盾。哪里有没有解决的矛盾，哪里就有问题。"❷

顽固。毛泽东说："什么叫顽固？固者硬也，顽者，今天、明天、后天都不进步之谓也。这样的人，就叫做顽固分子。"❸

知识。毛泽东说："什么是知识？自从有阶级的社会存在以来，世界上的知识只有两门，一门叫做生产斗争知识，一门叫做阶级斗争知识。自然科学、社会科学，就是这两门知识的结晶，哲学则是关于自然知识和社会知识的概括和总结。"❹

对牛弹琴。毛泽东说："对牛弹琴这句话，含有讥笑对象的意思。如果我们除去这个意思，放进尊重对象的意思去，那就只剩下讥笑弹琴者这个意思了。为什么不看对象乱弹一顿呢？"❺

毛泽东把不好读的"揠苗助长"改为"拔苗助长"。"揠苗助长"这个词出自《孟子·公孙丑上》："宋人有闵其苗之不长而揠之者，茫茫然归，谓其人曰：'今日病矣，予助苗长矣。'其子趋而往视之，苗则槁矣。"说的是，宋国有个农夫，嫌他田地里的苗长得太慢，就跑到田地里把每一棵苗往上拔高了一些，他认为这

---

❶ 《毛泽东年谱（1949—1976）》第6卷第138页，中央文献出版社2013年12月版。
❷ 《毛泽东选集》第3卷第839页，人民出版社1991年6月版。
❸ 毛泽东1940年2月20日在延安各界宪政促进会成立大会上的演说。
❹ 《毛泽东选集》第3卷第815—816页，人民出版社1991年6月版。
❺ 《毛泽东选集》第3卷第836页，人民出版社1991年6月版。

样帮助了禾苗生长。他回家后高兴地对家里人说："今天把我累坏了，我帮助我们田里的苗长高了。"儿子听了父亲的话，赶快跑到地里去看，只见地里的庄稼苗已经枯萎了。"揠苗助长"是文人书斋语言，在田地里种庄稼的农民听不懂什么是"揠苗助长"。毛泽东把它改为"拔苗助长"。著名相声演员侯宝林说："有一个成语，叫'揠苗助长'。这个'揠'（音 ya，讶）字很多人不认识，念成'晏苗助长'。毛泽东把它改成'拔苗助长'，我们一听就懂了。"❶

还有，毛泽东把"相斫书"改为"相砍书"。"相砍书"即记载相互砍杀的书。裴松之注《三国志》时，引用隗禧的话，说"《左氏》直相斫书耳"。这是"相斫书"一词的出处。梁启超的《中国史学萃·中国史界革命案》中说："昔人谓《左传》为相斫书，岂惟《左传》，若《二十四史》，真可谓地球上空前绝后之一大相斫书也。"斫，砍杀。"斫"字不那么好认。毛泽东给"相斫书"改了半个字，叫作"相砍书"。他说："有人给《左传》起了个名字，叫作'相砍书'，可它比《通鉴》里写战争少多了，没有《通鉴》砍得有意思，《通鉴》是一部大的'相砍书'。"❷

如此这般点化成语，大可回味。

---

❶ 侯鑫主编：《一户侯说——侯宝林自传和逸事》，五洲传播出版社 2007 年 8 月版。

❷ 郭金荣：《毛泽东的晚年生活》第 85 页，教育科学出版社 1993 年 2 月版。

毛泽东用新词语构建新的意识形态

词语是思想大厦的"砖块"。毛泽东用自己创造创新的一系列新词汇，建立起中国共产党的文化"金字塔"——

新中国的国体是"人民民主专政"。中国共产党的宗旨是"为人民服务"，思想路线是"实事求是"。它的"三大作风"是"理论和实践相结合的作风，和人民群众紧密地联系在一起的作风以及自我批评的作风"❶。它的"三大法宝"是"统一战线，武装斗争，党的建设"。还有"共产党领导的革命的政治工作是革命军队的生命线"❷，开启了政治工作的新篇章。

"阶级斗争"是影响毛泽东一生的关键词。1926年3月18日，毛泽东在《纪念巴黎公社的重要意义》中说："马克思说：'人类的历史，是一部阶级斗争史。'这是事实，不能否认的。人类由原始社会进化为家长社会、封建社会以至于今日之国家，无不是统治阶

---

❶ 《毛泽东选集》第3卷第1094页，人民出版社1991年6月版。
❷ 《毛泽东年谱（1893—1949）》中卷第507页，中央文献出版社2013年12月版。

级与被统治阶级之阶级斗争的演进。""其实四千多年的中国史，何尝不是一部阶级斗争史呢？"❶ 毛泽东说："从鸦片战争反帝国主义算起有一百多年，我们仅仅做了一件事，就是搞阶级斗争。"❷ 毛泽东挥舞阶级斗争之剑，风起云涌。

毛泽东一屁股坐在中国人民这一边，把"工农兵""农民""群众""老百姓"高举起来。"群众是真正的英雄，而我们自己往往是幼稚可笑的。""世界上最有学问的人第一是工人农民，'万般皆下品，唯有读书高'的观点是不对的，应当改为'万般皆下品，唯有劳动高'。"❸ 在毛泽东的思想中，"工农兵""老百姓"成为一个标志，一把尺子。他批评轻视工农兵、脱离老百姓的倾向。他说："政治的问题主要是对人民的态度，看你是想和老百姓做朋友还是要站在老百姓的头上压迫他们。"❹ "革命的或不革命的或反革命的知识分子的最后的分界，看其是否愿意并且实行和工农民众相结合。……真正的革命者必定是愿意并且实行和工农民众相结合

---

❶ 《毛泽东文集》第 1 卷第 34—35 页，人民出版社 1999 年 6 月版。

❷ 《毛泽东年谱（1949—1976）》第 3 卷第 119 页，中央文献出版社 2013 年 12 月版。

❸ 《毛泽东年谱（1893—1949）》中卷第 141 页，中央文献出版社 2013 年 12 月版。

❹ 《毛泽东年谱（1893—1949）》中卷第 79 页，中央文献出版社 2013 年 12 月版。

的。"❶ "许多共产党员不知道脱离群众是一种罪恶。"❷

从"群众"出发，毛泽东总结出"群众观点""群众路线"。他说："全心全意地为人民服务，一刻也不脱离群众；一切从人民的利益出发，而不是从个人或小集团的利益出发；向人民负责和向党的领导机关负责的一致性；这些就是我们的出发点。"❸ 从"群众"出发，他发动了波澜壮阔的"群众运动"：识字运动、大生产运动、改造"二流子"运动、劳动竞赛运动、纺线运动、驮盐运动、学习运动、文艺运动、新秧歌运动、诗歌运动、反投降反内战运动、冬季扩兵运动、整风运动、审干运动、劝说运动、坦白运动、抢救失足者运动、下乡运动、双拥运动、减租减息运动、赵占魁运动、十一运动、新式整军运动……毛泽东是擅长群众运动的动员型领袖，发动群众运动是他的拿手好戏。群众运动是毛泽东闹革命的"独家秘籍"，是他的一个重要思想方法和工作方法，是他的一门艺术。

以毛泽东为代表的共产党人，以工农兵之心为心，为工农兵说话，说工农兵的话，为工农兵办事，把最底层的老百姓，把那些贫穷兄弟，举得高高的，无论在理论上还是在实践上，在中华五千年历史上举得最高，比泰山高，比昆仑高。毛泽东把人民当"上帝"，当"菩萨"，当"主人"，当"先生"，要求高高在上的

---

❶ 《毛泽东选集》第2卷第559—560页，人民出版社1991年6月版。
❷ 《毛泽东年谱（1893—1949）》中卷第145页，中央文献出版社2013年12月版。
❸ 《毛泽东选集》第3卷第1094—1095页，人民出版社1991年9月第2版。

"官",放下身段,当人民的"孺子牛""勤务员""小学生""公仆"。他说:"我们一切工作干部,无论职位高低,都是人民的勤务员,我们所做的一切,都是为人民服务。"❶他提倡"工农分子知识化,知识分子工农化"❷。他把历朝历代形成的"官上民下"的关系颠倒过来,通过对官与民的重新定位与命名,对词语与概念的转换,以及在实践中的具体举措,一扫流行数千年"官尊民卑"的传统,把历史上地位最低下的"民"高高举了起来。这是对几千年"官场基因"的改写,为的是防止和杜绝共产党的国民党化。

"农民"是毛泽东在中国革命中的一大发现。马列的革命理论中几乎没有"农民"的地位。中共"三大"之前,中国革命领导人几乎没有人看见中国漫山遍野的"农民"。"三大"时,毛泽东提出农民问题,并且致力于农民问题。张国焘评价说:这是"毛泽东这个农家子弟对于中共极大的贡献"❸。郑超麟评价毛泽东说:"他是党内重要干部中第一个注意农民运动的。"❹毛泽东发现了农民,组织了农民,成就了中国革命。毛泽东同时发现的还有农民的对立面"地主"——地主原本在物权范畴上归属于农民,毛泽东从阶级观点出发把"地主"作为农民的对立面。他重新定义"农民"与"地主"这两大概念。他说:"中国的革命实质上是

---

❶ 《毛泽东文集》第3卷第243页,人民出版社1999年6月版。

❷ 《毛泽东年谱(1949—1976)》第2卷第34页,中央文献出版社2013年12月版。

❸ 张国焘:《我的回忆》第273页,东方出版社2004年3月版。

❹ 《郑超麟回忆录》上卷第329页,东方出版社2004年3月版。

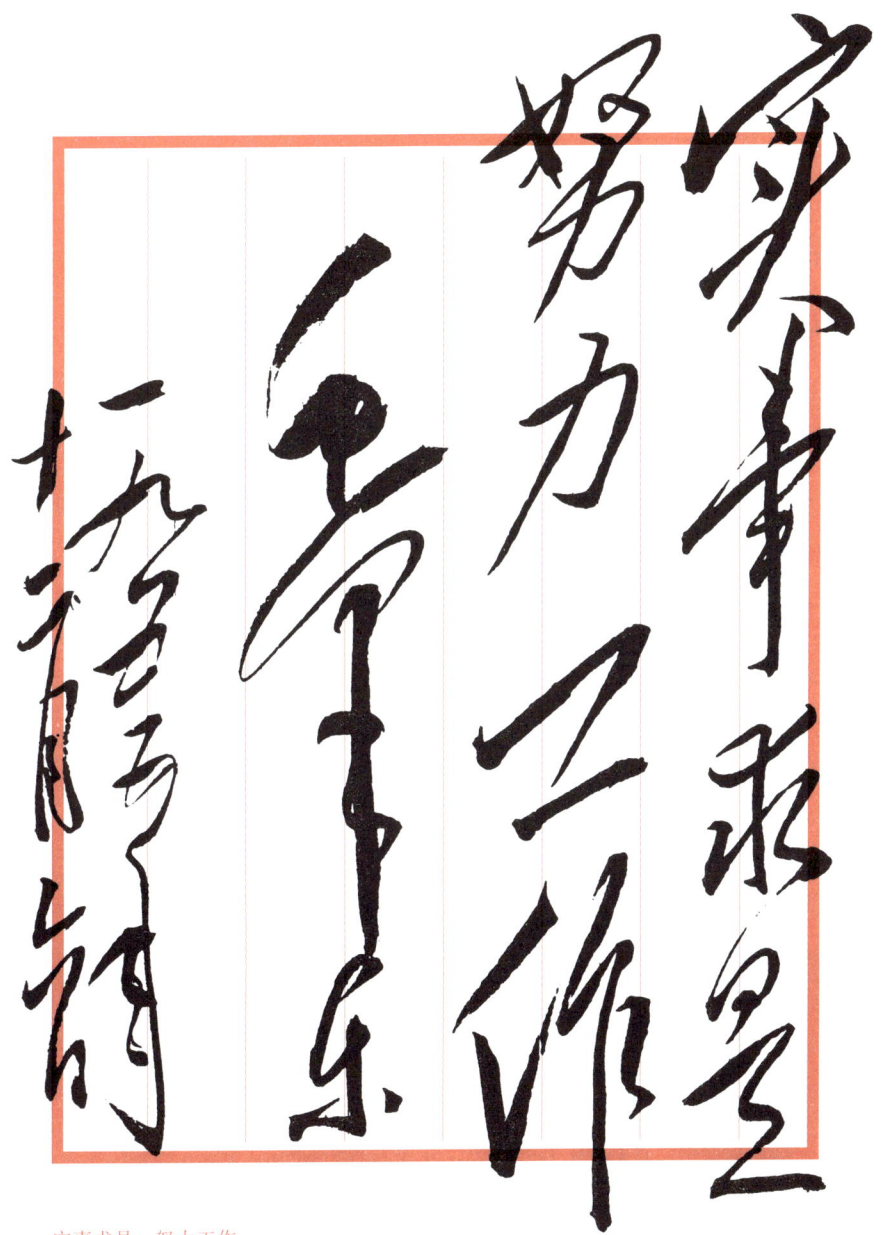

实事求是 努力工作
毛泽东
一九五三年八月

农民革命。""没有贫农，便没有革命。若否认他们，便是否认革命。若打击他们，便是打击革命。"❶ 千百年来与政治无缘、做惯了"顺民""臣民"的中国农民成为民族解放战士。毛泽东把农民作为中国革命的主力军，把农村作为革命的主战场，开展"土地革命"，"打土豪，分田地"，斗"地主"，从而让中国农民实现了几千年来最大的梦——"土地梦"。同时，毛泽东又指出："严重的问题是教育农民。"❷ 也抓住了关键之处。

毛泽东用新的词语描绘共产党人追求的道德境界和精神境界。中国古代词汇里，有"道德"这个老词。《道德经》中有上德、下德之词，《论语》中有大德、小德之论，历代有公德、私德之说。这些老词不足以表达共产党人的革命的道德观、政治的道德观，怎么办呢？毛泽东给"道德"这个老词增添新义，加持主义，转换意义，于是乎有了"革命道德""政治道德"这样的词组。他说："革命者要讲革命道德，要永久奋斗。""革命的道德，要有始有终。"❸ 1939 年 12 月 21 日，毛泽东在《学习白求恩》一文（收入《毛泽东选集》时改为《纪念白求恩》）中，提出"毫不利己，专门利人"，做"一个高尚的人，一个纯粹的人，一个有道德的人，一个脱离了低级趣味的人，一个有益于人民的人"❹。这"五个一"与

---

❶《毛泽东选集》第 1 卷第 21 页，人民出版社 1991 年 6 月版。

❷《毛泽东选集》第 4 卷第 1477 页，人民出版社 1991 年 6 月版。

❸ 齐得平等：《我管理毛泽东手稿》第 77 页，中央文献出版社 2015 年 1 月 1 版 1 印。

❹《毛泽东选集》第 2 卷第 660 页，人民出版社 1991 年 6 月版。

儒家传统一脉相承甚至具有更为强烈的追求高尚道德的色彩，开启风气，转移人心，指明了人向前走的道德高地。

"整风"是毛泽东为中国共产党铸魂的神来之笔，是"改造思想"之大举。毛泽东在延安发明"整风"一词，让当时在延安的美国医生马海德脑子反应不过来，一头雾水："风"还能整？如何"开门整风""关门整风"？毛泽东开展"延安整风"，先是"学习运动"，然后是"开展批评和自我批评"，运用"团结——批评——团结"公式，坚持"惩前毖后，治病救人"的方针，批判"党八股"，反对"本本主义"，怒目"宗派"，开创了政党建设的新境界。"宗派"原来是褒义词，从延安开始词性大变，意思是为不正当目的而结成的小集团，成为贬义词，发源于毛泽东的《整顿学风党风文风》。

毛泽东治军，抓得紧抓得严。"解放军"这个名词是毛泽东创造的。1944年10月14日，毛泽东在部署开辟河南根据地的一封电报中说："建立河南人民解放军，为解放河南而斗争。"[1] 这是中共文件中第一次出现"解放军"这个词。毛泽东给人民军队官兵的定位是"人民子弟兵"。有一首歌曲唱道"我是一个兵，来自老百姓"，唱出了军队与人民的血肉关系。毛泽东规定人民军队的宗旨是"全心全意为人民服务"，根本原则是"党指挥枪"（即"党对军队的绝对领导"），"支部建在连上"是"党指挥枪"的细化具

---

[1] 《毛泽东年谱（1893—1949）》中卷第552页，中央文献出版社2013年12月版。

体化。毛泽东手制"三大纪律八项注意",在部队内部实行"三大民主"(政治民主、军事民主、经济民主)和"官兵平等",对敌人则是"优待俘虏",不杀降敌。军民矛盾是历史上的老问题,毛泽东倡导军地双方开展"双拥"(地方拥军优属,军队拥政爱民)活动,巩固和加强军政军民团结,把一支以农民为主体的部队建设成为中国最有纪律的部队。毛泽东的"十大军事原则","战略上重视敌人,战术上藐视敌人","人民战争","游击战争","你打你的,我打我的;打得赢就打,打不赢就走",把人民军队打造成以弱胜强的部队。毛泽东提倡和擅长"政治仗""政治军事仗""军事政治仗",反对"单纯军事观点",部队的政治工作做得有声有色,举世无双。陈毅说:"一般军事家只能就军事言军事,除军事外看不到别的东西。毛主席一开始抓军事问题,就首先作为是政治问题,是社会问题,是人民革命问题,加以具体的理论的考察,这样就透入本质,而能进行军事思想的创造。"[1]毛泽东对美国记者安娜·路易斯·斯特朗说:"我们所依靠的不过是小米加步枪,但是历史最后将证明,这小米加步枪比蒋介石的飞机加大炮还要强些。"[2]这句话后来被浓缩为"小米加步枪打败飞机加大炮",这一颇具英雄气质的词句,是人民军队夺取最终胜利的成功预言。

毛泽东总是能够根据不同的形势、不同的任务提出新的方针、政策,而这些政策方针往往由他创造的简明口号和形象的词语所

---

[1] 《星火燎原》第1卷第111页,解放军出版社2009年9月版。
[2] 《毛泽东选集》第4卷第1195页,人民出版社1991年6月版。

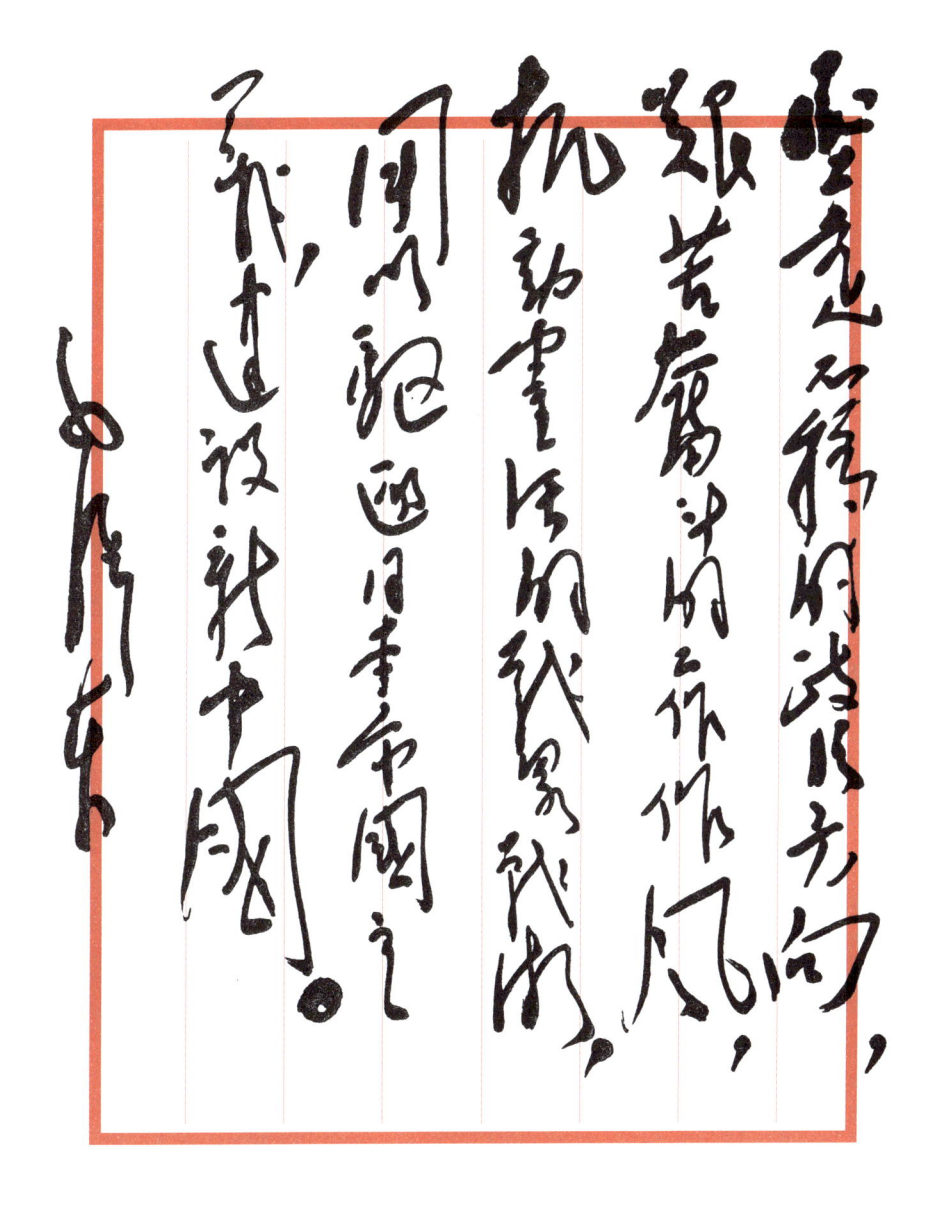

坚定不移的政治方向，艰苦奋斗的工作作风，机动灵活的战略战术，用以驱逐日本帝国主义，建设新中国。（1938年6月）

承载。20世纪20年代，他提出"枪杆子里面出政权""星星之火，可以燎原""农村包围城市"，于孤星初起时预告喷薄日出，引领一个时代。国共合作期间，他强调"统一战线""独立自主""又团结又斗争""有理有利有节""新民主主义"等，都是拨迷雾见方向的真谛。延安经济最困难的时候，他提出"自力更生""自己动手""艰苦奋斗"，使革命走出困局。解放战争期间，他提出"打倒蒋介石，解放全中国""将革命进行到底"，激发了革命者的必胜信心。

毛泽东作为中共最有原创性的思想家和立言者，他改造世界，改造思想、改造作风，从改造语言、改造词语做起。毛泽东为中国共产党立言，把马列主义的词语、中国传统的词语、五四形成的革命话语结合起来，丕变文风，创造了属于中国共产党文化的宏大的革命话语系统。

毛泽东创造创新词语，其功大哉！

要做人民的先生先做人民的学生

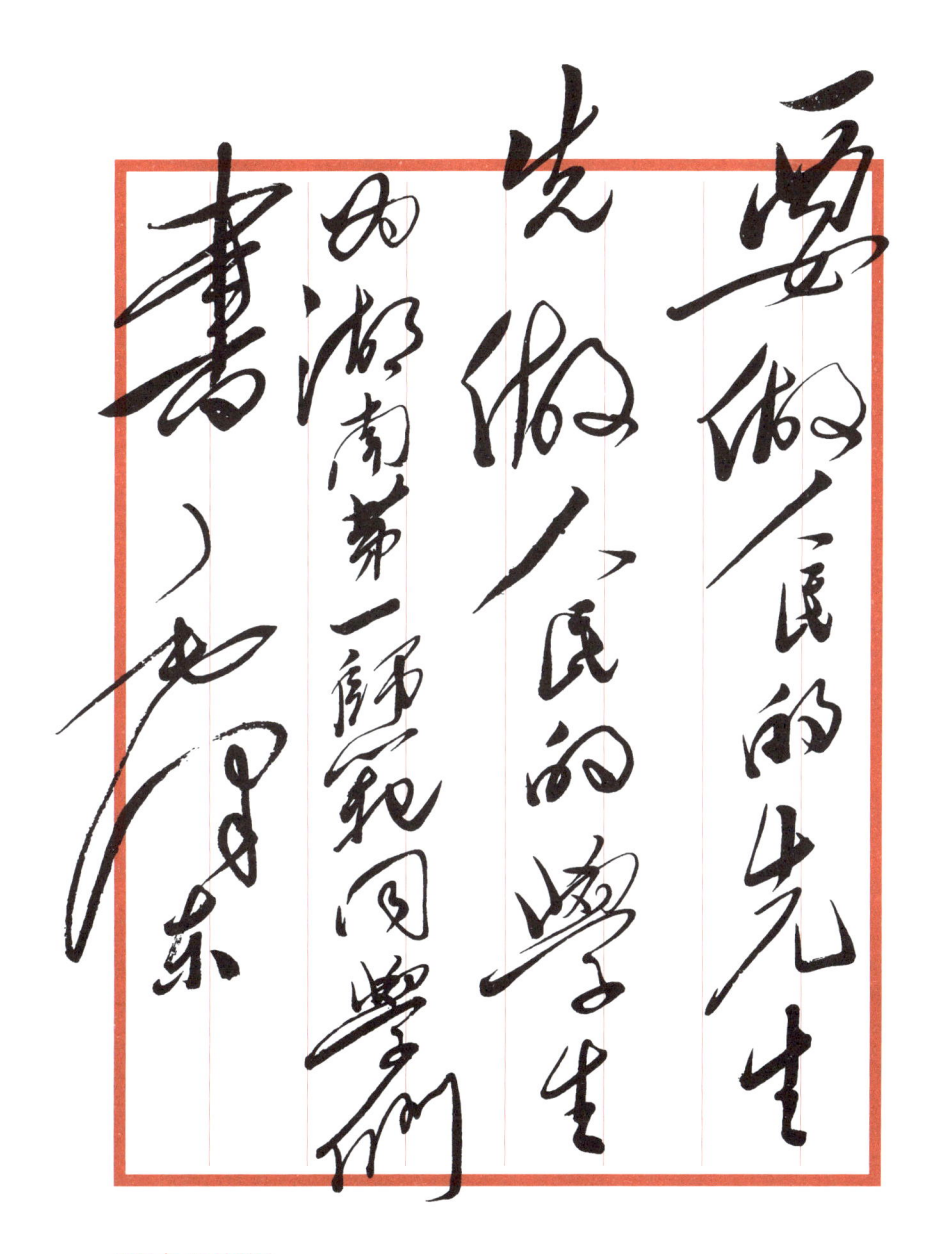

由湖南第一师范同学刊

毛泽东

1950年12月题写

如之何,如之何

著作家的苦恼与遗憾

一个著作家这一辈子，写出来什么，写不出来什么，都有其"定数"。

每一位著作家都有苦恼，都有遗憾，都有他生命中所不能完成的著作。

鲁迅想写长篇小说《杨贵妃》，没有写出来。胡适的《中国哲学史》只写了上部，下部始终没有写出来；他的白话文学史，也只写了一半，没有了下文。

许多著作家发愿要写出几部传世之作，最终也没能如愿，这是没有办法的事情。

毛泽东也不例外。他想写的一些文章因为种种原因没有写出来，他的晚年还有写不出来的巨大苦恼……

毛泽东的"未竟之作"

毛泽东的写作量惊人，可谓著作等身。同时，他的著作也有一些"未完成式"，有的写了半截，有的停留在构思或计划中。笔者粗略统计了一下，毛泽东有十几部（篇）"未竟之作"。

第一，没有写出来的《红军长征记》"总记"

红军长征结束之后，毛泽东立即想到书写红军长征的故事，传扬长征精神。

1936年8月，毛泽东和杨尚昆联名向参加过长征的官兵发出征稿信："现因进行国际宣传，及在国内国外进行大规模的募捐运动，需要出版《长征记》，所以特发起集体创作，各人就自己所经历的战斗、行军、地方及部队工作，择其精彩有趣的写上若干片段。文字只求清通达意，不求钻研深奥，写上一段即是为红军作了募捐宣传，为红军扩大了国际影响。来稿请于9月5日以前寄到总政治部。"同时，又向各部队发出电报："望各首长并动员与组织师团干部，就自己在长征中所经历的战斗、民情风俗、奇闻轶事，写成许多片段，于9月5日以前汇交总政治部。事关重要，

切勿忽视。"❶

《红军长征记》1937年2月编就，一百多位红军指战员撰稿，三十多万字。因为印刷条件不具备，直到1942年11月才由八路军总政治部宣传部在延安出版，印数甚少。谢觉哉在1949年11月2日的日记中写道："读《红军长征记》完，颇增记忆。可惜没有一篇总的记述，总的记述当然难。毛主席说过：'最好我来执笔！'"

毛泽东在《论反对日本帝国主义的策略》中有一段关于长征的精彩论述，他的《七律·长征》是他印成铅字的第一首诗词，刊登在斯诺的《西行漫记》一书中，脍炙人口。人们期望一篇出自毛泽东之手的长征专文，看看这位长征的亲历者、领导者、扭转败局者是如何叙述长征的。

遗憾的是，毛泽东太忙了，抽不出工夫来，最终也没有写出这篇"总记"。

第二，《中国革命战争的战略问题》还缺少几章

《中国革命战争的战略问题》第一次系统地论述中国革命战争的规律，以其开创性的风标，成为毛泽东军事思想体系形成的重要标志。这部著作充满着实事求是的创造精神，具有鲜明的中国气派和特色。

许多人不知道的是，毛泽东的《中国革命战争的战略问题》是

---

❶ 《毛泽东年谱（1893—1949）》上卷第566页，中央文献出版社2013年12月版。

个"未完成式"的著作。毛泽东说，这部著作只完成五章，尚有战略进攻、政治工作及其他问题，因为西安事变发生，没有工夫再写，就搁笔了。❶

第三，《辩证法唯物论》没有讲完

1937年7—8月，毛泽东在抗日军政大学讲授《辩证法唯物论》。讲到第三章的"矛盾统一法则"时，抗日战争全面爆发了。毛泽东的时间不够用了，后面就没有再讲下去。《辩证法唯物论》未能全部完成。

毛泽东《辩证法唯物论》讲课的记录稿，从1938年5月6日开始在《抗战大学》上连载。1940年，经毛泽东修改后，八路军军政杂志社将讲授提纲以内部单行本的形式出版发行。《辩证法唯物论（讲授提纲）》共3章16节，约6万字。纲目如下：

第一章，"唯心论与唯物论"。分4节：哲学中的两军对战、唯心论与唯物论的区别、唯心论发生与发展的根源、唯物论发生与发展的根源。

第二章，"辩证唯物论"。分11节：无产阶级革命的武器辩证法唯物论、过去哲学遗产同辩证法唯物论的关系、在辩证法唯物论中宇宙观和方法论的一致、哲学对象问题、物质论、运动论、时空论、意识论、反映论、真理论、实践论。

第三章，"唯物辩证法"。"矛盾统一法则"。

---

❶《毛泽东选集》第1卷第170页，人民出版社1991年6月版。

第三章仅仅讲了"矛盾统一法则",后面的"文章"没有作出来。这已经惊人。毛泽东把《辩证法唯物论》的第十一节"实践论"抽出来,名《实践论》;把第三章《唯物辩证法》改出来,名《矛盾论》。"两论"收入《毛泽东选集》第一卷,成为毛泽东的哲学名著。

第四,没有实现承诺的《中国革命手册》

美国著名记者海伦·福斯特·斯诺(埃德加·斯诺的第一任妻子)1937年访问延安。她采访了毛泽东等中共领导人。她与毛泽东交谈时,毛泽东答应为她写一本《中国革命手册》。

海伦说:"毛泽东答应为我写一本《中国革命手册》,这是一个理论性、历史性的长篇论述,将具有极大的价值。""毛泽东甚至同意和我写一本关于中国革命史的手册,卢沟桥事变后他实在太忙,没能够继续他的谈话,尽管他把论述中国革命的性质这一章已经给了我。也许,这就是他后来写的《新民主主义论》的胚胎。"❶

毛泽东没能把《中国革命手册》写出来,好在他留下了杰作《新民主主义论》。

第五,曾经设想写一部辛亥革命到蒋介石登台的大事记

毛泽东热爱历史,他自己也曾有志于写史。1939年1月17

---

❶ 海伦·福斯特·斯诺:《延安采访录》第348、326页,北京出版社2018年6月版。

日,在延安,他曾给史学家何干之写信说,自己想搜集中国战争史的材料,将来拟研究近代史,但是"有志未逮","至今没有着手"。❶ 1955年5月,他对秘书林克说,他要写一部自辛亥革命到蒋介石登台的大事记。他设想,蒋介石集团本身的变化可以不写,但是蒋介石登台后的军阀战争要写进去,孙中山当临时总统,蔡锷反袁世凯,蒋桂之战,蒋、冯、阎之战等等都要写进去。❷ 可惜,毛泽东未能腾出手来完成自己的写史心愿。

第六,准备当专栏作家,写专栏文章

毛泽东年过花甲之后,曾经准备退休。退休干什么呢?他说当"专栏作家"。进则一国元首,退则写写专栏。妙哉。

1957年3月9日,毛泽东在新闻出版界座谈会上说:"我也想替报纸写些文章,但是要把主席这个职务辞了才成。我可以在报上辟一个专栏,当专栏作家。"

4月10日,他对报界人士说:"整个报纸的文风要改进。我辞去国家主席以后,可以给你们写些文章。"

11月12日,他又说:"辞去主席的职务后,可以有时间写写文章,想想问题。"

英国路透社记者闻听毛泽东准备辞去国家主席去当专栏作家的

---

❶ 《毛泽东年谱(1893—1949)》中卷第106页,中央文献出版社2013年12月版。

❷ 张贻玖:《广读天下书》第157页,江苏文艺出版社1993年12月版。

消息，专门发了通讯，报道这件事。❶

历史的遗憾是，毛泽东没有如愿退休，也没能在报刊上开个专栏写文章。

第七，曾经想为《共产党宣言》写序言

毛泽东1920年始读《共产党宣言》，确立了对共产主义的信仰和无产阶级的世界观。他说："《共产党宣言》我读了不下一百遍。……我写《新民主主义论》时，《共产党宣言》就翻阅过多次。"❷

1963年，毛泽东提出要为马列主义经典著作写序、作注，并且打算亲自为《共产党宣言》写篇序言。❸

《共产党宣言》一共有7篇序言，是马克思和恩格斯为德文版、俄文版、英文版、波兰文版、意大利文版等撰写的。马恩之后的共产党理论家列宁、斯大林等没有想起给《共产党宣言》写序言。毛泽东提出亲自为《共产党宣言》写序言，是个大胆而奇妙的创意。

1965年5月，毛泽东准备尝试去做这件"很大的事"。他把

---

❶ 《毛泽东年谱（1949—1976）》第3卷第105、132、244页，中央文献出版社2013年12月版。

❷ 曾志：《谈谈我所知道的毛主席》，《缅怀毛主席》上册第400—401页，中央文献出版社1993年7月版。

❸ 陈晋：《毛泽东读书笔记精讲（战略卷）》第114—115、118页，广西人民出版社2017年1月版。

陈伯达、胡绳、田家英、艾思奇、关锋等"秀才"召集到长沙，研究为马列经典著作写序、作注之事。他建议先为《共产党宣言》《国家与革命》等六本书写序言，六本书，一篇一序，六个人，一人一篇。

毛泽东表示：《共产党宣言》的序由我来写。❶

人们期待着毛泽东的序言。不久，"文革"开始了，毛泽东的注意力转移了，再没有提起写序言的事。

第八，计划选编《魏晋南北朝史》和《诗词曲赋集》

孔子晚年，述而不作，删《诗》为三百篇，可谓"删述"。李白晚年的《古风》（大雅久不作）说，"我志在删述"。李白以孔子自命，准备按照《大雅》的样子，对东周以来直至唐代的诗歌进行删选，编一本通代诗歌。可惜他没有弄成。

毛泽东晚年目疾，阅读不方便，请来北京大学的芦荻"陪读"。

一天，毛泽东听芦荻读苏轼的《潮州韩文公庙碑》，该文称道韩愈"文起八代之衰，而道济天下之溺"。毛泽东不同意这个看法，他说："魏晋南北朝时期是个思想解放的时代，道家、佛家各家的思想，都得到了发展。嵇康的《与山巨源绝交书》、阮籍的《大人先生传》很有名。玄学的主流是进步的，是魏晋思想解放的一个标志。正因为思想解放，才出了那么多杰出的思想家、作家。什么'道溺'！我送那时两个字，叫'道盛'！苏轼说那时期'文衰'了，

---

❶ 陈晋：《读毛泽东札记》二集第161页，三联书店2020年6月版。

这是不符合事实的。可以把那时的作品摆出来看一看，把《昭明文选》《全上古三代秦汉三国六朝文》拿出来看一看，是'文衰'还是'文昌'，一看就清楚了。我再送给那时两个字，叫'文昌'。"❶

毛泽东不袭旧说，另辟新论，用"道盛文昌"为一个时代讲评。他说："如果有时间，我要写一部魏晋南北朝史。"他对芦荻说："现在没有书，我们搞一部吧，选他五百首诗，五百首词，三百首曲，三十篇赋。"❷ 这 1330 篇，大概就是毛泽东心目中中国最好的诗词曲赋。

碧落黄泉，毛泽东的这两个愿望都没能实现。

第九，未实现的骑马考察黄河长江计划

山川行历、四方交游历来是著作家涵养文气、供养诗文的重要途径。毛泽东在《讲堂录》中写道："欲从天下国家万事万物而学之，则汗漫九垓，遍游四宇尚已"，"游之为益大矣哉，登祝融之峰，一览众山小；泛黄渤之海，启瞬江湖失；马迁览潇湘，泛西湖，历昆仑，周览名山大川，而其襟怀乃益广。"❸ 1917 年夏天，毛泽东曾经和同学萧子升一起在湖南五个县"游学"，一个来月的时间没花一个铜板。

---

❶ 《毛泽东年谱（1949—1976）》第 6 卷第 592 页，中央文献出版社 2013 年 12 月版。

❷ 《毛泽东年谱（1949—1976）》第 6 卷第 588 页，中央文献出版社 2013 年 12 月版。

❸ 《毛泽东早期文稿》第 587 页，湖南出版社 1990 年 7 月版。

到了晚年，毛泽东突发奇想：骑马考察黄河长江。

1959年4月，毛泽东提出沿着黄河、长江搞一次大型的调查研究。他说："从黄河口子上沿河而上，搞一班人做警卫，搞个地质学家，搞个生物学家，或者搞个文学家，搞这么三个，只准骑马，不准坐卡车，更不准坐火车、汽车，就是骑马。骑骑走走，一起往昆仑山，然后到猪八戒的那个通天河，翻到长江上游，然后沿江而下，从金沙江到崇明岛为止。"❶ 这是一个宏大的考察计划。毛泽东想学明朝的徐霞客。这一年，没有成行。

1960年初，毛泽东再次说到这件事："我想骑马沿着两条河考察，一条黄河，一条长江。这种想法至今未能实现。你们赞成不？不一定一年走完，做调查研究。你们如赞成，帮我准备一匹马。沿黄河走完大概要两年，我还可以调查一点地质。"❷ 1960年，仍没有成行。

一直到1965年，毛泽东仍在想着黄河长江之行。有关方面已经准备毛泽东的行程，警卫人员开始在北戴河训练，马匹早已备好，毛泽东还试着骑了几回，似乎马上就要上路了。最终是，马鞭生青苔，马鞍落尘埃。毛泽东没能实现骑马考察两河的愿望。

毛泽东的这个"骑马"计划，有些许身在庙堂而散发山林的幽思，更多的是他青壮年力行的调查研究心得的晚年回响。如今想

---

❶ 《毛泽东年谱（1949—1976）》第4卷第12页，中央文献出版社2013年12月版。

❷ 《毛泽东年谱（1949—1976）》第4卷第352—353页，中央文献出版社2013年12月版。

来，如果毛泽东"骑马"的愿望得以实现，他行脚黄河长江，纵横祖国西东，深入民间，下马观花，阅历风物，脱心中之尘浊，广胸中之丘壑，吸纳田野之气，展开旷野之思，必将产生更深邃的思想，推出更好的政策，写出为山水传神、为民族立魂的诗文。那将是毛泽东的第二次"长征"——思想文化的长征。此行落空，天壤之间不得有此行之大作，实为千古憾事。

第十，一度想写回忆录

1961年8月，毛泽东在同卫士张仙朋聊天时说："我有三大志愿：一是要下放去搞一年工业，搞一年农业，搞半年商业，这样使我多调查研究，了解情况，我不当官僚主义，对全国干部也是一个推动。二是要骑马到黄河长江两岸进行实地考察，我对地质方面缺少知识，要请一位地质学家，还要请一位历史学家和文学家一起去。三是最后写一部书，把我的一生写进去，把我的缺点、错误统统写进去，让全世界人民去评论我究竟是好人，还是坏人。我这个人啊，好处占百分之七十，坏处占百分之三十，就很满足了。我不隐瞒自己的观点，我就是这样一个人。我不是圣人。"[1]

多么好的愿望，尤其是写回忆录。不久，毛泽东准备写回忆录的想法就改变了。

1964年6月24日，当一位外宾问毛泽东是否准备写回忆录时，

---

[1]《毛泽东年谱（1949—1976）》第5卷第15页，中央文献出版社2013年12月版。

毛泽东说:"历来中国人没有写回忆录这样的习惯,中国人喜欢写历史。""自己不写,死了,别人来写,这是中国历来的习惯。"❶

毛泽东进入暮年,时常对身边人员说起自己的往事。1975年的一天,他对身边的护士说:"我这个人,不能说没有值得回忆的事,可我不愿在回忆中过日子。我历来主张,人总要向前看……"❷这或许说出了他放弃写回忆录的一个原因。

苍山如海,残阳如血。一位开国领袖、一代著作大家最终没有留下自己的回忆录。

---

❶ 《毛泽东年谱(1949—1976)》第5卷第366页,中央文献出版社2013年12月版。
❷ 郭金荣:《毛泽东的晚年生活》第178页,教育科学出版社1993年2月版。

毛泽东晚年有写不出东西的苦恼

做文章的人，有文思泉涌的时候，也有文涩字瑟的苦恼。仿佛有个掌握作家灵感的文神，随时会来敲作家的门，赐予作家灵感，或者把灵感收走。

毛泽东在青年时代激扬文字，指点江山。波澜壮阔的革命实践为他的写作提供了丰富的资源，革命道路上遇到的难题也逼着他进行理论思考与解答。他的许多著作都是为回答时代问题而一气呵成的。毛泽东在中共七大上说："文章是逼出来的，牛奶是挤出来的。……人就是要压的，人没有压力是不会进步的。我的《中国革命战争的战略问题》《实践论》《矛盾论》都是逼出来的。"❶ 他的《论持久战》写了八天九夜；写《新民主主义论》接连几天不睡觉；近万字的《论人民民主专政》6月28日开始写作，6月30日由新华社对外广播……

当然，毛泽东也有写不出来的时候。1940年，远在苏联的毛岸英、毛岸青兄弟给父亲毛泽东写信，说很想读到爸爸新写的

---

❶ 《七大代表忆七大》第36—37页，上海人民出版社2006年7月版。

诗。毛泽东回信说："我一点诗兴也没有，因此写不出。"❶诗人柳亚子给毛泽东寄诗，希望得到毛泽东的唱和。毛泽东说："你几年前为我写的诗，我却至今做不出半句来回答你。"❷延安十年，毛泽东的政论文一篇接一篇地发表，诗作寥寥。一方面，他一门心思都在抗日战争和解放战争中，这关系到中国的前途和命运；另一方面，他没有诗兴的时候，不硬写，不应付。

1959年12月，毛泽东说："要创造新的理论，写出新的著作，产生自己的理论家，来为当前的政治服务，单靠老祖宗是不行的。""我们已经进入社会主义时代，出现了一系列的新问题，如果单有《实践论》《矛盾论》，不适应新的需要，写出新的著作，形成新的理论，也是不行的。"❸

1961年8月的一天，有个外宾问毛泽东："有没有新的理论著作打算发表？"毛泽东回答说："可以肯定回答现在没有，将来要看有没有可能，我现在还在观察问题。"❹

1961年12月，毛泽东接见委内瑞拉代表团。客人对毛泽东说："我家里挂了马克思、恩格斯、列宁、斯大林和毛主席的画像。"毛泽东说："我的画像不值得挂。马克思写过《资本论》，恩格斯写过《反杜林论》，列宁写过《谈谈辩证法问题》，他们的

---

❶《毛泽东书信选集》第167页，人民出版社1984年1月版。
❷《毛泽东书信选集》第244页，人民出版社1984年1月版。
❸《毛泽东文集》第8卷第109页，人民出版社1999年6月版。
❹《毛泽东年谱（1949—1976）》第5卷第11页，中央文献出版社2013年12月版。

画像是应该挂的。像《资本论》《反杜林论》这样的作品我没有写出来，理论研究很差。人老了，也不知道是否还能写出些什么东西来。"❶

毛泽东自觉地向革命导师看齐，对自己写出新的著作还抱着期望，期望写出马克思主义经典作家没有写出的东西来。

打江山的时候毛泽东文思泉涌，雄文连绵。他"写不出的时候"，是坐江山十几年后，肉身已进入暮年。国事蜩螗，运动板荡，他产生一些新的思想，想写一些新的东西时，容颜衰老，精力消散，却写不出来了。

1964年3月，毛泽东说："现在也很想写一些东西，但是老了，精神不够了。《毛选》，什么是我的？这是血的著作。《毛选》里的这些东西，是群众教给我们的，是付出了流血牺牲的代价的。有些文章应该再写，把新的东西写进去。"❷

1964年6月，有人提出出版《毛泽东选集》第二版时，毛泽东说："现在学这些东西，我很惭愧，那些都是古董了，应当把现在新的东西写进去。"当有人提出要出版《毛选》第五卷时，毛泽东说："那没有东西嘛！"❸

---

❶ 《毛泽东年谱（1949—1976）》第5卷第57页，中央文献出版社2013年12月版。

❷ 《毛泽东年谱（1949—1976）》第5卷第329页，中央文献出版社2013年12月版。

❸ 《毛泽东年谱（1949—1976）》第5卷第359页，中央文献出版社2013年12月版。

如之何，如之何

毛泽东渴望进行新的创作，渴望写出新的作品。

虽然壮心不已，毕竟老景逼人。想当年，他在《沁园春·雪》（1936年2月）中放声高歌："数风流人物，还看今朝。"而如今，马蹄嗒嗒远去，他在《贺新郎·读史》（1964年春）沉吟："有多少风流人物？"

1966年1月，毛泽东的老同学周世钊将自己的诗词寄给毛泽东。毛泽东1月29日回信说："看来你的兴趣尚浓，我已衰落得多了。如之何，如之何？"❶一声喟叹，让人心弦一紧。

1973年秋，毛泽东让身边工作人员把他的全部诗词誊抄了一遍，他亲自校改，每每为拿稳一个字皱眉思量。改到最后，他说："不要改了，随他去吧。"❷这是暮年心境的萧索，还是看明白后的放手？名山事业几经磨耗，心志老矣……

1974年5月，毛泽东在中南海会见塞内加尔总统桑戈尔。桑戈尔说："我读你的书比读列宁、马克思、恩格斯等其他科学社会主义的论述都多，而且感到对我很有益。……我读过的主席诗词，都很优美。"毛泽东回答说："[我]不够格。比如'山雨欲来风满楼'这样的话，我就写不出来。"❸

苏东坡读《庄子》时说："吾昔有见，口未能言，今见是书，

---

❶ 《毛泽东年谱（1949—1976）》第5卷第554页，中央文献出版社2013年12月版。

❷ 陈晋：《文人毛泽东》第688页，上海人民出版社1997年12月版。

❸ 《毛泽东年谱（1949—1976）》第6卷第530页，中央文献出版社2013年12月版。

得吾心矣。"毛泽东看到好句子时，像传统的读书人一样，又是欣赏又是遗憾：我怎么写不出来这样精彩的句子呢？佳句与我无分，遗憾啦。

毛泽东说自己没有新东西，写不出来，并非都是谦虚之词。他的晚年的确有写不出东西的苦恼。才华越大，苦恼越大。

时间是无情的。再伟大的人，也挡不住掌握岁月的命运之神。一江春水向东流，逝者如斯夫。爱也罢，恨也罢，"心事浩茫连广宇"也罢，盛衰兴亡，身坏命终，人健笔健的岁月永远不再。这是文章家也逃不脱的悲剧性命运。曹禺女儿回忆，晚年的曹禺吃了安眠药入睡，梦中大声说："我痛苦。我要写一个大东西才死，不然我不干！"女儿在一旁说："那你就写呀！"眼看着，父亲翻个身又睡着了。

灵感之神走了，不许毛泽东写出"新东西"的黑暗之神敲响了毛泽东书房的门。

词语一个接一个遁去，句子一个接一个消失，思想也像小鸟一样飞跑了。

"如之何，如之何？"这个话语中有惶惑，有无奈，俨然宿命。

1975年4月18日，毛泽东对来访的金日成说："董必武同志去世了，总理生病，刘伯承同志也害病，……我今年八十二了，快不行了，靠你们了，……上帝请我喝烧酒。"❶风雨一杯酒，

---

❶ 林克：《我所知道的毛泽东——林克谈话录》第51页，中央文献出版社2000年2月版。

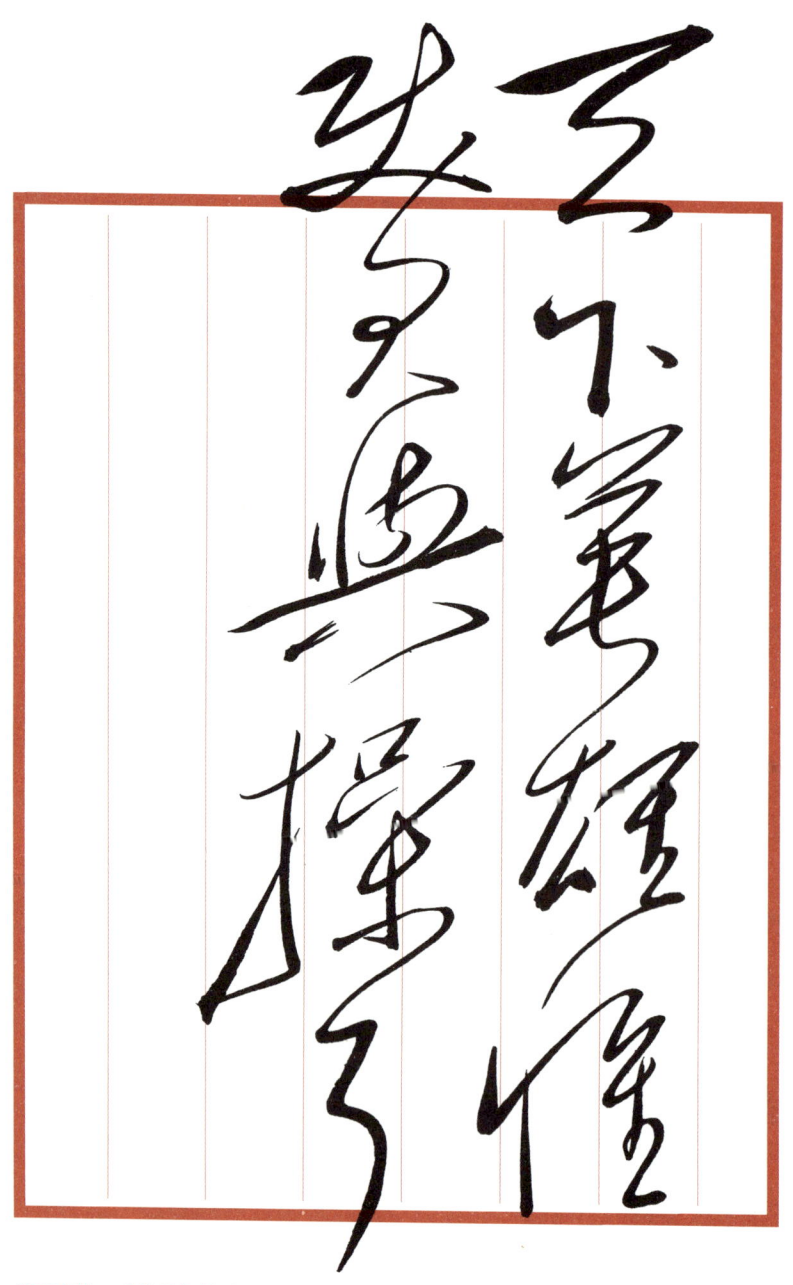

天下英雄　唯使君与操耳

江山万里心，虽然豁达却依然是伤心人语。如此老景，怎不戚戚焉。

"时来天地皆同力，运去英雄不自由。"毛泽东在晚年反复吟诵和书写这句古诗。毛泽东晚年，不是不想作文写诗表达他的思想，不是他偷懒，而是无奈，创造不出来自己句子的无奈。作为历史创造者、诗词文章大家的毛泽东，只好通过吟诵别人的诗句来表达自己的心境和思想，他的内心该是多么痛苦。

原中央文献研究室编纂的《建国以来毛泽东文稿》皇皇13卷。前面数册，可以见到毛泽东长达万言的著作，一册一册读下去，文章越来越少，讲话愈来愈多；长文越来越少，批示越来越多。到他生命的最后十年，甚至连上千字的文章都稀见了。《建国以来毛泽东文稿》第13册，仅此一册就覆盖了毛泽东1969年到1976年他逝世之间七年多时间的绝大部分文稿，这对于一位著作家来说，的确太单薄了。

1973年8月5日，盛夏中毛泽东写下一生中最后一首词《七律·读〈封建论〉呈郭老》。[1]这是他"熟读唐人封建论"之后对当时社会现实的重点提示，也是他对世界的最后凝眸。这首词，说到焚书坑儒，说到柳宗元的《封建论》，说到郭沫若的《十批判书》，他凝神关照的仍是文人、文章与现实的复杂关系。

泰山其颓乎！梁木其坏乎！哲学其萎乎！

"时来天地皆同力，运去英雄不自由。""风云帐下奇儿在，

---

[1]《建国以来毛泽东文稿》第13册第361页，中央文献出版社1998年1月版。

鼓角灯前老泪多。""昔年种柳，依依汉南；今看摇落，凄怆江潭；树犹如此，人何以堪！""悲秋"般的诗句连着他的心事。毛泽东晚年反复吟诵着这些表达生命深处境味的诗句，走进萧索的秋风，走向白茫茫大地，走向生命的终点。

暮色苍茫，灯火阑珊。毛泽东的诗词文章成为云天般的遥不可及的历史现场。

"须信此翁未死，到如今凛然生气。"（辛弃疾）中国五千年文化的长廊里，留下一位罕世著作家的巨人背影……

主要参阅书目

《毛泽东选集》(1—4卷)，人民出版社1991年6月版。

《毛泽东文集》(1—8卷)，人民出版社1999年6月版。

《建国以来毛泽东文稿》(13册)，中央文献出版社1987—1998年出版。

《毛泽东军事文集》(1—6卷)，军事科学出版社、中央文献出版社1993年12月版。

《毛泽东农村调查文集》，人民出版社1982年12月版。

《毛泽东诗词集》，中央文献出版社1996年9月版。

《毛泽东手书选集》(10卷)，北京出版社1995年12月版。

《毛泽东书信选集》，人民出版社1984年1月版。

《毛泽东外交文选》，中央文献出版社、世界知识出版社1994年12月版。

《毛泽东文艺论集》，中央文献出版社2002年4月版。

《毛泽东新闻工作文选》，新华出版社1983年12月版。

《毛泽东新闻作品集》，新华出版社2014年10月版。

《毛泽东在七大的报告和讲话集》，中央文献出版社1995年4月版。

《毛泽东早期文稿》，湖南出版社1990年7月版。

《毛泽东哲学批注》，中央文献出版社1988年3月版。

《毛泽东西藏工作文选》，中央文献出版社、中国藏学出版社2008年7月版。

《毛泽东著作专题摘编》，中央文献出版社2003年11月版。

《整风文献》(订正本)，解放社1949年6月出版(上海福州路679号)。

《毛泽东传》(1—6卷)，中央文献出版社2013年11月版。

《毛泽东年谱（1893—1949）》(3卷)，中央文献出版社2013年12月版。

《毛泽东年谱（1949—1976）》(6卷)，中央文献出版社2013年12月版。

后记

惟愿朱衣暗点头

那天闲言说到，毛泽东诗文奇丽，风涛烟雨。

话头引出，说起香港董桥《菊香书屋里的昏灯》中的话："毛泽东真是博览群书，学问好，诗文都可观。"又说起梁衡在《毛泽东怎么写文章》的话："毛泽东恐怕是共产党公文中最后的贵族。"我随口说：写了一篇向毛泽东学习写文章的文章，两万来字，《中国青年》杂志即将刊用。李师东老师一听，抓住话头说：你把"向毛泽东学习写文章"扩展成一本书如何？他知道我一个时期沉浸于毛泽东的世界中。从来没有想过写这样一本书。经他提醒，也仗着酒劲，我一口答应下来，有"小子何敢让焉"的豪情。

李师东是位犀利的评论家和卓有成绩的出版家。他最早提出"六零后"概念，后来衍生出"七零后""八零后""九零后""零零后"，成为为时代命名的流行词语；他与陈晋先生策划的《毛泽东读书笔记精讲》，影响很大；获得茅盾文学奖的《人世间》是他跟踪梁晓声数年的作品。想当年，我的《毛泽东影响中国的88个关键词》就是被他看中出版的。他还是"韬奋奖"得主。如能再领手教，不亦幸哉。

第二天，我就有些后悔了。写"向毛泽东学习写文章"，这个题目太大太重，掂量一下，谁敢上手？

黄庭坚说"应笑我于无佛处称尊也"，你面对的是毛泽东。蕞尔小子，才疏识浅，竟然轻率答应，太冒失了。

毛泽东，大匠手笔，大块文章，文章华国，著作华党。今天的汉语表达，离开了"毛氏句子"，几乎无法言说。你去谈毛泽东的文章，写毛泽东的写作之道，你是谁？你读懂他的文章了吗？你的文笔配吗？你已不是初生牛犊，竟然如此无知无畏。

侥幸的是，自写作《毛泽东影响中国的88个关键词》开始，收集了毛泽东的许多史料；对毛氏的文章谱系和匠心独运，每每披寻，品读不已。既然应诺，就挑战一下自我；挑战自己，就是提高自己。

率尔操觚，哗啦啦拉出一个初稿。自我感觉还可以，就打印两份，一份自己修改，一份给师东老师，听他的意见。一天无有动静，二天无有动静。"朱衣"无语。我心想，看到"好文章"应该有所表示嘛，怎么没有动静？我脑子里出现两个字：冒失。答应写这本书是个冒失，匆匆忙忙拉出书稿是个冒失；不是有句话叫"头未梳成不许看"吗，文章没有好好斟酌修改就拿出来示人，又是一个冒失。

我经常阅读毛泽东，为的是沾点他文章的虎气猴气，沾点他字里行间的大气灵气，让他的文字援助我的文章。毛泽东的文章给我的启示是：每一篇文章都有惊奇，或者是闪光的思想，或者是好看的故事，或者是美妙的句子。我体悟到，没有这三者，必是闷文。闷文章谁愿意看？我反思，《向毛泽东学习写文章》达到这三者之中的一二了吗？我希望毛泽东的幽灵在这本书中游荡，从而让它不是一本闷书。正这样想着，李师东老师来电话了，那是表扬的口气，赞扬的口气，说这本书从头看可以，从中间任何一页看都可以，又说了若干条的修改意见。

"文章自古无凭据，惟愿朱衣暗点头。"这个句子出自《四声猿》中的丑角胡颜之口。头一句属于"胡说"，文章好坏还是有标准有凭据的；后一句不属于"胡说"，是"胡言"妙语。毕竟科举时代，"不要文章中天下，只要文章中试官"，得"朱衣"——"试官"看中呀。呵呵,"朱衣"李氏点头,赠以鼓励,我稍微松了一口气。心想,既然已经冒失,已经冒险,书中尽量不要"冒泡",不要出现硬伤,是得仔细修改。

胡家有个名人叫胡钉铰。《辞源》介绍他:"唐贞元元和间人,名本能,以钉铰为业,能诗,不废钉铰之业,远近号为胡钉铰,其本名转不著。"唐人范摅所著《云溪友议》卷九记载:胡钉铰做梦,梦见一个人用刀划开他的肚子,把一卷书放了进去,胡钉铰醒来,就会写诗了。胡钉铰和张打油是中国打油诗界的开山代表。写打油诗,也不那么容易。前辈胡钉铰幸运,有神仙关照。没有神仙给我装一肚子书,我只能与毛泽东的文章精神相往来,借助毛氏文章的支援。我用毛泽东的文章"修"我的文章,这个"修",既是修改,更是修行。

这本书的部分内容在《中国青年报》和《中国青年》杂志连载,收到的一些反响激励着我。又用了几个月进行修改,核对史料,核对引文,修订句子。内容上如何不漏不溢?逻辑上如何不蔓不枝?少用"我",尽量删除"的""非常",看"如果""了"字用得是否得当,慎用"被"和"便","一个""一种"这类词大都是用不着的。形容词是名词的敌人,书中的形容词用得还是多了。"文章千古事,得失寸心知。"我在这本书中收拾自己,修炼自己,提高自己。

陈晋老师、朱向前老师、李师东老师,对这本书高度关注,逐字逐句审改把关,提出许多修改意见,令我深受教益。

《向毛泽东学习写文章》这部书要走向读者了。"惟愿朱衣暗点头"——"朱衣"是谁?是编辑,是审者,更是千千万万个读者。我心惶惶然,但愿没有辜负。作者的漏洞与疏忽,期待读者指正与批评,我这里先真诚地致谢了。

胡松涛